Goldstadt-Reiseführer
Normandie

Petra Juling

Titelbild:
Villa an der Côte Fleurie

Liebe Goldstadt-LeserInnen, die Autorin und wir im Verlag sind stets bemüht, Ihnen über die Normandie die aktuellsten Informationen zu vermitteln.
Sollten dennoch Angaben überholt sein, bitten wir um Verständnis und sind für Informationen und Berichtigungen dankbar.

Die Autorin dankt Frau Müller-Konrad vom Comité Régional de Tourisme de Normandie in Évreux und den Mitarbeitern der Tourismusbehörden in den fünf Departements sowie in den vielen kleinen Offices de Tourisme für ihre freundliche Hilfe.

Fotos: Petra Juling und Ulrich Berger
Comité Régional de Tourisme, Évreux Seiten 103, 121, 123, 145, 148, 197, 198, 210, 218, 247
Goldstadt-Archiv Seiten 54 o.l., 66/67, 107, 109

Übersicht der Reiseroutenkarte:
Comité Régional de Tourisme, Évreux
Reiseroutenkarten: © Falk Verlag
Ausschnitte aus RV Frankreich 1:800 000,
Karten, Skizzen und Pläne: © Goldstadtverlag GmbH
Herstellung: Goldstadtdruck GmbH, Pforzheim

Goldstadt-Reiseführer Band 79

Normandie

Strecken entlang der Küste und durch die grüne Landschaft der Normandie zu reizvollen Orten

Petra Juling

244 Farbfotos
1 Übersichtskarten
7 Routenkarten
7 Stadtpläne
6 Zeichnungen und Skizzen

Goldstadtverlag

Der Inhalt

THEMENKÄSTEN

MANCHE
CALVADOS
ILLE ET VILAINE
MAYENNE
IRLANDE
POOLE
PORTSMOUTH
GUERNESEY
JERSEY
ILES CHAUSEY
Cap de la Hague
Cherbourg
Maupertuis
Barfleur
St Pierre Eglise
Quettehou
Ile de Tatihou
St-Vaast-la-Hougue
Quinéville
Diélette
les Pieux
Bricquebec
Valognes
Barneville-Carteret
St Sauveur le Vicompte
Sainte-Mère-Eglise
Portbail
Grandcamp Maisy
Isigny-s-Mer
Port-en-Bessin
Arromanches
Courseulles-sur Mer
St-Aubin-sur-Mer
La Haye du Puit
Carentan
Bayeux
Lion-sur-Mer
Ouistreham
St.-Germain s.-Ay
Lessay
Périers
Creully
Balleroy
Carpiquet
Tilly-s-Seulles
CAEN
ST LÔ
Gouville
Agon Coutainville
Coutances
Torigni-sur-Vire
Villers-Bocage
Aunay-sur-Odon
Thury-Harcourt
Hauteville s-Mer
Bréhal
Percy
Le Bény Bocage
Granville
Condé-sur-Noireau
Pont d'Ouilly
Falaise
St. Pair-sur-Mer
Jullouville
Villedieu les Poêles
Vire
St Jean-le-Thomas
Tinchebray
Putanges Pont-Ecrepin
Brécey
Sourdeval
Flers
Ecouché
Avranches
Le Mont Saint-Michel
Ducey
Mortain
Beauchêne
la Ferrière-aux-Etangs
Briouze
Rânes
Dol-de-Bretagne
Pontorson
St.-Hilaire-du-Harcouët
Domfront
la Ferté-Macé
Bagnoles-de l'Orne
Tessé-la-Madeleine
Fougères
RENNES
Vitré
Route 6
Route 3
Route 7
Utah Beach
Omaha Beach
Gold Beach
Juno Beach
Sword Beach
Pointe du Hoc

E
F
G
H
NEWHAVEN
le Tréport
Criel
Eu
Route 2
Dieppe
Varengeville
Blangy sur Bresle
Veules les Roses
St. Valéry-en-Caux
Veulettes-sur-Mer
Envermeu
Londinières
Fontaine-le-Dun
Longueville
Cany-Barville
Fécamp
Valmont
Aumale
Doudeville
SEINE MARITIME
Etretat
Neufchâtel-en-Bray
Fauville-en-Caux
Yerville
St.-Saëns
Route 2
Criquetot-l'Esneval
Goderville
Tôtes
Forges-les-Eaux
Yvetot
Buchy
Bolbec
Caudebec-en-Caux
Clères
Argueil
Montivilliers
Harfleur
Barentin
Montville
Lillebonne
Mont St Aignan
Gournay en Bray
Duclair
Route 1
Martainville
Honfleur
ROUEN
Jumièges
Petit Quevilly
Vascœuil
Lyons-la-Forêt
St Gatien
Route 4
Sotteville
Boos
Touques
Beuzeville
Pont-Audemer
Bourg-Achard
Fleury-s-Andelle
Montfort-sur-Risle
Bourgtheroulde
Pont de l'Arche
Pont-l'Evêque
Elbeuf
Etrepagny
Gisors
Cormeilles
le Bec-Hellouin
Louviers
les Andelys
Lisieux
Brionne
Harcourt
Gaillon
Route 1
le Neubourg
Bernay
Vernon
Giverny
Beaumont-le-Roger
Orbec
EVREUX
Beaumesnil
Broglie
Conches-en-Ouche
Pacy-sur-Eure
Vimoutiers
St André de l'Eure
PARIS→
La vieille Lyre
EURE
Ivry la Bataille
Breteuil
Damville
YVELINES
Route 4
Exmes
Gacé
Nonancourt
l'Aigle
Route 7
Verneuil-sur-Avre
Dreux
le Pin
Moulins la Marche
Courtomer
Sées
Lignerolles
Longny-au-Perche
Mortagne-au-Perche
EURE ET LOIR
CHARTRES
Route 7
Bellême
Mamers
la Ferté-Bernard
SOMME
OISE
ORNE
SARTHE

Einladung in die Normandie

Eingebettet zwischen den Großraum Paris mit seinen urbanen Ausläufern und der urwüchsigen Naturlandschaft der Bretagne ganz im Westen Frankreichs liegt die Normandie zwischen zwei Extremen. Sie ist eine vom Einfluß des Meeres geprägte Landschaft, mit rund 600 km teils rauher Steilküste, teils flachen Sandstränden, einem waldreichen Binnenland, durchzogen vom gewaltigen mäandernden Flußlauf der Seine und vielen kleinen Flüßchen und Tälern.

Bei Villerville an der Calvadosküste

Als Naherholungsgebiet der Pariser, als „Garten gleich hinter Paris" oder gar als „21. Arrondissement von Paris" hat man die Normandie bezeichnet: Denn viele Bewohner der Metropole haben hier ihren Zweitwohnsitz. So manches schmucke, frisch restaurierte Fachwerkhäuschen mit Reetdach ist das Ferienhaus eines Städters, besonders in der Haute Normandie östlich und entlang der Seine. Diese Entwicklung begann schon vor hundert Jahren, als die Maler von Paris aus die Seine entlang zogen – dem unvergleichlichen Licht der Normandie entgegen: Flußnebel, Küstennebel, Wolkenschleier brechen die Farben in Pastelltöne und lassen die Konturen verschwimmen – sicherlich kein Zufall, daß die Impressionisten gerade hier ihren revolutionären Malstil fanden. Den Künstlern folgten die Bürger: Als das Bad im Meer Mode wurde, begann die große Zeit der mondänen Badeorte, allen voran Cabourg. Ehemalige Fischerdörfer wie Trouville, Deauville und Houlgate versammelten in der Saison *„tout Paris"* auf ihren Strandpromenaden.

Dennoch hat die Normandie bis heute ihren ländlichen Charakter bewahrt, vor allem der westliche Teil, die Basse Normandie. Eine sanfte Hügellandschaft, bedeckt von grünen Wiesen mit grasenden Kühen und von der Last ihrer Früchte gebeugten Apfelbäumen, die die Grundlage für den köstlichen Cidre und den berühmten Calvados liefern. Abwechslung fürs Auge und Schutz vor dem Wind bieten hohe Hecken und kleine Wäldchen. Dazwischen liegen versteckt ein von einem üppigen Park umgebenes Schlößchen oder ein Dorf, in dem das moderne Frankreich weit entfernt scheint, mit einer einfachen romanischen Dorfkirche.

Die grünen Weiden reichen bis zum Strand, um dann, hinter einem Dünengürtel, bei Ebbe dem endlos scheinenden Sandstrand Platz zu machen, den bei Flut die Wogen des Ärmelkanals bedecken. Und die rauhe Halbinsel Cotentin mit ihren windzerzausten Küsten und steilen Felsklippen nimmt es an Urwüchsigkeit mit der Bretagne auf. Die höchsten Gezeitenunterschiede Europas werden hier gemessen, das Meer ist hier ebenso launisch wie faszinierend.

Von hier aus brach Herzog Wilhelm im Jahre 1066 auf, um England zu erobern, und die Relikte einer gemeinsamen anglonormannischen Vergangenheit sind zahlreich: beeindruckende Kathedralen und trutzige Herrensitze oder Manoirs, verfallene Burgen, die Ruinen einer ehrwürdigen Abtei. Fast 900 Jahre später war die Normandie noch einmal Schauplatz einer Invasion, diesmal in umgekehrter Richtung: Hier landeten 1944 die Alliierten, um den Zweiten Weltkrieg zu beenden. Mehr als 50 Jahre danach kann man noch vielerorts sehen, was der Krieg hinterlassen hat: Bunker und Geschützstellungen, aber auch viele Museen erinnern an die Befreiung Europas an den „Plages du Débarquement".

Wer mit offenem und vorurteilsfreiem Geist reist, findet in der Normandie ein eigenwilliges Stück Frankreich, das mit seinem Reichtum an Natur, Kultur und Geschichte zur Begegnung einlädt. Für diese Begegnung möchte Ihnen dieses Buch vor, während und nach der Reise eine Hilfe sein.

Im Pays de Bray

Die Normandie auf einen Blick

Fläche: fast 30 000 km^2
Höchste Erhebung: Mont Pinçon 365 m
Bevölkerungsdichte: ca. 143,9 Einwohner/km^2 (Haute Normandie) und 80,2 (Basse Normandie); am dichtesten besiedelt ist das Tal der Seine
Küstenlänge: 600 km
Einwohner: 3 182 500 (Basse N.: 1 410 000, Haute N.: 1 772 000)
Größte Städte: Rouen 380 000, Le Havre 253 000 und Caen 190 000 Einwohner (jeweils Großraum)
Verwaltung: Regionen Basse Normandie und Haute Normandie; Departements: Calvados, Manche, Orne (Basse N.) und Seine-Maritime sowie Eure (Haute N.)
Regionale Naturparks: Parc régional de Brotonne, Parc régional des Marais du Cotentin et du Bessin und Parc régional du Normandie-Maine
Parc naturel régional du Perche
Wirtschaft: Landwirtschaft, besonders Milchwirtschaft undTierzucht (Pferde, Rinder), Industrie (Seinetal), Tourismus

Berühmte Normannen:
Schriftsteller
Gustave Flaubert (* 1821 Rouen, † 1880 Croisset)
Guy de Maupassant (* 1850 Miromesnil, † 1893 Paris)
Alexis de Tocqueville (* 1805 Verneuil sur Seine, † 1859 Cannes)

Maler und andere Künstler
Jean-François Millet (* 1814 Gréville, † 1875 Barbizon)
Nicolas Poussin (* 1594 Villers-en-Vexin, † 1665 Rom)
Fernand Léger (* 1881 Argentan, † 1955 bei Paris)
Raoul Dufy (* Le Havre 1877, † 1953 Forcalquier)
Christian Dior (* 1905 Granville, † 1957 Montecantini)

Die wichtigsten Sehenswürdigkeiten
- Giverny, Claude Monets Garten
- Château Gaillard und das Seinetal bei Les Andelys
- Rouen, Altstadt und Kathedrale, Musée des Beaux-Arts
- Etretat, Falaise d'Aval
- Honfleur, Schieferhäuser am Alten Hafen
- Bayeux, Wandteppich und Kathedrale
- Mont St-Michel, der Klosterberg und die Bucht
- Pays d'Auge, Landschaft und Fachwerkbauten
- Halbinsel Cotentin: Felsküsten im Norden

Die Landschaften

Von Westen nach Osten gliedert sich die Normandie in die folgenden Landschaften:

Die Halbinsel Cotentin

Vom geographischen Gesichtspunkt her ist der **Cotentin** der östlichste Teil des Urgesteinmassivs, aus dem auch die Bretagne aufgebaut ist, dem Armorikanischen Gebirge. Es besteht aus sehr altem Gestein, dessen Entstehung ins Paläozoikum vor über 600 Millionen Jahren fällt: Granit, Schiefer und Sandstein.

Die kargen Granit- und Schieferböden des Cotentin lassen kaum Feldwirtschaft zu. Nur in der unmittelbaren Nähe zum Meer betrieb man früher an der Westküste mit Hilfe von Seetang als Dünger Getreideanbau. Heute ist das kultivierte Land in erster Linie Weideland für Schafe und Rinder, eingegrenzt von windzerzausten hohen Hecken oder von Steinmauern.

Die karge Heidelandschaft des Cotentin ist nur dünn besiedelt

Gelber Hornmohn

Die weit vorspringende Halbinsel **La Hague** und weite Teile des Küstenhinterlands sind von wilder Heidelandschaft bedeckt. Niedrige Stechginsterbüsche, Polsterstauden aus Grasnelken und andere windbeständige Gewächse wachsen auf humusarmem Steingrund und verwandeln ihn besonders im Früh- und Spätsommer in eine farbenprächtige Landschaft, in der Gelb-, Rosa und Lilatöne dominieren. Das extrem maritime Klima auf dem Cotentin sorgt für milde Winter und eher mäßig warme Sommer. Hohe Palmen in den Gärten, Tamarisken, Feigen und andere frostempfindliche Gewächse legen Zeugnis ab davon, daß die Temperaturen im Cotentin im Winter selten unter minus 5 Grad Celsius sinken.

Die Küste des Cotentin fällt nicht überall steil ab. Doch an der äußersten Nordost- und Nordwestküste, den Vorsprüngen bei La Hague und La Hogue, ähnelt sie, wild zerklüftet und von gefährlichen Meeresströmungen umgeben, sehr der bretonischen Küste und den benachbarten englischen Küsten von Cornwall und Westdevon.

Die südliche Ostküste des Cotentin hat einen völlig anderen Charakter: Dort bilden die Meeresufer weite Sandstrände, an denen man bei Ebbe das Meer mit dem Fernglas suchen muß. Die Schwemmland-Bucht des Mont St-Michel an der Westseite droht zu versanden. Sie ist durch ihre Natursehenswürdigkeiten einzigartig und bietet unzähligen Tieren Lebensraum. Dort herrscht der höchste Gezeitenunterschied Europas. Der Unterschied zwischen Ebbe und Flut beträgt hier bis zu 15 m.

Meerkohl

Auch das Landesinnere ist sehr vielgestaltig: Neben den erwähnten Heideflächen im äußersten Nordwesten gehört das reich bewaldete **Saire-Tal** an der Nordostküste zu den landschaftlich schönsten der Halbinsel. In Küstennähe wird dort Gemüseanbau betrieben. Auf den Salzwiesen, die die Bucht von Mont St-Michel säumen, weiden Rinder und vor allem Schafe, die ein besonders schmackhaftes und von Gourmets geschätztes Fleisch liefern. Ihre Nahrung besteht aus einer Grasart, die durch Meersalz aromatische Stoffe entwickelt. Im übrigen Cotentin findet man meist Milchwirtschaft und Rinderzucht. Zentren sind Ste-Mère-Église, Carentan, Bricquebec und Lessay. Wegen der weit verstreuten Siedlungsweise gibt es nur kleinere Orte.

Industrie gibt es aber dennoch, und zwar mitten in den wilden Heideflächen von La Hague! Die mehrere Quadratkilometer große Wiederaufbereitungsanlage für Kernbrennstäbe, von der COGEMA (Compagnie générale des matières nucléaires) betrieben, wirkt wie ein Fremdkörper in dieser Landschaft. Neben dem **Centre nucléaire** von La Hague gibt es ein weiteres Kernkraftwerk an der Cotentin-Küste etwa 30 km südlich bei Flamanville.

Cherbourg, als zweitgrößter Kriegshafen Frankreichs, ist nach Brest (Bretagne) auch ein wichtiges Industriezentrum. Besonders für den Schiffsbau. Es werden vor allem atomar betriebene Unterseeboote hergestellt.

Der Bocage Normand

Östlich der Halbinsel Cotentin schließt sich eine Landschaft an, die als typisch normannisch gelten kann: der **Bocage Normand. Bocage** oder **boscage** wird abgeleitet von **bosc** bzw. **bosquet** = „kleines Wäldchen, Baumgruppe". Im Westen reicht der Bocage etwa bis Villers-en-Bocage unterhalb von Bayeux, wo er in die Ebene von Caen übergeht.

Diese Wiesen- und Weidenlandschaft wird nur von kleinen Baumgruppen oder Hecken unterbrochen, die sich kilometerlang über die sanft gewellten Hügel von geringer Höhe (etwa 200-300 m) ziehen. Der Bocage ist eine sehr malerische und abwechslungsreiche Landschaft, deren Grün aus den verschiedensten Tönen besteht: dem Hellgrün der saftigen Weiden, den verschiedenen Grüntönen der unterschiedlichen Gehölzarten vom silbrigen Grün der Weiden und Pappeln bis zum dunklen Grün der Linden und Eichen.

Die Böden sind aus Schiefer, Granit oder Sandstein, in die die zahlreichen Flüßchen recht tiefe Täler geschnitten haben, z.B. der Vire und der Orne.

Die steilen Schluchten des Orne und seiner Nebenflüsse haben der Region südlich von Caen den Namen **Suisse Normande** eingetragen, „Normannische Schweiz", deren höchste Erhebung, der Mont Pinçon, allerdings lediglich 365 m hoch ist.

Milde Hügellandschaft des Bocage

Die Ebene von Caen, Bessin und Pays d'Auge

Östlich der Linie, die etwa an der Vire-Mündung beginnt und südöstlich bis Falaise reicht, trifft man auf jüngere geologische Formationen als im Westen, vor allem Jura- und Kreidekalk. Diese Sedimentgesteine sind, anders als die Urgesteine des Armorikanischen Gebirges, durch Ablagerungen entstanden, die aus unvorstellbaren Mengen kalkhaltiger Schalen urzeitlicher Muscheln, Schnecken und anderer Tiere bestehen. Denn vor etwa 60 Millionen Jahren befand sich das gesamte Pariser Becken unter den Fluten des Meeres, in dem diese Tiere lebten. Ihre Überreste, unter Druck zusammengepreßt, bilden die Kalkgesteine, aus denen Nord- und Zentralfrankreich im wesentlichen aufgebaut sind.

Unterbrochen durch den tiefen Einschnitt des **Seine-Tals,** setzt sich das Kalkplateau weiter östlich fort bis nach Le Tréport, wo die Bresle die Grenze der Normandie zur Picardie bildet.

Härtere Jura-Kalkböden bilden die flache **Ebene von Caen.** Ein relativ trockener Boden läßt auf scheinbar endlosen Feldern Weizen gedeihen. Viehzucht findet man weniger.

Im **Bessin,** der Landschaft westlich von Caen an der Küste, dominieren wieder Wiesen und Weiden. Im ebenfalls küstennahen **Pays d'Auge** östlich von Caen wird intensive Milchwirtschaft betrieben, und dort liegen auch die berühmten Käse-Orte Camembert und Livarot. Auf den Streuobstwiesen des Pays d'Auge werden die kleinen Äpfel geerntet, aus denen Cidre und durch weitere Destillation der Calvados entsteht.

Die **Küste des Calvados** erstreckt sich von der Douve- bis zur Seine-Mündung und ist recht unterschiedlich gestaltet. Westlich der Orne-Mündung wird der Sand- und Kieselstrand immer häufiger von Kreide- und Lehmklippen unterbrochen, die aber nicht die Schroffheit der Küste von La Hague erreichen.

Der Strand von Vaches Noires gibt durch seinen Fossilienreichtum Aufschluß über die Erdgeschichte

Klippen bei Arromanches

Zwischen den Klippen eingebettet liegen Hafenorte wie **Arromanches** und **Port-en-Bessin.** Östlich der Ornemündung findet man Salzwiesen oder Dünengürtel. Lediglich zwischen Houlgate und Villers steigt die Küste etwas an. Der **fossilienreiche** Küstenabschnitt **Vaches Noires** ist eine Besonderheit in dieser Region.

Zur Seinemündung hin werden die Strände immer flacher und sandiger, lediglich die Côte de Grâce bei Honfleur, wo die Küste wieder auf etwa 100 m ansteigt, bildet eine Ausnahme.

Perche und Pays d'Ouche

Die Region des Perche im äußersten Süden der Normandie reicht etwa von L'Aigle im Norden bis Bellême im Süden und von Senonches im Osten bis Alençon im Westen. Der Perche ist eine Hügelkette, deren Gipfel bis zu 400 m und mehr erreichen und die von Norden nach Südosten einen Halbkreis beschreibt. 1998 wurden 182000 Hektar zum Parc natural régional du Perche erklärt. Im Perche gibt es einige ausgedehnte Forste: in den Waldgebieten von Andaine, von Perseigne, von La Trappe, Reno-Valdieu und Bellême wachsen stattliche alte Bäume. Vor allem die hohen schlanken Buchen sind berühmt, die für den Schiffsbau vor mehr als 300 Jahren gepflanzt wurden. Der Waldreichtum der Region ist durch die geringe Fruchtbarkeit der Böden bedingt: Die Hügel des Perche bestehen aus Kreide und Sand, auf denen Schichten aus flinthaltigem Ton lagern. Die undurchlässigen Tonschichten halten die Feuchtigkeit und machen den Boden für den Getreideanbau unbrauchbar. Zahlreiche künstlich angelegte Seen in den Wäldern dienen der Fischzucht.

Ein anderer traditioneller Erwerbszweig ist die Pferdezucht. Der **percheron,** ein schweres Arbeitspferd, wird in dieser Gegend gezüchtet. Das Staatsgestüt Haras du Pin, unter Ludwig XIV. gegründet, widmet sich heute neben der Aufzucht von Arbeitspferden vor allem der Zucht von Warmblutpferden für den Sport.

Pferdezucht Haras du Pin

Percherons sind eine ausgesprochen temperamentvolle Kaltblutrasse

In Perche und im nördlich davon gelegenen Pays d'Ouche gibt es eine alte Industrietradition, die aber heute nicht mehr von Bedeutung ist. Der zum Teil eisenhaltige Boden, der Wasser- und Holzreichtum ließen eine Vielzahl kleiner Eisenschmieden entstehen. Eine noch fast vollständig im ursprünglichen Zustand aus dem 18. Jahrhundert erhaltene **Eisenschmiede,** als Museum eingerichtet, gibt es z.B. in der Nähe von L'Aigle in Aube. Die Fertigung von Kleineisenteilen wie Nadeln, Nägeln usw. hat eine alte Tradition in den Tälern des Perche und Pays d'Ouche bis hinauf ins Risle-Tal. Viele Ortsnamen erinnern noch an den Eisenreichtum (z.B. Ferrière). Neben Eisenhämmern betrieben die schnell fließenden Flüsse auch Textilmühlen zur Baumwollverarbeitung, einem wichtigen Erwerbszweig in den vergangenen Jahrhunderten.

Der eisenhaltige Boden, **Grison,** diente auch als Baumaterial: der durch den Eisengehalt rötliche, von Kies durchsetzte Baustoff ist z.B. an der Kirche von Aigle und am **Tour grise** in Verneuil-sur-Avre gut erkennbar.

Das Seine-Tal

Der mäandernde Flußlauf der Seine bildete von alters her einen der wichtigsten Verkehrswege Nordfrankreichs. Über die Seine kamen die Wikinger mit ihren Schiffen bis nach Paris, das sie im Jahre 885 plünderten. Als Handelsweg zum Seehafen von Rouen ist der Fluß von größter Wichtigkeit, aber auch die Flußschiffahrt auf der Seine spielt mit 2,5 Millionen Tonnen Fracht im Jahr noch heute eine große wirtschaftliche Rolle. Wegen des regen Verkehrs auch großer Ozeanschiffe zumindest bis Rouen gibt es auf diesem Teilstück nur sehr wenige Brücken, die den Fluß alle in sehr großer Höhe überspannen müssen: die 1977 gebaute

Brücke von Brotonne, die Brücke von Tancarville (1959) und die dem Ozean am nächsten liegende grandiose Pont de Normandie (1995), die Le Havre und Honfleur verbindet.

Noch bis zum Zusammenfluß von Eure und Seine oberhalb von Rouen macht sich der Gezeitenwechsel bemerkbar. Das führte dazu, daß bei steigender Flut starke Wellen entstehen konnten. Besonders bei Tag- und Nachtgleiche war das Schauspiel der **Mascaret** noch bis in die sechziger Jahre hinein bei Caudebec-en-Caux zu beobachten. Durch Eindeichung und Vertiefung des Flußbettes ist diese Erscheinung heute kaum mehr zu sehen.

Die Seine bei Les Andelys

Auf einer Länge von etwa 100 km Luftlinie (Gesamtlänge Vernon – Le Havre: 200 km) beschreibt die Seine zwischen Vernon und ihrer Mündung in den Ärmelkanal sechs große **Mäanderschleifen.** Die Ursachen hierfür liegen im geringen Gefälle, das der Fluß auf dem letzten Stück zum Meer vor sich hat, und der großen Menge des abfließenden Wassers. Schon geringe Höhen (zwischen 50 und 100 m) reichen aus, um Wasser aufzustauen und es zu einer Richtungsänderung zu veranlassen, wobei sich die Außenseiten der vom Fluß beschriebenen Bögen immer weiter ausdehnen und die Innenschleifen durch das angeschwemmte Material versanden.

Die oft steilen, von Wind und Wetter eigenartig geformten **Kreideklippen,** die den Flußlauf der Seine säumen, etwa bei Les Andelys und südlich von Rouen, machen das Tal trotz dichter Besiedlung und Industrie sehr reizvoll und an vielen Stellen ausgesprochen idyllisch. Zu den zwischen den Mäanderschleifen liegenden ausgedehnten Waldgebieten gehört auch der **Forêt de Brotonne,** der den größten Teil des Parc Régional de Brotonne ausmacht. Während sich auf der nördlichen Flußseite kurz vor Le Havre kilometerlang Ölraffinerien entlangziehen, befindet sich auf der gegenüberliegenden südlichen Seite in einer ehemaligen, jetzt „begradigten" Flußschleife der **Marais Vernier,** Rückzugsgebiet für viele Sumpfvogelarten und beliebtes Erholungsgebiet für Städter.

Dieser überraschende Gegensatz zwischen starker Industrialisierung und naturbelassener Landschaft kennzeichnet das gesamte Seine-Tal. Landwirtschaft spielt kaum eine Rolle.

Pays de Caux und Pays de Bray

Ein Kreideplateau von 100-200 m Höhe bildet das **Pays de Caux** (Caux = chaux = Kreide). In die relativ weiche Kreide sind andere Gesteine eingelagert, neben Schiefer und Löß vor allem der harte Flint. Besonders an den Stränden zwischen Étretat und Dieppe sind die Ufer bei Ebbe übersät mit den vielgestaltigen Knollen des glasartigen Gesteins, aus denen die Steinzeitmenschen ihre Werkzeuge fertigten. Dort, wo die Knollen zertrümmert sind, kann man das schwarze Innere des Flintsteins sehen.

Typisch für die Küste des Pays de Caux von Le Tréport bis Étretat sind die weißen Kreideklippen, die ihren Nachbarn auf der anderen Seite des Ärmelkanals, den Klippen von Dover, sehr ähnlich sehen. Das ist nicht verwunderlich, wenn man bedenkt, daß vor rund 10 000 Jahren noch eine Landverbindung zwischen England und der Normandie bestand. Die weichen Kreideklippen können den Angriffen des Meeres nicht viel entgegensetzen, immer wieder brechen Teile ab. Meer und Sturm reißen manchmal ganze Straßen und Häuser fort.

Die weißen Klippen haben der Küste des Pays de Caux den Namen Côte d'Albâtre, „Alabasterküste", eingetragen

Die weißen Kreideklippen der „Alabasterküste" bei Dieppe

In das Kalkplateau haben sich Flüsse eingekerbt, die in Küstennähe häufig die sog. **Valleuses,** dicht bewachsene Täler bilden.

Das Pays de Caux ist Agrarland, dessen Böden sowohl Getreideanbau als auch Weidewirtschaft zulassen. Hinzu kommt die Produktion von Cidre in der Gegend von Longueville, südlich von Dieppe.

Weiter im Landesinnern liegt das grüne Hügelland des **Pays de Bray.** Dort spielt die Milchwirtschaft eine Rolle: Der milde sahnige Käse aus Neufchâtel-en-Bray ist auch bei uns bekannt.

Die saftigen Wiesen sind im Frühsommer von roten Klatschmohn-Tupfern übersät

Wirtschaft

Die grüne Landschaft der Normandie wird geprägt durch Wiesen und Weiden. Gleichmäßig übers Jahr verteilte Regenfälle und eine ebenso gleichmäßige Temperatur lassen das Gras in der Normandie fast das ganze Jahr über sprießen. Heute ist die **Viehzucht** Haupterwerbszweig der Landwirtschaft. Doch das war nicht immer so.

Noch im 18. Jahrhundert dominierte, sofern der Boden es ermöglichte, Getreideanbau in der Landwirtschaft. Mit dem 19. Jahrhundert aber wuchs Paris, und der Bedarf der Pariser nach erstklassigen landwirtschaftlichen Produkten nahm zu. Zunächst bildeten sich nur drei Zentren der **Weidewirtschaft** in der von Paris aus leicht erreichbaren Normandie heraus: Pays de Bray, Pays d'Auge und Bessin. Während im Bray und Auge vornehmlich Käse produziert wurde, war die Butter aus dem Bessin begehrt. Auch Fleisch von Rindern aus dem Pays d'Auge fand sich auf Pariser Märkten wieder. Im Laufe des 19. Jahrhunderts bemühte man sich verstärkt um eine gleichermaßen für Milchwirtschaft und Fleischproduktion taugliche Rinderrasse. Durch Einkreuzen von Jersey-Rindern und anderen entstand aus der im Cotentin schon jahrhundertelang gezüchteten Rasse die neue normannische. Buntgescheckt in den Farben

Die buntgefleckten normannischen Rinder gehören zum Landschaftsbild dazu

Braun, Schwarz und Weiß, ist das normannische Rind eine stattliche Erscheinung. Doch findet man auf normannischen Weiden heute alle möglichen Rinderrassen: von den Milchkühen Marke Holsteiner Schwarz-Bunte bis hin zum blassen Fleischspezialisten Charolais oder gar neuerdings zottigen schottischen Angus-Rindern.

Ebenfalls erst im 18. und 19. Jahrhundert begann man mit der systematischen Herstellung des moussierenden, nur leicht alkoholischen **Cidres.** Diese Entwicklung ging Hand in Hand mit der Ausbreitung der Weidewirtschaft. Denn die Apfelhochstämme ließen sich gut auf den Viehweiden anpflanzen und schafften einen zusätzlichen Nutzen.

Auf den Obstwiesen reifen die Ausgangsprodukte für Cidre und Calvados

Im Seine-Tal gab es schon früh Industrie, beispielsweise die **Textilindustrie.** Noch immer befindet sich die Börse für Rohbaumwolle in Le Havre. Der Rohstoff wurde aus der ganzen Welt per Schiff angeliefert und in den Fabriken von Rouen weiterverarbeitet. Im 19. Jahrhundert war der blaue Baumwollstoff aus Rouen auch bei uns ein Begriff.

Zwei der **größten Häfen** Frankreichs, Le Havre (zweitgrößter) und Rouen (fünftgrößter) liegen an der Seine. Über Le Havre werden etwa doppelt so viele Waren umgeschlagen (54 Mio. t im Jahr) wie über Rouen (22,3 Mio. t), doch nimmt Rouens Bedeutung zu. Im **Passagierverkehr** ist Le Havre mit mehr als 1 Million Passagieren führend.

Über die Häfen Rouen, Le Havre und Cherbourg werden 50 % des französischen Außenhandels abgewickelt

Große Bedeutung hat im Seine-Tal die **chemische Industrie,** vor allem die Petrochemie. Die riesigen Raffineriegelände entlang der Seine vor Le Havre legen Zeugnis davon ab, daß in dieser Region, neben Marseille-Berre, die größten Produktionsstätten der chemischen Industrie ganz Frankreichs liegen.

Daneben hat sich in den letzten Jahren neben der Autoindustrie die **Flugzeugindustrie** fest etabliert. In Vernon werden Triebwerke für die Ariane-Rakete gefertigt.

Fast die Hälfte (45%) der Erwerbstätigen der gesamten Haute Normandie (Departements Seine-Maritime und Eure zusammen) sind in der Industrie beschäftigt.

Neben der Landwirtschaft, die besonders in der westlichen Hälfte der Normandie (Basse Normandie) vorherrscht, und der Industrie mit dem Schwerpunkt Seine-Tal spielt der **Tourismus** eine nicht unerhebliche Rolle in der Wirtschaft des Landes. Etwas mehr als die Hälfte der Touristen stammt aus Frankreich selbst. Unter den Ausländern stellen noch immer die Briten den größten Anteil (etwa die Hälfte), gefolgt von deutschen, belgischen und niederländischen Urlaubern.

Geschichte

Die Frühzeit

Menschliche Siedlungen gab es in der Normandie schon in der Altsteinzeit. Bereits vor 200 000 bis 135 000 Jahren war die Küste des heutigen Departements Manche besiedelt: In Fermanville fand man Überreste von Flintwerkzeugen in Hohlräumen unter Klippen, die den Menschen als Schutz gedient haben müssen. Damals gab es noch eine Landbrücke zu den Britischen Inseln. Erst vor ca. 10 000 Jahren, gegen Ende der letzten Eiszeit, wurde diese Landbrücke unterbrochen, als der Meeresspiegel noch einmal erheblich anstieg.

In Küstennähe findet man besonders auf der Halbinsel Cotentin – wie auch in der Bretagne und auf den Britischen Inseln – Reste der Monumente der sog. Megalithkultur aus der Jungsteinzeit (ca. 3. bis 4. Jahrtausend v. Chr.). Man unterscheidet Ganggräber **(allées couvertes)** und Menhire **(pierres levées),** also große Monolithen, die aufrecht aufgestellt wurden und oft bis zu 4 oder 5 m aus dem Boden ragen. Außerdem gibt es die mit einer waagerechten Steinplatte abgedeckten Grabkammern vom Typ Dolmen.

Das Ganggrab von Le Theil

Grand Pierre bei Rémalard

Kelten und Römer

Als die Römer um 56 v. Chr. die Normandie ihrem Imperium einverleibten, trafen sie auf eine keltische Zivilisation, die seit der Hallstatt-Zeit ihre Spuren hinterlassen hatte. Vom Ende der Hallstatt-Zeit, aus dem 5. Jahrhundert v. Chr., stammen die 17 bei Ifs (südlicher Vorort von Caen) entdeckten Gräber.

Die Kelten setzten sich aus verschiedenen Stämmen zusammen, die in römischen Quellen genannt werden. Im Cotentin siedelten die Unelli, um Avranches die Abrincatui, die Lexovii und die Esuvii bei Lisieux, die Caleti im Pays de Caux und die Veliocasses bei Rouen.

Auf den keltischen Siedlungen errichteten die Römer ihre Bauten. Wichtige römische Städte waren Coutances (Cosedia, später Constantia), Lisieux (Noviomagus), Évreux (Mediolanum), Rouen (Rotomagus), Caen (Catumagus) und Lillebonne (Juliobona). Das Amphitheater von Lillebonne, der einstigen Hauptstadt des Stammes der Caleti, faßte 10000 Zuschauer. Es kann noch heute besichtigt werden.

Die Römer nutzten die von den Kelten errichteten Siedlungen und bauten dort ihre Städte

Bereits im 2. Jahrhundert begann die Christianisierung der römischen Provinz Gallia Lugdunensis II. Erster Bischofssitz wurde Rotomagus (Rouen). In der Mitte des 3. Jahrhunderts, unter Bischof Saint Nicaise, schritt die Christianisierung fort: den Anfang machten die Städte, im 6. und 7. Jahrhundert gab es im ganzen Land eine Fülle von Kloster- und Kirchengründungen. Einer der frühesten christlichen Bauten nördlich der Loire dürfte das Baptisterium von Portbail (Manche) aus dem 4. Jahrhundert sein, dessen Grundmauern 1956 ausgegraben wurden.

Die Merowinger kommen: Neustrien

Um das 4. bis 5. Jahrhundert änderten sich die Machtverhältnisse. Das Römische Imperium schrumpfte zusehends. Als der römische Herrscher Syagrius 486 in der Schlacht von Soissons dem Merowingerkönig Chlodwig unterlag, war der germanische Stamm der Franken nicht mehr aufzuhalten. 497 belagerte Chlodwig Rouen und Évreux.

Die neuen Herrscher trieben die Christianisierung weiter voran, und in der Normandie wurden einflußreiche Abteien wie die von St-Wandrille (649), Jumièges sowie Fécamp und Mont St-Michel (709) gegründet.

Als Chlodwig 511 starb, hatte er nach Merowinger-Sitte sein Reich unter seine Söhne aufgeteilt: 50 Jahre später entstanden durch erneute Teilungen nach dem Tod von Chlothar I. zwei Reiche, Neustrien und Austrasien. Neustrien entspricht im wesentlichen eine erweiterten heutigen Nordwestfrankreich, es reichte von der Schelde bis zur Loire, Hauptstadt war Paris.

Land der Nordmänner – die Normandie

Immer wieder war es seit der Merowingerherrschaft auch zu Einfällen von Nordgermanen gekommen. Die ersten Überfälle registrierte man schon in den Jahren 284 und 364, doch im 9. Jahrhundert kam es immer häufiger zu Plünderungen und ernsthaften Zerstörungen durch Nordgermanen, vor allem aus Dänemark und Norwegen, die man einfach Nortmanni nannte. Mit ihren wendigen Booten konnten sie mühelos die Flüsse hinauffahren – auf der Seine bis nach Paris. 858 wurde Bayeux geplündert, 885 belagerten die Wikinger Paris.

Während die Wikinger halb Europa in Angst versetzten, siedelten sich „Nordmänner" mehr oder weniger friedlich an der Küste der späteren Normandie an

Nachdem anfänglich vor allem Wikinger, der Name bedeutet eigentlich „Nortmanni auf Plünderzug", Küste und Flußläufe des fränkischen Neustrien heimgesucht hatten, kamen mehr und mehr auch Leute aus dem Norden mit friedlichen Absichten. Siedler ließen sich in der Region nieder und gründeten Dörfer. Sie nahmen Sprache und Lebensgewohnheiten der Franken an, auch das Christentum.

Plündernde Wikinger und friedlich siedelnde Leute aus Skandinavien werden zwar oft in einem Atemzug genannt, sollten aber unterschieden werden. Allerdings entstanden viele der Siedlungen aus Militärstützpunkten, die die Wikinger entlang der Seine oder auch auf Seine-Inseln einrichteten, wohin sie sich nach Überfällen auf die reichen Städte zurückziehen konnten.

Die im Seine-Tal ansässigen Siedler, die christianisiert und frankisiert im fränkischen Königreich lebten, stammten in der Mehrzahl aus dem heutigen Dänemark und Norwegen. Auch sie hatten gegen Ende des 9. Jahrhunderts unter den heftiger werdenden Einfällen ihrer Landsleute zu leiden.

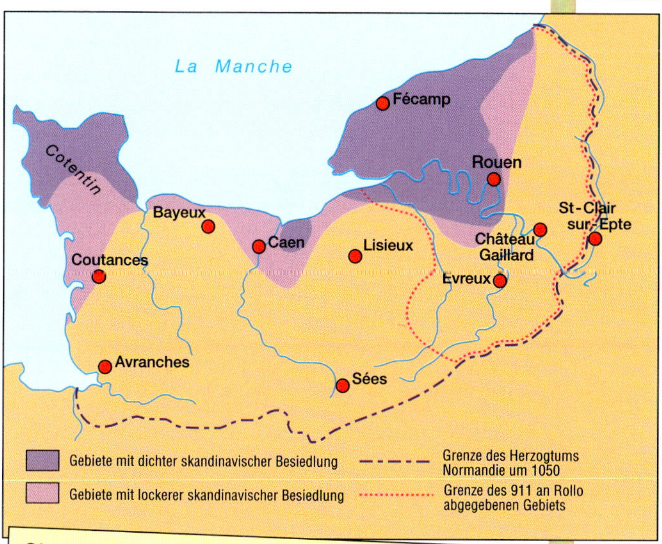

Skandinavische Ortsnamen in der Normandie

Die Sprache der skandinavischen Siedler hat einige Spuren auf der Landkarte der Normandie hinterlassen: Zahlreiche Bestandteile von Ortsnamen deuten auf nordeuropäische Besiedlung hin. Häufig vorkommende Teile von Ortsnamen sind z.B. „bec" = Fluß (vgl. deutsch „Bach"), etwa in Bec-Hellouin, Caudebec, Briquebec u.a., „-beuf" = Haus, etwa in Cricqueboeuf, Elbeuf usw., „cri(c)que" = Kirche, etwa in Cricqueboeuf und Cricquetot, in dem noch ein weiteres skandinavisches Element vorkommt: „tot" = Haus, eingezäuntes Gebäude. An der Küste findet man oft Ortsnamen auf „-fleur", was soviel bedeutet wie Flußmündung, wie in Honfleur, Barfleur und Harfleur. „Dalle" bedeutet Tal und „hougue" Anhöhe, Höhe.

Einer der Anführer – wahrscheinlich ein Norweger – namens Hrolfr der Ganger (in latinisierter Form lautet der Name Rollo), ließ sich am Anfang des 10. Jahrhunderts ebenfalls an der Seine-Mündung nieder und wurde zu einem wichtigen Machtfaktor in der Region. Er setzte sich mit seinen Leuten gegen die plündernden Wikinger zur Wehr.

Der in Paris residierende fränkische König Karl der Einfältige war so klug, mit diesem starken Normannenfürst 911 den Vertrag von St-Clair-sur-Epte zu schließen, der den Normannen Siedlungsrecht rechts und links der Seine-Mündung gewährte: zwischen den Flüssen Dives im Westen und Bresle im Osten (auch heute noch die Ostgrenze der Normandie) und im Landesinnern bis zur Höhe der Flüsse Epte und Avre. 912 ließ sich Rollo, der erste Herzog der Normandie, in Rouen taufen, und die Normannen verpflichteten sich den Franken gegenüber zu militärischer Unterstützung.

Das Herzogtum Normandie

Als Rollo 22 Jahre später starb, erbte sein Sohn Wilhelm Langschwert die Herzogswürde und erweiterte das Territorium etwa auf die heutige Größe der Normandie. Die Halbinsel Cotentin und die Gegend um Avranches, das Avranchin, normannisch besiedelt, aber bisher bretonisch beherrscht, erhielten Rollo und später Wilhelm als lachende Dritte nach den Auseinandersetzungen zwischen den fränkischen Herrschern Karl dem Einfältigen und Rudolf von Burgund um die Vormacht.

Die Nachfolger des ersten Normannenherzogs waren Christen. Neben dem Erzbischofssitz Rouen gab es im 10. Jahrhundert Bistümer in Évreux, Bayeux, Sées und Coutances. Neue Klöster wurden gegründet.

Der Kampf der normannischen Herzöge um ein unabhängiges Herzogtum ging immer weiter. Nachdem er sich erst 940 sein Herzogtum erneut gegen die aufständischen Adligen des Bessin und des Cotentin erstritten hatte, fiel Wilhelm Langschwert 942 einem Attentat zum Opfer. Der fränkische König Ludwig IV. legte sich mit Wilhelm Langschwerts Sohn und Erben Richard I. an, mußte diesem aber sein Herzogtum nach der verlorenen Schlacht von Varaville bestätigen. Ein kluger Schachzug war es, daß Richard seine Tochter Emma mit dem Herzog von Paris, Hugo dem Älteren, verheiratete, dem Vater des späteren französischen Königs. Denn im Frankenreich ging die Ära der Karolinger, der Dynastie, die auf die der Merowinger gefolgt war, langsam zu Ende. Als die Karolinger keine Nachkommen mehr für den Thron hatten, bestieg der Sohn Hugos des Älteren, Hugo Capet, den Thron und wurde 987 erster König von Frankreich.

Die durch die Heirat von Richards Tochter mit einem Kapetinger gegründeten guten Beziehungen zwischen der französischen Krone und den normannischen Herzögen wurden auch in den nächsten Jahrzehnten nicht getrübt. Richard II., Sohn Richards I., zog mit dem französischen König Robert II. erfolgreich gegen den Herzog von Burgund.

Zu heftigen Erbstreitigkeiten um den Herzogstitel der Normandie kam es nach seinem Tod 1026/27. Die Söhne Richard III. und Robert I. wollten beide die Herzogswürde. Der Disput endete nach zwei Jahren Herrschaft für Richard mit dem Tod. Inwieweit sein jüngerer Bruder dabei seine Hand im Spiel hatte, darüber kann man nur spekulieren. 1028 wurde Robert, auch „der Teufel“ genannt, Herzog der Normandie.

Er erwies dem französischen König Heinrich I. seine Reverenz und leistete militärische Hilfe, erhielt als Dank die umstrittene Grenzregion Vexin von Frankreich und durfte in seinem Herzogtum ansonsten tun und lassen, was er wollte.

An der Wende vom 10. zum 11. Jahrhundert gab es einen wirtschaftlichen Aufschwung: Reiche Städte entstanden, es war die Blütezeit des Kirchen- und Klosterbaus. Die normannischen Herzöge taten viel für Kirche und Klöster. Besonders Richard II. und sein Sohn Robert waren Förderer der cluniazensischen Reformbewegung des Benediktinerordens. Richard II. lernte dieses neue Gedankengut bei einem Burgund-Aufenthalt kennen und war so begeistert, daß er 1003 Wilhelm von Volpiano aus Dijon in Burgund nach Fécamp holte, um dort ein Benediktiner-Kloster nach dem Modell von Cluny zu gründen.

Unter seinem Sohn Robert folgten die Abteien in Bernay (1013 begonnen) und Cérisy (1032). Beide wurden anstelle älterer Gründungen in dieser Zeit neu erbaut. Schon bald entwickelte sich Robert zu einem religiösen Eiferer. Als im Jahre 1034 ein Kreuzzug ins Heilige Land ausgerufen wurde, folgte er dem Ruf. Seinen ältesten Sohn Wilhelm, der den Beinamen „Bastard" nie loswurde, rief Herzog Robert noch als Erben seines Titels aus, bevor er 1034 ins Heilige Land auf Pilgerfahrt ging, eine Reise, von der er nicht mehr zurückkehrte. Er starb 1035 in Nicäa.

In der Abteikirche St-Étienne in Caen fand Wilhelm der Eroberer sein Grab

Anders als seine Vorgänger, die Rouen zu ihrer Hauptstadt gemacht hatten, wählte Wilhelm Caen zu seinem bevorzugten Aufenthaltsort. Dort ließ er eine imposante Burg bauen, die noch heute eine der Sehenswürdigkeiten der Stadt ist, und dort befindet sich auch sein Grab in der Abteikirche St-Etienne.

Die guten Beziehungen zum französischen Königshaus kühlten bald merklich ab. Der Grund war Wilhelms Heirat mit Mathilde (1050), der Tochter des Herzogs von Flandern. Sie festigte seine Position, dem französischen König schien der Nachbar im Westen zu mächtig. Heinrich marschierte 1054 von der Picardie her gegen die Normandie, wurde aber bei Mortemer geschlagen. Weitere Invasionen einige Jahre später scheiterten ebenfalls.

Doch Wilhelms Expansionspolitik war nicht gerade geeignet, den französischen König zu beruhigen.

Wilhelm der Eroberer (1027-1087)
Einige Jahre bevor sich Herzog Robert zu seiner Reise ins Heilige Land aufmachte, hatte er in der normannischen Stadt Falaise ein amouröses Abenteuer, das nicht ohne Folgen blieb. Der 17jährige Herzogssohn verliebte sich in die Tochter eines reichen Gerbers, Arlette, der er – den Berichten nach – jeden Tag vom Turmfenster seiner Burg aus beim Stampfen der Wäsche zusah. Der Gerberstochter wurde das Interesse des Herzogssohnes mitgeteilt. Daraufhin ließ sie in der Burg ein Zimmer für sich herrichten und ritt für jeden sichtbar durch das Burgtor ein.

Als Arlette kaum ein Jahr später 1027 einen Sohn, Wilhelm, zur Welt brachte, war klar, daß der Herzog der Vater war. Die beiden hatten noch ein weiteres Kind, doch Herzogin wurde Arlette aus Falaise nicht. Sie bekam schließlich einen Baron zum Mann.

Wilhelms Status als anerkannter „Bastard" war in der Tradition der Normannenherrscher nichts Ungewöhnliches. Geheiratet wurde nach politischem Kalkül, ein Nachfolger auf dem Thron mußte nicht unbedingt aus der legalen Verbindung stammen. So heiratete Wilhelms Ahnherr Rollo zwar die Tochter des französischen Königs, sein Sohn und Nachfolger Wilhelm Langschwert entstammte aber einer anderen Verbindung. Wilhelms Urgroßvater schließlich, Richard I., hatte mehrere Kinder mit seiner Geliebten Gunnor, darunter auch der spätere Herzog.

Als sein Vater starb, war Wilhelm erst sieben Jahre alt. Er hatte einen schweren Stand, denn wenn es um Macht ging, war man damals nicht zimperlich. Ihn umgaben Mord, Verrat und offene Gewalt. Nacheinander wurden sein Vormund, sein Lehrer und weitere Beschützer ermordet, manche vor seinen Augen. Der Junge wurde an einen geheimen Ort gebracht, im verborgenen aufgezogen und unterrichtet, der Legende nach bei armen Bauern. Als er, siebzehnjährig, wirklich an die Macht kam, war die endgültige Schlacht noch nicht geschlagen. Die Verwandtschaft väterlicherseits neidete dem Bastard den Titel und zettelte einen Aufstand unter der Aristokratie des Landes an. 1047 kam es zur Schlacht von Val-ès-Dunes (bei Caen). Das Heer der Aufständischen unter Führung von Ranulf von Bayeux war Wilhelm, der die Unterstützung Heinrichs I. von Frankreich erhalten hatte, nicht gewachsen. Die Barone von Bessin und Cotentin verloren den Kampf. Wilhelm hatte seinen Herzogstitel erstritten.

Wilhelm soll ein gerechter Herrscher gewesen sein, aber mit aufbrausendem Temperament. Seine Brautwerbung um die fromme Mathilde von Flandern, die lieber ins Kloster gehen als einen „Bastard" zum Mann nehmen wollte, liest sich bei Gregor von Tours wie ein Fall von Nötigung – er griff seine Braut tätlich an. Ob dies sie überzeugte, ist unklar; jedenfalls war ihre Ehe harmonisch – und von Wilhelm ist nicht bekannt, daß er an den polygamen Sitten seiner Vorväter festgehalten hätte. Der Papst allerdings erklärte die Ehe von Wilhelm und Mathilde wegen zu enger Verwandtschaft für ungültig. Der wahre Grund war wohl eher ein machtpolitischer, denn die Verbindung mit dem reichen Flandern stärkte die Position des normannischen Herzogs. Damit die exkommunizierten Ehepartner die päpstliche Gnade wiedererlangen konnten, mußten sie unter anderem je ein Kloster für Männer und für Frauen in Caen stiften, deren Abteikirchen noch heute zu besichtigen sind.

Das anglo-normannische Reich

Die Eroberung Englands durch Wilhelm im Jahre 1066 verlagerte für einige Jahrhunderte den Machtschwerpunkt in Westeuropa auf das anglo-normannische Reich. Die Schlacht bei Hastings und ihre Vorgeschichte wird ausführlich im Wandteppich von Bayeux dargestellt (→ S. 150). Der Normannenherzog Wilhelm I. wurde zu Wilhelm dem Eroberer, König von England, und zu einer ernsten Gefahr für den französischen König auf dem Festland. Das reiche England war ein Gewinn für die Normannen. Wilhelms Waffengefährten erhielten englische Güter. Auf die Insel wurde nicht nur die normannische Oberschicht förmlich „importiert“, auch der normannische Dialekt des Französischen und das normannische Rechtswesen wurden übernommen. Das Land wurde unter die normannischen Adligen verteilt, die angelsächsische Bevölkerung unterdrückt. Zum Erzbischof von Canterbury machte Wilhelm den Italiener Lanfranc, der, wie viele weitere in England eingesetzte Bischöfe und Äbte, seine Ausbildung in der Abtei von Bec-Hellouin erhalten hatte. Wie er es schon in der Normandie erfolgreich getan hatte, zentralisierte Wilhelm das Land unter einen starken Herrscher. Der Ärmelkanal wurde zur Verbindungsstraße des neu geschaffenen anglo-normannischen Reiches. Die Hafenstädte florierten.

Wilhelm der Eroberer in einer Darstellung auf dem Teppich von Bayeux

Wilhelm herrschte mehr als zwanzig Jahre. Als er 1087 starb, mußte es fast zwangsläufig zu Erbstreitigkeiten seiner Kinder um die englische Krone kommen. Drei Söhne stritten um das Erbe, und die anglo-normannische Einheit zerfiel zunächst. Robert Kurzhose riß die Macht in der Normandie an sich. Der dritte Sohn Wilhelms, Heinrich, erbte schließlich den englischen Thron. Das Reich war geteilt.

1096 zog es Robert Kurzhose, Herzog der Normandie und Sohn Wilhelms, wie seinen Vorfahren Robert den Teufel ins Heilige Land. Im Ersten Kreuzzug reiste er über Apulien nach Jerusalem. Bei seiner Rückkehr 1106 kam es zur Auseinandersetzung mit seinem Bruder Heinrich. Die Entscheidung fiel in der Schlacht von Tinchebray, aus der Heinrich als Sieger hervorging. Unter Heinrich I. waren die normannische Herzogsmacht und der englische Thron wieder in einer Person vereint.

Heinrich schuf als wichtige politische Einrichtung einen normannischen Gerichtshof, den **Échiquier.** Zuvor hatten die Zusammenkünfte an verschiedenen Orten stattgefunden. Der Name lebt bis heute in der englischen Bezeichnung des Finanzministers „Chancellor of the Exchequer" fort und geht auf eine mittelalterliche Rechenmethode mit Hilfe eines Schachbretts zurück (frz. les échecs = Schach).

Anfang des 12. Jahrhunderts äußerte sich die Feindschaft des expandierenden französischen Königreichs gegen den gleichfalls immer mächtiger werdenden westlichen Nachbarn erneut in militärischen Aktionen. 1109-1113 herrschte offener Krieg um Maine und Bretagne, der erst mit dem Vertrag von Gisors endete, in dem der Normandie auch diese Provinzen zugesprochen wurden. Aus dieser Zeit stammen zahlreiche Befestigungen, Burgen mit dem typischen Donjon, entlang der normannisch-französischen Grenzlinien wie z.B. in Argentan und Domfront.

Der Donjon in Domfront ist auch als Ruine ein imposantes Beispiel normannischer Festungsbaukunst

Heinrichs Nachfolge führte zu neuen Problemen, vor allem weil schon 1120 der designierte Erbe Wilhelm Etheling bei einem Schiffsuntergang vor Barfleur ums Leben gekommen war. Die Alleinerbin war nun Heinrichs Tochter Mathilde, Witwe des deutschen Kaisers, die er mit Gottfried Plantagenet aus dem Hause Anjou verheiratete. Nach Heinrichs Tod 1135 versuchte jedoch Stephen Blois, sein Neffe, die Macht in England zu erlangen, wo er auf viele Anhänger traf. Es begann ein Bürgerkrieg zwischen der Partei Stephens (Blois) und der Partei Mathildes (Anjou), der erst 1153 mit der Anerkennung von Mathildes 1133 geborenem Sohn Heinrich von Anjou als König von England endete.

Dieser hatte ein Jahr zuvor durch die Heirat mit Eleonore von Aquitanien das ganze Gebiet von der Loire bis zu den Pyrenäen hinzugewonnen.

Das angevinische Reich und die Herrschaft der Plantagenets

Mit der Thronbesteigung Heinrichs II. von England war 1154 nicht nur ein Wechsel der Dynastie verbunden. Stärker noch als seine Vorgänger Wilhelm I. und Heinrich I. drängte der neue König in seiner langen Regierungszeit die kleineren Feudalherren zurück, beschnitt die Rechte der Städte und der Kirche (Streit mit dem Erzbischof von Canterbury Thomas Becket) und ging daran, einen zentralisierten, gut durchorganisierten Staat zu schaffen, in dem alle Macht letztlich beim König lag. Zweimal im Jahr tagte der Échiquier, der normannische Gerichtshof, in Caen. Die Städte Rouen, Bayeux, Évreux, Alençon und Fécamp erhielten zwar relativ weitgehende Privilegien auf den Gebieten der Justiz, der Finanzen und der Wirtschaft (sog. „Etablissement von Rouen" 1170), die politische Macht aber lag unbestritten beim König. Er besetzte alle wichtigen Stellen mit ihm getreuen Verwaltern und unterteilte das Land in Verwaltungseinheiten, deren Leitung er aber nicht den eigentlichen Feudalherren übertrug, sondern sogenannten **baillis** (Vögten).

Die folgenden Jahrhunderte wurden beherrscht vom tiefgreifenden Gegensatz zwischen dem französischen König und dem starken angevinischen Herrscher. Der Zwist begann zwar schon zu den Zeiten Wilhelms des Eroberers, doch durch Heinrichs II. Hochzeit mit Eleonore von Aquitanien wurde er erheblich verschärft. Sie hatte sich mit päpstlicher Erlaubnis von ihrem ersten Ehemann, dem französischen König Ludwig VII., getrennt. Der frömmelnde König trauerte indes wohl weniger um seine liebenswerte Gattin als um das reiche Aquitanien. Rund die Hälfte des heutigen Frankreich gehörte damals zu England, von der Normandie bis tief in den Südwesten an den Rand der Pyrenäen.

Traumhochzeit des 12. Jahrhunderts: Eleonore von Aquitanien heiratet den englischen Thronanwärter Heinrich II. Zusammen sind sie unbestrittene Herrscher über Westeuropa

Heinrichs lange Regierungszeit – 45 Jahre lang herrschte er über ein riesiges Reich – hatte für einen stabilen Staat gesorgt. Doch gegen Ende seiner Regierungszeit rebellierten seine eigenen Söhne. Mit Richard Löwenherz kam 1189 ein junger Herrscher auf den Herzogsthron der Normandie, der besser kämpfen als regieren konnte. Er erwarb im Kreuzzug Ruhm und Ehre, während zu Hause das Reich zerfiel. Trotz militärischer Erfolge und des Baus vieler Festungsanlagen (Château Gaillard) verlor Richard nach seiner Rückkehr zunächst das Vexin an Frankreich, bekam es aber später zurück. Nur Gisors war noch französisch, als Richard 1199 bei einer unbedeutenden Belagerung starb.

Château Gaillard liegt hoch über der Seine

Es folgte ihm sein Bruder Johann ohne Land, der zwar den normannischen Herzogstitel und englischen Königsthron zunächst zugesprochen bekam, aber 1204 aufgrund rechtlicher und militärischer Niederlagen alle seine Güter auf dem Kontinent an Frankreich verlor (daher der Beiname: ohne Land). Nur das englische Inselreich einschließlich der bis heute der britischen Krone unterstehenden Kanalinseln (Iles anglo-normands) blieben dem glücklosen König. Besiegelt wurde diese Tatsache aber erst im Vertrag von Paris 1259.

Der Hundertjährige Krieg (1337-1453)

Die Auseinandersetzungen zwischen dem nach großen anfänglichen Schwierigkeiten von seinem Kernland in der Ile de France aus stetig wachsenden Frankreich und dem angevinischen Reich führten zu einem Krieg, der über 100 Jahre dauerte.

Besonders das Gebiet der Normandie war durch seine geographische Lage einer der wichtigsten Streitäpfel. Faktisch schon 1204 kam es an die französische Krone, doch 1346 besetzten die Engländer unter König Eduard III. die Halbinsel Cotentin. Im Vertrag von Brétigny wurde die Normandie dann Frankreich zugesprochen. Doch kam es im Verlauf des Krieges immer wieder zu englischen Landemanövern von See her. 1415 landete Heinrich V. in Harfleur, und 1420 war die gesamte Normandie wieder englisch. Die Engländer schufen eine eigene Verwaltung; Heinrich VI. gründete 1437 sogar die Universität von Caen. Doch haben die Engländer den Sieg der Franzosen nur verzögern können. 18 Jahre später zog der französische König Karl VII. als Sieger in Rouen ein. 1453 verließen die letzten englischen Stellungen Frankreich (mit Ausnahme von Calais): der Hundertjährige Krieg war vorbei, und wenige Jahre später war das Urteil gegen Jeanne d'Arc von der Kirche widerrufen – doch dauerte es noch bis in unser Jahrhundert, bis die Kirche den Mut aufbrachte, eine aus politischem Kalkül von ihr als Ketzerin verbrannte Frau heiligzusprechen.

Jeanne d'Arc (1410-1431)

Die heilige Johanna von Orléans – Frankreichs populärste Frau

Jeanne d'Arc, die auch als Johanna von Orléans bekannt ist, wurde um 1410 im ostfranzösischen Domrémy la Pucelle (Dep. Vosges) als Kind wohlhabender Bauern geboren. Durch eine „göttliche Erscheinung" fühlte sie sich berufen, Frankreich von den Engländern zu befreien und Karl VII. nach Reims zur Krönung zu führen. Tatsächlich nahm 1429, als Jeanne d'Arc auftrat, der Hundertjährige Krieg zugunsten Frankreichs die entscheidende Wende und Karl VII. wurde am 17. Juli 1429 in Reims gekrönt. Die Legende von der französischen Volksheldin war geboren.

Mit Billigung Karls VII. nahm sie in Soldatenkleidern aktiv am Krieg teil. 1430 geriet sie bei Compiègne in die Gefangenschaft der Burgunder, die auf englischer Seite kämpften und sie an England auslieferten.

Jeanne d'Arc wurde nach Rouen gebracht und vor ein geistliches Gericht gestellt. Vergebens wartete sie auf Hilfe des französischen Königs, für den sie gekämpft hatte. Angeklagt wurde sie als Ketzerin und Zauberin und weil sie als Frau in Männerkleidung zusammen mit Soldaten in den Kampf gezogen war. Nach dreimonatigem Prozeß schwor sie ihrer „Ketzerei" ab und wurde zu lebenslanger Haft verurteilt. Doch den Engländern war eine lebende Jeanne d'Arc, die schon zu Lebzeiten verehrt wurde, zu gefährlich. Nach einem erzwungenen Widerruf ihrer Abschwörung wurde die Jungfrau von Orléans am 30. Mai 1431 auf dem Place du Vieux Marché verbrannt.

Das Urteil wurde 1456 von der Kirche aufgehoben; 1909 wurde sie selig- und 1920 heiliggesprochen.

Die Normandie als französische Provinz

Schon 1314, als die Normandie einige Jahrzehnte der französischen Krone gehörte, hatte der französische König ihr Sonderrechte gewähren müssen, die eine gewisse Eigenständigkeit des Herzogtums festschrieben. Die **Charte aux Normands** bewahrte die Normannen vor Steuererhebungen über das übliche Maß hinaus, die Vasallen brauchten sich nur eine gewisse Zeit lang zu Kriegsdiensten zu verpflichten, und Gerichtshof und Steuerbehörde der Normandie konnten Angelegenheiten im Herzogtum ohne Einmischung aus Paris behandeln.

Mit dieser Eigenständigkeit war es nach dem Abzug der Engländer allerdings bald vorbei. 1468 erklärte Ludwig XI. von Frankreich das Herzogtum der Normandie für untrennbar mit der französischen Krone verbunden. Von nun an gab es keinen Herzog mehr, der König selbst herrschte über die Normandie als französische Provinz mit einem **Parlement** in Rouen.

Während des 30jährigen Kriegs führte die Erhöhung der von Richelieu angeordneten Salzsteuer 1639 zu der Revolte der **Nu-Pieds** in der Normandie. Die **Nu-Pieds** („Barfüßige") waren Bauern, die befürchteten, durch die Einführung der Salzsteuer werde es zu einem Rückgang ihrer Salzverkäufe kommen. Ihren Namen „Barfüßige" erhielten sie, weil sie mit bloßen Füßen in den Salzgärten arbeiteten. Der Aufstand wurde von der königlichen Armee blutig niedergeschlagen.

Nach der Französischen Revolution lieferten sich 1795-1800 auch in der weitgehend konservativ und royalistisch gesonnenen Normandie die Parteien der **Bleus** (Soldaten der Republik) und der **Chouans** (Königstreue) erbitterte Kämpfe. Die königstreuen Bauern, deren Schwerpunkt eigentlich südlicher, in der Vendée, lag, weigerten sich, in der Revolutionsarmee zu dienen.

Schauplatz Normandie: Die Landung der Alliierten 1944

Während des Zweiten Weltkriegs war die Normandie Schauplatz einer der blutigsten Schlachten dieses Krieges – und einer der entscheidendsten für seinen Ausgang. Die Soldatenfriedhöfe legen davon Zeugnis ab: ungefähr 75 000 Deutsche, 10 000 Amerikaner, Tausende Kanadier und Polen kamen hier ums Leben.

Schon im August 1942 hatten die Alliierten ein Landemanöver bei Dieppe versucht. Daraufhin ließ Hitler entlang der Atlantikküste eine Verteidigungslinie errichten, den Atlantikwall.

Auf den Konferenzen der Alliierten im Mai und August 1943 wurde der Plan gefaßt, den Atlantikwall der Deutschen in der Normandie zu durchbrechen, nicht nördlich an der Kanalküste, wie die Deutschen annahmen. Durch den gleichzeitigen Luftkrieg sollte die Nachschubsituation im Hinterland für die deutschen Besatzer verschlechtert werden: Die Bomber der Alliierten zerstörten planmäßig Brücken, Flugplätze, Verteidigungsanlagen und griffen wichtige Straßenkreuzungen und Nachschubzentren an, legten aber auch Städte in Schutt und Asche. Zu den wenigen Städten, die verschont blieben, gehört Bayeux, das als erste normannische Stadt befreit wurde. Am meisten von den Zerstörungen betroffen waren außer Cherbourg und Le Havre Caen, Falaise und St-Lô. Die Bombardements begannen schon im März 1944, unterstützt von Sabotageaktionen der Résistance, der französischen Widerstandsbewegung gegen die deutsche Besatzungsmacht.

Die Landung der Alliierten, dargestellt auf einer Telefonkarte

Am 6. Juni – wegen des schlechten Wetters war das für den 5. Juni vorgesehene Unternehmen um einen Tag verschoben worden – landeten dann die ersten alliierten Truppen an den Stränden der Normandie, heute **Plages du Débarquement** genannt, die sich Briten und Amerikaner in Sektoren aufgeteilt hatten: östlich von Arromanches operierten die Briten und Kanadier (Sword, Gold und Juno Beach), westlich und an der Cotentin-Küste die Amerikaner (Omaha und Utah Beach).

Die Eroberungswelle stoppte nach einigen Wochen vor Caen und im Südwesten der Stadt, die nach schweren Kämpfen am 9. Juli in Händen der Alliierten war. Ende Juni eroberten die Amerikaner Cherbourg, dessen Hafen völlig zerstört wurde, und die Halbinsel Cotentin. Eine deutsche Gegenoffensive Richtung Avranches, bei der die amerikanischen Truppen geteilt werden sollten, endete damit, daß die Deutschen eingeschlossen wurden: Es folgte die Kesselschlacht von Falaise. Ein Teil der deutschen Truppen, der entkommen konnte, zog sich weiter nach Osten zurück. Am 22. August war Vimoutiers in den Händen der Alliierten, und am 25. August zog General de Gaulle, der am 14. Juni 1944, aus dem britischen Exil kommend, am Strand von Courseulles gelandet war, in Paris ein. Die Schlacht in der Normandie war damit aber noch nicht zu Ende. Erst am 30. August marschierten die Alliierten in Rouen ein.

Die Erinnerung an den 6. Juni 1944 ist in der Normandie allgegenwärtig

Denkmal der Invasion von 1944 in Vierville

Die Verwaltungseinheiten heute

Während der Revolution wurden auch in der Normandie die alten Provinzgrenzen aufgelöst und das Land in fünf Departements unterteilt: Die nach den Flüssen benannten Departements Eure, Orne und Seine-Maritime (früher Seine-Inférieure) sowie Manche (Manche = der Ärmelkanal) und Calvados, das seinen Namen einem Schiff der spanischen Armada, „El Salvador", verdanken soll. Im normannischen DIalekt wurde daraus einfach „Calvados".

Es hat sich inzwischen gezeigt, daß die Departements als Verwaltungseinheiten zu klein für eine effektive Wirtschaftsplanung sind. Seit etwa 30 Jahren sind mehrere Departements zu Wirtschaftsregionen zusammengefaßt; die Normandie wurde dabei aufgeteilt in: Haute Normandie (Obere N.) und Basse Normandie (Untere N.). Die Haute Normandie (12 317 km², 1 772 000 Einwohner) mit der Hauptstadt Rouen befindet sich südlich und nördlich der Seine und umfaßt die Departements Seine-Maritime und Eure. Die Basse Normandie (17 589 km², 1 410 500 Einwohner) mit der Hauptstadt Caen setzt sich aus den Departements Calvados, Orne und Manche zusammen, umfaßt also die dünner besiedelte und durchweg ländliche Westhälfte der Normandie.

Kunst

Kirchen und Klöster der Romanik

Die Normandie ist eine an mittelalterlichen Kunstschätzen außerordentlich reiche Region Frankreichs. Begünstigt durch den frühen wirtschaftlichen Aufstieg im 11. Jahrhundert unter den Normannenherzögen, Nachkommen skandinavischer Einwanderer, und die Verbindung mit dem reichen Königreich England, entstand eine romanische Kunst, die in der Architektur einen eigenen normannischen Stil hervorbrachte.

Bedeutende Klostergründungen dieser Zeit waren neben Jumièges und den beiden Abteien in Caen die von St-Martin-de-Boscherville, Cérisy-La-Forêt und Lessay. Der Benediktinerorden wurde von den Herzögen sehr gefördert, und die reichen Abteien konnten sich aufwendige Bauten und die besten Baumeister der Zeit leisten.

Romanische Abteikirche Lessay

Die großen Abteikirchen wie z.B. Jumièges unterscheiden sich von den oft nur einschiffigen kleineren Dorfkirchen durch ihre vielen Türme: mindestens zwei die Fassade flankierende Türme sowie einen weiteren viereckigen Laternenturm über der Vierung. In den einzelnen Geschossen sind die Türme außen nach oben zu immer stärker durch Arkaturen oder Öffnungen gegliedert, oft wurden sie später mit zusätzlichen Treppentürmen versehen.

Die in der Normandie entwickelte Doppelturm-Fassade war später auch Vorbild für die gotischen Kathedralfassaden.

Nur noch als Ruine erhalten ist die Abtei von Jumièges

Blick in den Chor der Abteikirche St-Étienne in Caen

Typisch für die zukunftweisenden Bauten der Romanik in Caen (St-Étienne und Ste-Trinité) sind die strenge Unterteilung der Joche mit Hilfe von Diensten (Halbsäulen), die den Pfeilern innen im Mittelschiff vorgelegt wurden und über alle Geschoßunterteilungen bis zur Decke reichen, die schon gewölbt ist: Rippengewölbe in St-Étienne (um 1120) und Kreuzgratgewölbe in Ste-Trinité (ca. 1100). Diese Neuerungen weisen schon auf die Gotik.

In der romanischen Kirchenbaukunst der Normandie gibt es außerdem noch einige weitere Besonderheiten, die manchmal schon die späteren Entwicklungen in der Gotik vorwegnehmen. So durchbrechen Emporen und Laufgänge (Triforien) die Wände im Innern, die in romanischen Kirchen eigentlich immer durch Kompaktheit und Schwere gekennzeichnet sind. In der Gotik wird der Wand dann noch viel deutlicher die optische Schwere genommen.

Gerade auch in der Ornamentik entwickelten die normannischen Steinmetzen einen eigenen Stil: Neben strengen geometrischen Formen wie Mäandern werden phantasievoll verschlungene Flechtmuster germanischer Herkunft verwendet. Typisch normannisch sind die Flechtbänder in den Archivolten der Abteikirche St-Étienne in Caen, die scharfgeschnittenen Zickzack-Ornamente und andere geometrische Friese an der Kirchenruine von Thaon oder in der kleinen romanischen Dorfkirche von Autheuil. Berühmtes Beispiel normannischer Ornamentik ist auch die südliche Mittelschiffwand der Kathedrale von Bayeux, die über und über dekoriert ist.

Romanische Elemente im normannischen Stil: Bayeux (links) und Thaon (unten rechts)

Die Kathedralen der Gotik

Durch den Einfluß aus der Ile de France im späten 12., aber vor allem ab dem 13. Jahrhundert kam es auch in der Normandie zum Bau großartiger gotischer Kathedralen: Coutances, Bayeux, Lisieux, Évreux, Sées, Rouen, Fécamp, Louviers. Dabei reichen die Stilformen von Beispielen der frühen Gotik bis hin zu der Flamboyant-Variante der Spätgotik.

Der früheste gotische Bau in der Normandie ist neben dem Turm St-Romain der Kathedrale von Rouen die Kathedrale von Lisieux (1170 – Mitte 13. Jh.). Alle Kennzeichen der

Kirche St-Jacques in Dieppe

gotischen Baukunst finden sich hier: der Spitzbogen, die Tendenz zum einheitlichen Innenraum, zum „Aufbrechen der Wände".

Später entstanden dann die übrigen großen Kathedralen in rascher Folge und einheitlichem Stil: Doppelturmfassade im Westen, ein hohes Mittelschiff mit mehreren Geschossen (zwei oder drei), querrechteckige Joche, ein Chor mit Chorumgang und angeschlossenem Kapellenkranz, und – typisches Kennzeichen schon der normannischen Romanik – der Laternenturm über der Vierung.

Die Flamboyant-Gotik (flamboyant – „züngelnd wie Flammen") äußert sich vor allem in einer überschwenglichen Ornamentik am Außenbau: wie eine Durchbruchsarbeit oder geklöppelte Spitze aus Stein wirken die komplizierten, scharf geschnittenen Formen aus Strebebögen, Strebepfeilern, Maßwerk, aufgesetzten Fialen und Fiälchen, weit vorkragenden Wasserspeiern mit Dämonengesichtern und -körpern, wie z.B. an Teilen der Kathedrale von Évreux. Der Spätstil der Flamboyantgotik hat seinen Höhepunkt erst ab dem 15. Jahrhundert, z.B. in St-Maclou (zweite Hälfte des 15. Jahrhunderts) oder dem sog. „Butterturm" in Rouen (15./16. Jahrhundert) und der Kirche La Madeleine in Verneuil-sur-Avre (15./16. Jahrhundert).

Portal von St-Ouen in Rouen

Details des Flamboyant-Dekors an der Kathedrale von Évreux

Flamboyant-Dekor St-Maclou, Rouen

Burgen und Manoirs – Profanarchitektur in Mittelalter und Renaissance

Die Normannen waren Meister des **Burgenbaus** – nicht unbedingt im ästhetischen Sinn, sondern in Sachen Funktionalität und Effektivität. Die primitivsten Burgen entstanden auf einem Erdwall, der eventuell natürlichen Ursprungs war, oder noch besser auf einem strategisch günstig gelegenen Fels, umgeben von Holzpalisaden mit Turm. Für zusätzlichen Schutz sorgten ein Graben (mit oder ohne Wasser) und ein weiterer Wall, ebenfalls mit Palisaden. Vom 10. bis 13. Jahrhundert bauten die Herzöge der Normandie, u.a. zum Schutz vor dem französischen König, zahlreiche Burgen, auf deren Reste man heute noch überall im Land stoßen kann.

Zentraler Teil der mittelalterlichen Burg war der Donjon, der Turm oder Burgfried. Im Unterschied zu den deutschen Burgen war der Donjon in Frankreich meist auch der einzige bewohnbare Teil der Festung. Anfangs hatten die Donjons in der Regel einen viereckigen Grundriß, z.B. St-Sauveur-le-Vicomte, Chambois.

Schon im 12. Jahrhundert ging man zu runden Türmen über, die besser zu verteidigen waren. Neben den Verteidigungsbauten nahmen Wohnbauten innerhalb der Wallanlagen oder Mauern nun auch größeren Platz ein. Nach 1450 wurde die Tendenz zur Wohnburg noch stärker: Die Zeiten waren friedlicher geworden.

Mit der Renaissance begann die große Zeit der normannischen **Manoirs.** Vielfach entstanden sie auf den Grundmauern bestehender Burgen, deren Donjon manchmal in den Bau mit einbezogen wurde.

Bei den Manoirs der Normandie handelt es sich um größere Anwesen, bestehend aus Wohn- und Wirtschaftsgebäuden und manchmal einer Kapelle, umgeben von

Manoir Boiscordes bei Rémalard (Departement Orne)

Steinmauern mit Türmen und einem von zwei Türmen flankierten Eingangstor. Oft haben sie zusätzlich noch einen Wassergraben. Diese Feudalsitze ähneln Gutshöfen, heute sind manche in Bauernhöfe umgewandelt, andere wurden zu herrschaftlichen Wohnsitzen ausgebaut. Auf ihrem Gelände befand sich immer auch ein Taubenturm **(colombier)**, Zeichen eines Privilegs, das erst von der Französischen Revolution abgeschafft wurde: Nur dem Feudalherren **(seigneur)** war es gestattet, Tauben zu halten. Den Bauern war die Jagd auf sie streng verboten. Diese Türme sind häufig besonders hübsch dekoriert, etwa beim Manoir d'Ango nahe Dieppe.

Für den Bau der Manoirs wurden die am Ort vorkommenden Baumaterialien eingesetzt. Das macht den Reiz und die Originalität dieser Bauten aus. Fachwerk, mit roten Ziegeln oder Lehm gefüllt, oder aber purer Stein, wie auf der Halbinsel Cotentin der harte graue Granit, anderswo, wie in der Gegend von Caen, der helle Kalkstein der Region fanden Verwendung. Typisch ist die bunte Vielfalt der Techniken und die sich aus der Verschiedenartigkeit der Baumaterialien ergebende Farbigkeit. Schwarze, weiße und rote Ziegel werden zu Mustern zusammengesetzt, im Fall des Taubenturms des Manoir d'Ango etwa ergänzt durch schwarzen behauenen Flintstein. Nicht alle dieser Manoirs sind zu besichtigen, da sie oft noch bewohnt oder als Gutshöfe bewirtschaftet werden. Von außen kann man aber fast immer einen Blick auf sie werfen.

Der Übergang zwischen Manoir und Château, also Schloß, ist fließend. Großartige Manoirs ähneln Schlößchen, und kleine Schlösser sind oft eigentlich Manoirs.

Château d'O

Schlösser wie das Château d'O oder Fontaine-Henry mit ihrem verwinkelten Grundriß, den überhängenden Erkertürmchen und der Vielfalt der Baumaterialien zeigten den Reichtum der Adligen am französischen Hof. Die Einflüsse der Renaissance, die Karl VIII. mit einigen italienischen Künstlern von seinem Neapel-Feldzug eingeführt hatte, wirkten sich auch auf die Schlösser der Normandie aus, etwa in antikisierendem Dekor. Typisch blieb aber immer die Vielfarbigkeit wie z.B. in St-Germain-de-Livet, wo man Arkaden nach italienischem Muster und die Fassaden aus verschiedenfarbigen Ziegelsteinen (16. Jahrhundert) findet.

Großartige Stadtpaläste aus der Zeit der Renaissance (15./16. Jahrhundert), die z.T. noch viele spätgotische Elemente zeigen, sind der Bischofspalast in Évreux sowie der Justizpalast und das Hôtel Bourgtheroulde in Rouen.

Barock und Klassizismus

Nach den Religionskriegen entstanden im 17. Jahrhundert weitere Schlösser. In der Normandie sind sie besonders zahlreich: Ein schönes Beispiel für den französischen Frühbarock ist Schloß Beaumesnil. Von dem berühmten Schloß-Architekten François Mansart entworfen wurden Schloß Balleroy bei Bayeux und Schloß Cany im Pays de Caux. Er war der Großonkel des Architekten von Versailles, Jules Hardouin-Mansart, der auch in der Normandie für Ludwig XIV. arbeitete: Er entwarf das Schloß des Staatsgestüts Haras du Pin.

Die Schlösser dieser Zeit brauchen viel Raum, um ihre Wirkung zu entfalten. Sie werden in die Landschaft eingebunden und ergänzt von Gärten im streng geometrischen französischen Stil, der die Architektur in der Natur fortsetzt. Die strenge Symmetrie der Architektur wird z.B. in Beaumesnil durch die überschwengliche Dekoration der Fassade etwas aufgelockert.

Die Besinnung auf antike Vorbilder brachte ab Mitte des 18. Jahrhunderts eine neue Stilrichtung hervor: den Klassizismus. Die Schlösser dieser Epoche sind von klassischer Schlichtheit und Strenge bestimmt und bedienen sich aus dem Zitatenschatz antiker Architektur, während sich in der Gartenarchitektur gelegentlich englischer Einfluß durchsetzt: Es entstehen Landschaftsgärten und weitläufige Parks, die den menschlichen Eingriff in die Natur kaum noch wahrnehmen lassen. Schöne Beispiele sind Garten und Schloß Sassy bei St-Christophe-le-Jajolet und Le Bourg-St-Léonard.

Der Blick in den Garten von Schloß Sassy zeigt: Hinter den regelmäßig angelegten Parterres beginnt gekonnt gestaltete Natur

Schloß Le-Bourg-St-Léonhard

Schloß Beaumesnil

Schloß Haras du Pin

Kunsthandwerk

Die Normandie ist bekannt für ihre **Keramik.** Zentren der Produktion waren neben Rouen das Pays d'Auge, Valognes, wo es Kaolinvorkommen gibt, und Bayeux. 1951 wurde die Produktion dort eingestellt.

In Rouen stand 1673-1696 die erste französische Porzellanmanufaktur. Louis Poterat hatte das Rezept für ein Weichporzellan entwickelt. Zu dieser Zeit experimentierte man überall in Europa, um das schon jahrhundertelang in China bekannte Porzellan nachzuerfinden. Die Rezepte waren streng geheim, und auch Poterat nahm sein Porzellan-Geheimnis mit ins Grab.

Die serienmäßige Herstellung von Fayence aus Rouen war dagegen ab Mitte des 17. Jahrhunderts gesichert. Die anfangs durch Blau-Weiß-Dekor gekennzeichnete Keramik erfreute sich großer Nachfrage auch am Hof. Mit der Mode änderte sich jeweils auch das Aussehen der Stücke: im 18. Jahrhundert herrschte die typische Rouen-Borte vor, ein aus der Buchbinde- und Möbelkunst übernommenes Motiv.

Keramikgeschäft in Honfleur

Ebenfalls bekannt sind Lambrequin-Muster mit Anklängen an die Stickerei. In der zweiten Hälfte des 18. Jahrhunderts entstanden Chinoiserien. Populäre Fayencen zeigen Genreszenen, aber auch figürliche Keramik wurde in Rouen hergestellt.

Der „normannische Kleiderschrank" ist auch bei uns ein Begriff: Die **Möbelfabrikation** in der Normandie florierte vor allem im 18. und 19. Jahrhundert. Die riesigen Kleiderschränke waren in der Regel „Heiratsschränke" von solcher Größe, daß sie die gesamte Aussteuer der Braut aufnehmen konnten. Einige schöne mit überbordenden Schnitzereien verzierte Exemplare, vor allem Fruchtbarkeits- und Hochzeitssymbole, können im Museum von Caen besichtigt werden.

Die Herstellung feiner Spitzenarbeiten hat in der Normandie Tradition

Die Städte Bayeux und Caen sind berühmt für ihre **Nadelspitzen,** Alençon und Argentan für die **Spitzenklöppelkunst.** Auch die **Wachskerzenfabrikation** ist ein altes Handwerk in der Normandie, das in großer Vollendung Wachsmodelle sakraler Gegenstände hervorbrachte.

Malerei

Einige große französische Maler stammen aus der Normandie: Nicolas Poussin (1594-1665) war berühmt für seine idealen Landschaften. Jean-François Millet (1815-75) stammte aus dem kleinen Dorf Gréville im Cotentin und wurde bekannt durch seine Bilder der arbeitenden Bevölkerung („Ährenleserin"). Er mußte allerdings erst nach Paris gehen, um bekannt zu werden.

Nach der Entdeckung der Pleinairmalerei (Freiluftmalerei) zogen die Maler späterer Generationen dagegen in Scharen auch in die normannischen Fischerdörfer an der Küste: Honfleur und Étretat wurden zu Künstlerkolonien. Als Motiv und Inspirationsquelle diente die Landschaft der Normandie besonders zahlreichen Malern des Impressionismus und ihrer Vorläufer.

Die einzigartigen Klippenformationen von Étretat zogen schon früh Maler an. Von Gustave Courbet (1819-77) wird überliefert, er habe sich mit seiner Staffelei in eine Höhle unterhalb der Klippen zurückgezogen, von wo man die beste Aussicht hatte. Im Eifer der Arbeit bemerkte er nicht, daß das Wasser stieg, und erst als die Staffelei schon im Wasser stand, war das Bild fertig.

***Conversation sur la plage* von Eugène Boudin**

Die „Schule von Honfleur" entstand ab 1855 um den aus Honfleur stammenden Eugène Boudin (1824-1898). Um ihn scharten sich der junge Claude Monet (geboren in Le Havre), Edward Sisley und Jean-Frédéric Bazille. Auch der Dichter Charles Baudelaire, der amerikanische Maler James McNeill Whistler (1834-1903) und der niederländische Maler und Radierer Johan Barthold Jongkind (1819-1891) brachten einige Zeit in der Künstlerkolonie zu.

Die Maler widmeten sich dem Studium des wechselnden Lichts in der normannischen Landschaft. Sie malten – immer dem Phänomen der unterschiedlichen Farbwirkung von Gegenständen bei unterschiedlicher Lichtintensität auf der Spur – Heuhaufen oder die Kathedrale von Rouen zu drei verschiedenen Tageszeiten wie bei Claude Monet. Das Motiv war ihnen fast gleich – es ging ihnen darum, nicht irgendwelche symbolbeladenen Bilder zu schaffen, sondern lediglich die recht individuellen Eindrücke dessen, was sie sahen, festzuhalten – Impressionen der Wirklichkeit, Farbe, durch Licht verändert. Dabei bedienten sie sich auch einer neuen Technik, nämlich die Farben pur auf die Leinwand aufzutragen, in Strichen oder Flecken nebeneinander, anstatt sie, wie die Vorgänger noch, auf der Palette zu mischen und dann erst auf die Leinwand zu bringen. So entsteht der Farbeindruck erst im Auge des Betrachters. Diese neue Sehweise des Impressionismus revolutionierte die europäische Malerei und leitete die Moderne ein.

Manche Impressionisten zogen ganz in die Normandie. **Claude Monet** (1841-1926) lebte ab 1881 in Giverny in der Nähe von Vernon an der Seine, wo er sich dem Sammeln japanischer Holzschnitte und natürlich der Malerei widmete. Sein Garten und Wohnhaus können heute besichtigt werden. Hier malte er die bekannte Serie von Seerosenbildern.

Seerosen, Claude Monet (um 1920)

Auch die sog. Postimpressionisten, die die Aufsplitterung in Farbpartikel auf der Leinwand noch weiter trieben, hielten sich gern in der Normandie auf, um zu malen. Nur noch wenige Stunden Fahrtzeit trennten zudem die normannischen Küstenorte von Paris, seit Eisenbahnlinien existierten. **Georges Seurat** (1859-1891), der Meister dieses als Pointillismus bezeichneten Stils, und Maler späterer Stilrichtungen wie der zur Gruppe der „Wilden“ (Fauves) gehörende **Raoul Dufy** (1877-1953) oder auch der Kubist **Georges Braque** (1882-1963) lebten zeitweise dort. Braque liegt auf dem Friedhof von Varengeville nahe Dieppe begraben, für dessen Kirche er auch ein Fenster gestaltete.

Literatur

Unter den ersten Normannenherzögen herrschte hinter Klostermauern fieberhafte literarische Produktivität – sie diente natürlich der Verherrlichung der Herrschenden. Die Mönche verfaßten historische Schriften in lateinischer Sprache, die sich u.a. mit der Geschichte der Normannenherzöge und der Eroberung Englands befaßten.

Im 12. Jahrhundert schrieb der auf der Kanalinsel Jersey geborene **Robert Wace** (ca.1100 - ca.1171) in einem vom normannischen Dialekt gefärbten Französisch einige der im Mittelalter so beliebten Romanzen, die geschichtliche Ereignisse und Legenden miteinander vermischten. Seine Reimchronik „Roman de Brut" handelt von der Geschichte der Bretonen. Sie führte die Artuslegende in die französische Literatur ein. Das (unvollendete) Werk „Roman de Rou" (Rou=Rollo) berichtet von der Geschichte der normannischen Herzöge, deren erster Rollo war.

Doch brachte die Normandie damals offenbar vor allem Geschichtsschreiber hervor: **Ordericus Vitalis** (1143 gestorben) schrieb seine „Historia Ecclesiastica" (Kirchengeschichte) in der Ruhe und Abgeschiedenheit der Abtei von St-Évroult-du-Bois, und auch der Abt von Mont St-Michel, **Robert von Torigni** (1186 gestorben), verfaßte ein Geschichtswerk.

Die Abgeschiedenheit der Abtei St-Evroult-du-Bois inspirierte einst den Geschichtsschreiber Ordericus Vitalis

In späteren Jahrhunderten kamen nicht wenige berühmte und das Geistesleben ihrer Zeit inspirierende Franzosen in der Normandie zur Welt. **Pierre Corneille** (1616-1684), dessen Geburtshaus noch in Rouen besichtigt werden kann, war Rechtsanwalt im Magistrat seiner Geburtsstadt, bevor er zum Schöpfer des klassischen französischen Dramas wurde.

Unter den Denkern seiner Zeit eine hervorragende Stellung nahm **Alexis de Tocqueville** (1805-1859) ein. Der Jurist und Politiker schrieb nach einer einjährigen Amerika-Reise auf seinem Schloß unweit Cherbourgs 1835-1840 sein bekanntes Werk „Über die Demokratie in Amerika", in dem er eine Einschätzung der Demokratie als zukünftiger Organisationsform moderner Gesellschaften gibt.

Zwei Romanautoren des 19. Jahrhunderts sind eng mit der Normandie verbunden: der aus Rouen stammende **Gustave Flaubert** (1821-1880) und **Guy de Maupassant** (1850-1893). So spielt Gustave Flauberts berühmter Roman „Madame Bovary" im 20 km von Rouen entfernten Städtchen Ry (im Roman: Yonville-l'Abbaye) und basiert auf einer Geschichte, die sich dort im Jahre 1848 abgespielt haben soll.

Guy de Maupassant, geboren im Schloß Miromesnil 6 km südlich von Dieppe, verbrachte den größten Teil seines Lebens in Fécamp. Er hat die normannische Landschaft und ihre Bewohner in vielen seiner Geschichten treffend charakterisiert. Besonders dem Leben der einfachen Leute, Fischer und Bauern, aber auch der kleinen Angestellten in der Stadt widmen sich seine über hundert Erzählungen, u.a. „Das Haus Tellier". Diese kurzen und manchmal sehr amüsanten Geschichten eignen sich hervorragend zur Einstimmung auf einen Normandie-Urlaub.

Guy de Maupassant (1850-1893)

Jules Barbey d'Aurevilly (1808-1889), geboren und aufgewachsen in St-Sauveur-le-Vicomte auf der Halbinsel Cotentin, wird auch als der „Walter Scott der Normandie" bezeichnet. Er schildert in seinen Romanen und Erzählungen („Die Gebannten", 1854; „Die Teuflischen", 1874; „Ein verheirateter Priester", 1881) die trostlose Landschaft des Cotentin. Die Auseinandersetzungen zwischen Revolutionären und „Chouans", das Festhalten der Bewohner des Cotentin an feudalen Traditionen und ihr tiefer Katholizismus, gemischt mit Aberglauben sind spannende Ingredienzen seiner Romane.

Zwar kein Normanne von Geburt, aber ein sehr modebewußter Herr seiner Zeit, der folglich das Seebad Cabourg zu seinem alljährlichen Feriendomizil auserkor, war **Marcel Proust** (1871-1922). In einigen seiner Romane schildert er das Treiben der besseren Gesellschaft in den Seebädern zu Beginn des Jahrhunderts.

Unter den Schriftstellern dieses Jahrhunderts zu nennen ist noch der Philosoph **Alain** (1868-1951), der in Wirklichkeit Émile Chartier hieß und der Nachwelt eine Vielzahl zum Nachdenken anregender Aphorismen hinterließ. Sein Geburtshaus befindet sich in Mortagne-au-Perche.

Nicht nur für Krimifreunde sehr empfehlenswert als Einstimmung sind einige der Romane des Belgiers **Georges Simenon,** in denen normannische Hafenstädte Schauplatz der Ereignisse sind.

In „Maigret und die alte Dame", einem meisterhaften psychologischen Kriminalroman, wird Kommissar Maigret in einer dringenden Angelegenheit von einer alten Dame aufgesucht: Ihre Haushälterin wurde vergiftet. Notgedrungen muß Maigret eine Reise an die Küste unternehmen, nach Étretat ...

„Le Port des Brumes" (1931, „Maigret und der geheimnisvolle Kapitän"), einer der frühesten Kommissar-Maigret-Romane, spielt in Ouistreham. Die winterliche Atmosphäre im „Nebelhafen" wird sehr treffend geschildert.

In „Die Marie vom Hafen", der als einer der besten Romane Simenons gilt, spielt das Städtchen Port-en-Bessin eine sehr wichtige Rolle. Der Roman wurde auch verfilmt (1949, von Marcel Carné, mit Jean Gabin in der Hauptrolle).

AU PRINTEMPS
CONFECTIONS
POUR
DAMES & FILLETTES
IMPERMÉABLES · FOURRURES
BONNETERIE
CHEMISERIE
ETABLISSEMENTS
AU PRINTEMPS

Die Reiserouten

Städte, die im Kapitel Ortsbeschreibungen ausführlich behandelt werden, sind mit einem Stern gekennzeichnet.*

Route 1: Das Seinetal

Von Giverny bis Le Havre

Nordroute 198 km, Südroute ca. 220 km

Der Flußlauf der Seine ist einer der ältesten Wege in die Normandie. Sie war das Einfallstor der normannischen Seefahrer im Mittelalter, die ihre erste Niederlassung auf einer Flußinsel gründeten. Zwischen Rouen und dem Meer war das Kernland ihres Reichs. Das Vexin, die Landschaft zwischen Rouen und der Ile de France und deren Zentrum Paris, war später immer wieder umkämpft zwischen den normannischen Herzögen und dem französischen König. Entsprechend zahlreich sind die historischen Zeugnisse entlang der Seine und ihrer Nebenflüsse: bedeutende Abteien, prächtige Schlösser und imposante Burgen, die mit Vorliebe strategisch günstig auf den steil aufragenden Kalkklippen gebaut wurden, von wo aus man die Seineschleifen gut überblicken kann.

Beginnen kann man die Fahrt entlang des Seine-Tals, von Paris auf der Autobahn A 13 kommend, bei der Abfahrt Vernon. Die D 181 führt zum **Schloß Bizy** am Ortsrand von Vernon. Das prächtige Schloß wurde ab 1741 für den Marschall Fouquet, Herzog von Belle-Isle, von dem Architekten des Herzogs von Orléans Contant d'Ivry mit Anleihen bei Versailles entworfen. Aus dieser Zeit sind die immensen Stallungen geblieben, ebenso wie die restaurierten Springbrunnen und Wasserbecken im Park. Auf seinem Schloß feierte Fouquet rauschende Feste. Als der Marschall und Hofberater Ludwigs XV. starb, ging Bizy wie sein gesamter Besitz an den König, der im Gegenzug Fouquets beträchtliche Schulden zu tilgen hatte. Nach der Revolution wurde das Hauptgebäude zerstört, in bescheidenerem Umfang die Kolonnadenfront im Empirestil aber wieder aufgebaut. Bis 1848 war das Schloß dann Residenz des Königs Louis-Philippe. In der zweiten Hälfte des 19. Jahrhunderts ließ es der neue Besitzer Baron von Schickler im klassischen italienischen Stil neu errichten.

Öffnungszeiten Schloß Bizy: 1. 4. bis 1. 11. tgl. außer montags 10-12 und 14-18 Uhr

Vernon selbst ist zwar eine rapide wachsende Stadt mit viel Industrie in den Randbezirken, birgt aber einen alten Stadtkern mit zahlreichen **alten Fachwerkhäusern** aus dem 15. Jahrhundert. Die gotische Kirche Notre-Dame, deren älteste Teile aus dem 11. Jahrhundert datieren, stammt aus dem 14. Jahrhundert. Auf der bewaldeten Flußseite gegenüber sind die Ruinen einer mittelalterlichen Brücke und Burg zu sehen. Das in einem Fachwerkhaus untergebrachte **Musée Alphonse-Georges Poulain** besitzt eine der wenigen Sammlungen von Tierskulpturen, von französischen Künstlern wie François Pompon und L. de Monard, außerdem Maloroi französischer und amerikanischer Impressionisten.

Öffnungszeiten
Musée Alphonse-Georges Poulain: 12, rue du Pont, 1. 4. bis 31. 10. dienstags bis freitags 11-13 und 14-18 Uhr, am Wochenende nur 14-18 Uhr, übrige Zeit tgl. außer montags 14-17.30 Uhr

Wenige Kilometer entfernt, auf der anderen Seine-Seite an der Mündung des Flusses Epte in die Seine, liegt das Dorf **Giverny.** An seinem Rand steht das Wohnhaus des impressionistischen Malers Claude Monet. Es ist umgeben von einem weitläufigen Garten, den der Maler nach seinen Vorstellungen anlegen ließ. Der See mit der von Glyzinien berankten Brücke oder der Seerosenteich – all diese Motive findet man auf Monets Bildern wieder. Ab 1881 bis zu seinem Tod 1926 wohnte er in dem Haus in Giverny, das man heute ebenso wie den Garten besichtigen kann. In der Nachfolge Monets ließen sich viele Maler – auch aus Übersee – von Giverny inspirieren. Im **Musée d'art américain** befindet sich eine Sammlung von in Giverny und Umgebung entstandenen Gemälden amerikanischer Impressionisten.

Öffnungszeiten
Giverny (Haus und Garten von Claude Monet): 1. 4. bis 31. 10. tgl. außer montags 10-18 Uhr; (auch Musée d'art américain)

Ein Maler und sein Garten – Claude Monet in Giverny

Im Frühjahr 1883 ist Claude Monet 42 Jahre alt und einmal wieder auf der Suche nach einer Bleibe. Zwei Jahre nach dem Tod seiner Frau 1879 lebt er in Poissy, in engen Verhältnissen, zusammen mit seinen zwei Kindern und Alice Hoschedé, die mit sechs Kindern von ihrem Mann wegen finanzieller Probleme verlassen wurde. Es gilt, ein Domizil für zwei Erwachsene und acht Kinder zu finden, das dem Maler zudem Platz genug zum Arbeiten und ein geeignetes Ambiente bietet. Monet wandert zu Fuß entlang der Seine bei Vernon und findet tatsächlich, was er sucht, bei einem kleinen Dorf namens Giverny. Ganz in der Nähe, in Vétheuil, hat er einige Jahre zuvor schon einmal gemalt. Das Haus ist groß genug, seine Lage nahe der Seine hervorragend für die Pleinairmalerei, die Monet so sehr schätzt. Er mietet sofort, im April zieht er ein. Zehn Jahre später kann er das Haus kaufen. Hier bleibt er bis zu seinem Tod 1926.

Von Giverny aus unternimmt Monet zahlreiche Reisen, aber sein Ruhepunkt bleibt hier. Auf den Feldern der Umgebung findet er seine Motive: die berühmten „Meules", eine Serie von „Heuhaufenporträts", die er hier 1889 bis 1893 zu verschiedenen Tageszeiten malt. Ob Heuhaufen oder Kathedrale – für Monet geht es um das Festhalten der äußeren Erscheinung, um Licht und Schatten und den flüchtigen Augenblick.

Der Garten, ursprünglich ein einfacher Bauerngarten mit Obstbäumen und Gemüse, wird nach und nach umgestaltet. Die finanzielle Lage Monets hat sich ab den 90er Jahren entspannt, seine Bilder werden gekauft. Es gelingt ihm, ein angrenzendes Stück Land mit einem natürlichen Teich hinzuzukaufen, und dort entsteht sein berühmter Wassergarten. Ganze Serien von Seerosenbildern hat er hier vor der Natur gemalt, die Reflexe des Lichts auf dem Wasser studiert, den flüchtigen Effekt festgehalten. Zwischen 1905 und 1909 hat er diese Bilder wieder und wieder überarbeitet. Auch die von Glyzinien berankte japanische Brücke hat er hier gemalt. Denn japanische Farbholzschnitte, vor allem die Werke des Hiroshige, üben eine starke Faszination auf Monet aus, der auch eine Sammlung zusammenträgt.

Ab 1914 beschäftigt er sich ausschließlich mit einer neuen Serie von Bildern seines Wassergartens, in überdimensionalem Format, als Wandbilder konzipiert. Zu diesem Zweck läßt er ein riesiges Atelier im Garten errichten. Doch schreiten die Arbeiten nur sehr langsam voran. Sein Augenleiden (grauer Star) hindert ihn am Malen. 1926 stirbt Monet fast erblindet in Giverny.

Auf der D 5 geht es zurück Richtung Vernon und anschließend weiter auf derselben Seine-Seite auf der D 313 und D 10. Kurz hinter Port Mort gibt es einen vorzeitlichen Menhir, den man „Gravier de Gargantua" (Gargantuas Kieselstein) nennt. Der Riese Gargantua soll den gigantischen „Kieselstein" an dieser Stelle aus seinem Schuh geholt haben.

Wenig später biegt man in Courcelles links über die Brücke nach **Gaillon.** Mitten im Ort erhebt sich ein weiteres Schloß hoch auf einem Kalkfelsen. Es geht zurück auf eine Festung an der Grenze zwischen der Normandie und Frankreich, die ab 1262 im Besitz des Erzbischofs von Rouen war. Nach der Revolution wurde es fast völlig zerstört. Geblieben sind der von Türmen flankierte Eingangspavillon aus der Renaissance (1510) und die Galerie.

Verläßt man Gaillon auf der D 65, fährt man am linken Seine-Ufer auf der D 176 weiter. Kurz vor Tosny bietet sich ein schöner Blick auf die Seine.

Auf der anderen Seite des Flusses thront auf einem Kalkfelsen hoch über Les Andelys die Burgruine von **Château-Gaillard,** der Lieblingsburg von Richard Löwenherz. Innerhalb nur eines Jahres ließ er 1196 bis 1197 die Festung errichten, die als uneinnehmbar galt, um die Normandie

Château Gaillard, die Burg des Richard Löwenherz

Öffnungszeiten
Château-Gaillard: 15. 3. bis 15. 11. tgl. außer dienstags u. mittwochvorm. 10-12 u. 14-18 Uhr

Öffnungszeiten
Musée municipal Nicolas Poussin: rue Sainte-Clotilde, tgl. außer dienstags 14-18 Uhr

gegen Frankreich zu verteidigen. Bei der sechsmonatigen Belagerung der Normannenburg durch die französischen Truppen 1204 fiel sie in die Hände der Franzosen, als es einigen von ihnen gelang, über die Latrinen einzudringen und die Normannen zu überrumpeln. Heute kann man die Ruinen frei besichtigen, bis auf den von einem Graben und einer Mauer geschützten runden Donjon, der besonders gut erhalten ist. Die Turmführung kostet Eintritt. Die im Dreieck angelegte Vorburg ist durch einen zusätzlichen tiefen Graben von der Hauptburg getrennt.

Die Zufahrt zur Burg auf den Kalkfelsen führt in einem weiten Bogen durch den Ort **Les Andelys.** Von hier aus kann man sie aber auch auf steilen Fußwegen erreichen. In Villers-en-Vexin, einem Dorf 13 km nordöstlich von Les Andelys, wurde der berühmte Maler Nicolas Poussin (1594–1665) geboren, nach dem in Les Andelys das städtische Museum benannt ist. Vom Meister selbst ist das Gemälde „Coriolanus“ zu sehen. Die Hauptwerke des Begründers des französischen Klassizismus hängen allerdings im Louvre und in anderen großen Museen überall in der Welt.

Von Les Andelys gelangt man über die D 135 und N 155 ins 20 km entfernte Louviers, auf der linken Seite der Seine an der Eure-Mündung. Nach Louviers kommt man aber auch auf gemächlicherem Weg entlang des auf der rechten Seite von hohen Kalkfelsen eingegrenzten Seine-Tals auf der D 313 über Muids. Einer der Felsen rechts der Straße, der **Rocher de la Roque,** sieht einer menschlichen Gestalt verblüffend ähnlich. Über **Andé** mit seiner malerisch in die grüne Flußlandschaft gebetteten Mühle aus dem 17. Jahrhundert, wo im Sommer Konzerte und Theateraufführungen stattfinden, kommt man dann über die Seine-Brücke auf der D 313 hinüber in die Stadt Louviers, um die sich heute zahlreiche Fabriken angesiedelt haben.

Louviers, rund 19 000 Einwohner, war einst Zentrum der Tuchfabrikation. Die Stadt besitzt mit der **Kirche Notre-Dame**

(13. Jahrhundert) ein sehr schönes Beispiel gotisch-flamboyanter Baukunst. Besonders die Südseite mit dem Portal ist überreich dekoriert. Auch die Glasfenster im Innern sind sehenswert. Den einzigen Kreuzgang am Wasser in Europa kann man im **Cloître des Pénitents** besichtigen. Er wurde im 17. Jahrhundert auf einer Brücke über dem Fluß errichtet. Im Stadtmuseum werden Fayencen aus Rouen, Nevers und dem holländischen Delft sowie normannische Möbel ausgestellt und an die Vergangenheit von Louviers als Tuchweberstadt erinnert.

Öffnungszeiten
Musée municipal: tgl. außer dienstags 10-12 und 14-18 Uhr

Auf der D 313 geht es zurück auf die Nordseite der Seine und weiter nach **Herqueville,** von wo es noch ca. 10 km bis zu den **Schleusen von Amfreville** sind. Hinter Amfreville geht es links an der Gabelung direkt zu den Schleusen (Schild „Écluses“ beachten). Sie liegen unterhalb der Anhöhe mit dem Namen **Côté des deux Amants,** wo sich eine hervorragende Aussicht auf die Seine-Schleifen bietet.

Im Schleusen-Café kann man einkehren und zusehen, wie Kähne abgefertigt werden. Auf der anderen Seine-Seite hat sich an den Stauseen von Poses ein Freizeitzentrum mit vielfältigen Wassersportmöglichkeiten und einem Golfplatz etabliert. Von hier werden Ausflugsfahrten auf der Seine angeboten.

Frachtkähne auf der Seine

Schleuse von Amfréville

Abstecher durch das Andelle-Tal ins Vexin Normand von etwa 50 km

An dieser Stelle kann man, anstatt direkt nach Rouen weiterzufahren, einen Abstecher in die grüne Hügellandschaft des Vexin Normand anschließen. Die Rundtour beginnt auf der D 321 und mündet in die N 14 Richtung Boos–Rouen.

Öffnungszeiten Abtei Fontaine-Guérard: 1. 4. bis 31. 10. tgl. außer montags 14 -18 Uhr

Auf der D 321 führt die Strecke zunächst rechts zur **Abbaye de Fontaine-Guérard**. Von der Zisterzienserabtei im Tal des Flüßchens Andelle bestehen noch die Ruinen der Abteikirche, der gewölbte Kapitelsaal (13. Jahrhundert), der ebenfalls gewölbte Saal, in dem die Nonnen arbeiteten, und das Dormitorium.

Öffnungszeiten Château de Bonnemare: 1. 4. bis 1. 11. tgl. 9-12.30 und 14 -18 Uhr

Kurz vor Radepont geht es unter einer Bahnlinie hindurch auf ein winziges Sträßchen, das bergauf zum **Schloß Bonnemare** führt. Das Renaissanceschloß stammt aus dem 16. Jahrhundert und blieb bis auf den im 19. Jahrhundert neu errichteten Nordflügel nahezu im alten Zustand erhalten. Bemerkenswert ist die 1231 gegründete kleine Kapelle. In den Wirtschaftsgebäuden befinden sich ein Cidre-Keller aus dem 17. Jahrhundert einschließlich Turm und Apfelweinpresse sowie Schmiede und Bäckerei. Einmal im Jahr Mitte August findet hier ein „Tag des Handwerks“ statt.

Öffnungszeiten Jardin deVandrimare: 1. 5. bis 31. 10. am Wochenende und Feiertagen 14.30 -18 Uhr

Für Gartenfreunde lohnt sich der Abzweig nach **Vandrimare**: Der Schloßpark mit einigen 200 Jahre alten Bäumen wurde erweitert um Themengärten, z. B. Rosen-, Duft- und Kräutergarten sowie ein Labyrinth. In der Orangerie und Gewächshäusern werden exotische Pflanzen gezogen.

Öffnungszeiten Vascoeuil: Ostern bis 1.11. tgl. 14.30 - 18.30 Uhr, Juli/August tgl. 11 - 19 Uhr, Erste Juliwoche und 1.11. bis Ostern geschlossen

Folgt man dem Flüßchen Andelle aufwärts, das sich bei Fleury nach Norden wendet, gelangt man zu einem weiteren Schloß, das vor allem Freunde moderner Kunst begeistern wird: Im fünf Hektar großen Schloßpark von **Vascoeuil** begegnet man zahlreichen Skulpturen von Künstlern der klassischen Moderne wie Braque und Dalí. Im Schloß selbst, einem alten normannischen Herrensitz des 14.-16. Jahrhunderts mit einem schönen abseits stehenden Taubenturm, finden Wechselausstellungen statt. Der französische Historiker Jules Michelet bewohnte das Schloß im 19. Jahrhundert und schrieb hier seine Werke. Sein Arbeitszimmer ganz oben im Turm wurde zur Besichtigung wiederhergerichtet.

Schloß Bonnemare bei Radepont

Ein kleines Stück weiter auf dem Sträßchen nach Norden liegt **Ry.** In dem hübschen kleinen Dorf am Fluß Crevon trug sich einst die Begebenheit zu, die Gustave Flaubert die Vorlage zu seinem Roman „Madame Bovary" lieferte, wenn auch der Ort im Roman Yonlay-l'Abbaye heißt. Ein Museum trägt dieser Tatsache Rechnung: In einem alten Gebäude aus dem 18. Jahrhundert werden von Ostern bis Ende Oktober hunderte Automaten in Bewegung gesetzt, um Szenen aus dem berühmten Werk darzustellen.

Von Vascoeuil im Andelle-Tal geht es quer durch den herrlichen Buchenwald Forêt de Lyons in das ansehnliche Fachwerkstädtchen **Lyons-La-Forêt**. Die alten hölzernen Markthallen und die um den Marktplatz gruppierten Häuser in der typischen Holzbauweise geben dem Ort einen besonderes Flair, das auch die Filmemacher faszinierte. Jean Renoir und Claude Chabrol nutzten ihn als Drehort für ihre Verfilmung von Flauberts „Madame Bovary".

Wenige Kilometer nordöstlich von Lyons liegt **Schloß Fleury-la-Forêt**. Sein jetziges Aussehen erhielt es im 18. Jahrhundert.

Neben den möblierten Sälen des Schlosses gibt es in der ehemaligen Küche eine Ausstellung von altem Spielzeug und Puppen zu sehen.

Öffnungszeiten
Schloß Fleury-La-Forêt: Ostern bis Ende September tgl. 14-18 Uhr, übrige Zeit nur sonn- und feiertags

Etwas südlich von Lyons-La-Forêt trifft man in einem Park im Wald auf die Ruinen der Zisterzienserabtei **Mortemer** aus dem 12. und 13. Jahrhundert. Angeschlossen sind ein Regionalmuseum zum Thema Jagd und Wald, ein Tierpark und eine Mini-Bahn rund um die Fischteiche.

Öffnungszeiten
Ostern bis Ende September tgl. 14-18 Uhr, übrige Zeit nur sonn- und feiertags

Vorbei an Schloß Rosay-Lieuré (in Privatbesitz) kommt man bei Menesqueville wieder ins Andelle-Tal und zurück auf die Route nach Rouen.

Auf der N 14 nach **Rouen*** hat man bald die ersten Vororte der Großstadt erreicht. Bevor man in das Stadtzentrum hinunterfährt, lohnt sich ein Halt am Aussichtspunkt bei der **Kapelle von Bonsecours,** von wo sich ein Blick auf Stadt und Hafen bietet.

Ab Rouen muß man sich zwischen zwei möglichen Seine-Tal-Routen entscheiden, denn es gibt nur noch drei (mautpflichtige) Brücken: Auf der rechten (nördlichen) Seine-Seite erwarten den Besucher die Abteien von St-Martin-de-Boscherville, St-Wandrille und Jumièges. Auf der linken Seite die Burg Roberts des Teufels mit dem Wikingermuseum und der Wald von Brotonne. Aufs andere Ufer überwechseln kann man – auch ein Erlebnis für sich – außer über die Brücken nur noch mit einer der Flußfähren (Näheres zu den Bacs → S. 233).

Rechte Seine-Seite (Nordseite):

Man verläßt Rouen auf der D 982 Richtung Duclair, dann nimmt man die D 51 nach **Croisset** bei Canteleu. Dort kann man auf den Spuren des Romanciers Gustave Flaubert (sein bekanntester Roman ist „Madame Bovary") wandeln. Nur der Pavillon des Wohnhauses ist noch erhalten, das Flauberts Vater, Chirurg in Rouen, 1844 kaufte. Darin sind Erinnerungsstücke an den Dichter (1821-1880) ausgestellt.

Öffnungszeiten
Maison Flaubert: tgl. außer dienstags und mittwochs vormittags 10-12 und 14-18 Uhr

Öffnungszeiten
St-Martin-de-Boscherville (Abtei):
1. 4. bis 14. 6. tgl. 9-12 und 14-19 Uhr, 1. 10.-31. 3. 9-12 und 14-17 Uhr

Wenige Kilometer weiter auf der D 982 erreicht man **St-Martin-de-Boscherville.** Das Dorf mit seinen engen Gassen erstreckt sich links der Hauptstraße. Die Abteikirche (1080-1125) ist ein gutes Beispiel der normannischen Romanik. Das Eingangsportal mit den in Zickzackmustern verzierten Bögen ist sehenswert. Von den Abteigebäuden ist der Kapitelsaal aus dem 12. Jahrhundert mit Aufbauten aus dem 17. Jahrhundert interessant.

13 km hinter Duclair geht es links auf der D 143 nach **Jumièges,** wo sich eine der beeindruckendsten Abteiruinen Frankreichs befindet. Schon im 7. Jahrhundert war die Abtei vom heiligen Philibert gegründet, später aber von den Wikingern zerstört und geplündert worden. Wilhelm Langschwert ließ im 10. Jahrhundert mit dem Neuaufbau beginnen, und 1067 wurde die Abteikirche geweiht. Wie so viele andere Abteien, wurde auch Jumièges während der Revolution zerstört – und blieb bis heute eine sehr romantische Ruine, nicht nur im Herbstnebel.

Die Ruine der Abteikirche von Jumièges zeugt noch von der einstigen Größe des Benediktinerklosters

Ein Rundgang beginnt bei der riesig wirkenden romanischen **Abteikirche Notre-Dame** mit ihren beiden 43 m hohen Fassadentürmen. Das Schiff ist gegliedert durch abwechselnd eckige Pfeiler (mit vorgelegten Halbsäulen) und Rundsäulen, darüber ist im Obergeschoß eine Emporenzone zu sehen. Vom **Laternenturm** ist nur eine Wand erhalten geblieben, an die sich noch ein kleiner Treppenturm „klammert", vom Chor mit Umgang dahinter dagegen so gut wie nichts. Die Kirche war noch nicht gewölbt, sondern hatte eine einfache Balkendecke. Vom Chor führte die Passage Charles VII. zur **Kirche St-Pierre,** die bis auf die Vorhalle und die ersten Joche aus karolingischer Zeit im wesentlichen aus dem 13./14. Jahrhundert stammt. Rechts an das hintere Schiff schlossen Sakristei und Kapitelsaal (12. Jahrhundert) sowie der Eingang zur Kirche St-Pierre an und bildeten so die Westseite des (nicht erhaltenen) Kreuzgangs. Rechts hinter der Kirche erstreckt sich der Garten mit einer schönen **Treppe** aus dem 17. Jahrhundert. Links dahinter erkennt man die Wohngebäude der Abtei aus dem 17. Jahrhundert.

Öffnungszeiten *Jumièges (Abteiruinen): 1. 11. – 31. 3. tgl. 10-12 u. 14-16 Uhr, 1. 4. bis 15. 6. u. 15. 9. bis 31. 10 tgl. 9-12 u. 14-17 Uhr, 16. 6. bis 14. 9. täglich 9-18.30 Uhr*

Es ist möglich, am Seineufer in Jumièges mit der Seine-Fähre (Bac) auf die andere Flußseite überzuwechseln und die Fahrt durch den Wald von Brotonne fortzusetzen.

Bleibt man aber auf der Nordseite des Flusses, kehrt man zurück auf die D 982 Richtung Caudebec-en-Caux. Nach 10 km gelangt man nach **St-Wandrille.** Die dortige Benediktinerabtei hat eine ähnliche Geschichte hinter sich wie Jumièges: Gegründet zur Zeit der Merowingerherrschaft im 7. Jahrhundert, von den Wikingern ausgeraubt, wurde sie im 10. Jahrhundert wiederbelebt, um schließlich im frühen 19. Jahrhundert der Revolution zum Opfer zu fallen. Die Ruinen gelangten in Privatbesitz, auch der Schriftsteller Maurice Maeterlinck mietete sich dort ein. Seit den 30er Jahren wird die Abtei wieder von Mönchen bewohnt.

Öffnungszeiten *St-Wandrille: Führungen werktags 15 u. 16 Uhr, sonntags u. feiertags 11.30, 15 und 16 Uhr*

Bei der Besichtigung gelangt man durch ein Portal aus dem 18. Jahrhundert, die **Porte de Jarente,** in den von den Werkstätten der Mönche umgebenen Hof der Abtei. Neben den Ruinen der **Abteikirche** aus dem 13./14. Jahrhundert ist der südlich an sie anschließende **Kreuzgang** erhalten geblieben.

Heute erklingen die gregorianischen Gesänge der Mönche in einer ehemaligen **Zehntscheune** aus dem 13./15. Jahrhundert, die 1969 Stein für Stein aus Neuville-du-Bosc herbeigeschafft und von den Mönchen wiederaufgebaut wurde.

2,5 km weiter an der D 982 liegt **Caudebec-en-Caux** direkt an der Seine, die bis Rouen für große Seeschiffe befahrbar ist. Im **Musée de la Marine de Seine** wird an die Vergangenheit der Seine-Schiffahrt erinnert. Dort kann man das letzte Segelschiff auf der Seine sehen. Das Museum dokumentiert das Naturschauspiel der Mascaret, der Flut-

Öffnungszeiten
Musée de la Marine de Seine:
tgl. außer dienstags 14-18.30 Uhr

-welle auf der Seine – bis in die 60er Jahre eine der Hauptattraktionen von Caudebec. Durch die Vertiefung und Planierung des Seine-Bettes tritt die gefährliche Flutwelle nicht mehr auf, aber die Auswirkungen des Gezeitenwechsels können noch immer beobachtet werden.

Die **Kirche Notre-Dame** in Caudebec-en-Caux gehört zu den schönsten spätgotischen Kirchen der Normandie. Sie entstand ab 1426, wie eine Inschrift im Innern am Fuß des Turmes besagt. Zu Ende geführt wurden die Arbeiten an der Kirche bis in das 16. Jahrhundert hinein. Sie ist außen überreich im gotischen Flamboyant-Stil verziert. Das große Mittelportal schmücken allein 333 Figuren! Der über 50 m hohe Kirchturm wird von einem durchbrochenen steinernen Helm in Form der päpstlichen Tiara bekrönt. Im Innern stellt der riesige hängende Schlußstein der Apsiskapelle eine Besonderheit dar: Er ist 4 m hoch und 7 Tonnen schwer. In der Kapelle befindet sich auch das Grab des Architekten der Kirche, Guillaume Le Tellier.

In der rue du Basin (Fortsetzung der rue de la Boucherie, die rechts von der Seine-Promenade hochführt in den Ort) liegt das **Maison des Templiers** („Templer-Haus"), ein sehr gut erhaltenes Bürgerhaus aus dem 13. Jahrhundert mit einem lokalgeschichtlichen Museum.

Verläßt man Caudebec in Richtung Villequier auf der D 81 und fährt kurz hinter dem Château des Capucins rechts hoch auf die Straße direkt unterhalb der Klippen, gelangt man zu den Kapellen von **Barre-y-va,** einem Wallfahrtsort. Die größere der Kapellen besitzt ein Glasfenster von 1620 und enthält Schiffsmodelle und Votivtafeln. Einige 100 m weiter führt ein Wanderweg (GR 2) zum Pierre qui tourne („Stein, der sich dreht"). Unter dem Stein soll sich ein Schatz befinden. Nur wer sich in der Neujahrsnacht hierher traut, so sagen die Leute, bekäme vielleicht zu sehen, wie sich der Stein siebenmal um sich selbst dreht und den Schatz freigibt . . .

In **Villequier** steht das Wohnhaus der reichen Reederfamilie Vacquerie, wo Victor Hugo und seine Tochter Léopoldine sich oft aufhielten. An das Haus knüpft sich die Erinnerung an den tragischen Tod von Léopoldine Hugo, die 1843 19jährig zusammen mit ihrem Mann Charles Vacquerie in der Seine ertrank. Das Haus ist heute als Victor Hugo-Museum eingerichtet, und es wird, neben persönlichen Erinnerungsstücken, Briefen und Manuskripten, eine interessante Sammlung der Zeichnungen des Dichters gezeigt.

Öffnungszeiten
tgl. außer dienstags 10-12 u. 14-17.30 Uhr; 1. 4. bis 30. 9. bis 18.30 Uhr

Die D 81 bis Norville und anschließend die D 281 Richtung St-Maurice d'Ételan führen zum **Schloß Ételan.** Das Renais-

Die Seine bei Villequier

Öffnungszeiten
Ételan (Schloß):
15. 7. bis 31. 8.
tgl. außer dienstags
14 - 18.30 Uhr

sanceschloß mit der zweifarbig in Rot-Weiß gehaltenen Fassade und den Details im gotischen Flamboyant-Stil datiert wahrscheinlich ursprünglich aus dem 16. Jahrhundert, wurde aber im 19. Jahrhundert stark restauriert. Das Gebäude enthält eine Kapelle mit interessanten Wandmalereien und Skulpturen aus dem 16. Jahrhundert. Schmuckstück ist der Treppenhauspavillon mit seiner verzierten Fassade.

Wieder auf der D 982, lohnt sich ein Abstecher nach **Lillebonne** und zur Abtei Le Valasse einige Kilometer weiter in Richtung Bolbec. In Lillebonne finden sich die Reste eines großen römischen Amphitheaters, sichtbar vom Platz vor dem Rathaus.

Die Abtei **Le Valasse** liegt links der Straße nach Bolbec (D 173). Die Zisterzienserabtei aus dem 12. Jahrhundert verdankt ihre Existenz dem Gelübde eines gewissen Valeran von Meulent (der einen Schiffbruch überlebte) und der Kaiserin Mathilde (die ihrem Sohn den englischen Thron sichern konnte). In Anwesenheit von König Heinrich II. wurde die Abtei 1181 geweiht. Nach den Zerstörungen des Hundertjährigen und der nachfolgenden Kriege wurden die Abteigebäude in der Mitte des 18. Jahrhunderts im klassischen Stil neu aufgebaut, gerieten aber nach der Revolution in Privatbesitz. Lediglich einige gotische Säle aus dem 13. Jahrhundert mit schönen Säulenkapitellen sind den Umbauten entgangen. Das Anwesen wird von einem Landschaftsgarten umgeben.

Zurück auf der D 982, nähert man sich einer der größten Hängebrücken Europas (1,4 km lang; 1959 fertiggestellt),

Pont de Tancarville – eine der schönsten Hängebrücken Europas

der **Pont de Tancarville.** Die Brücke überspannt die Seine in einer Höhe von 51 m, um auch großen Ozeanschiffen die Einfahrt zu ermöglichen. Von der Mautstelle auf dieser Seite der Brücke hat man einen hervorragenden Blick auf das gesamte Mündungsgebiet der Seine und die imposante Brückenkonstruktion.

Biegt man ein Stück vor der Brücke rechts in den Ort **Tancarville** ab, gelangt man zu der mittelalterlichen Burgruine. Im 10. Jahrhundert schon stand an dieser strategisch äußerst wichtigen Stelle die Burg eines gewissen Tankred. Später, im 11. Jahrhundert, gehörte die Burg Raoul von Tancarville, Kämmerer Wilhelms des Eroberers, und im 15. Jahrhundert wurde sie unter den Harcourts weiter ausgebaut. In 50 m Höhe auf den Kalkklippen erheben sich die drei Haupttürme über die Befestigungsmauern. Der Schloßneubau daneben stammt aus dem 18. Jahrhundert.

Überquert man die Brücke nicht, kann man auf der Autobahn A13 nach **Le Havre*** gelangen. Als letzte Seine-Brücke vor der Mündung überspannt die im Januar 1995 eingeweihte **Pont de Normandie** den Fluß.

Fährt man jedoch über die Pont de Tancarville, kann man auf der Südseite der Seine nach Rouen zurückkehren.

Eine Brücke der Superlative

Die Pont de Normandie über die Seine zwischen Honfleur und Le Havre wird als die größte Schrägseilbrücke der Welt gefeiert. Die an zwei 210 m hohen Pylonen „aufgehängte" Brücke ist 2141 m lang und schwebt gut 60 m über dem Fahrwasser der Seinemündung. Die Fundamente unter den Pylonen mußten über 50 m tief in den Sumpfboden versenkt werden, um dem Mammutbauwerk den nötigen Halt auch bei Windstärke acht zu geben. Die Brücke verschlang umgerechnet rund 580 Millionen DM an Baukosten. Der Bau entstand auch unter Beteiligung ausländischer Firmen. So setzten Monberg & Thorsen aus Dänemark – die Dänen sind bekanntlich wahre Weltmeister im Großbrückenbau – das letzte Mittelstück der Brücke ein. Die hohen Baukosten sollen durch die von den Benutzern der Brücke erhobenen Mautgebühren von für PKW 33 FF wieder eingebracht werden. Die Brücke stellt eines der letzten Teilstücke der Nordwest-Autobahn entlang der französischen Kanalküste dar: die A28, die „Autoroute des Estuaires".

Bei Naturschützern war die Brücke äußerst umstritten, die inmitten eines der wichtigsten Rastgebiete für Zugvögel in Europa liegt. Sie befürchten, daß durch den Brückenbau die Strömungsverhältnisse im Seine-Mündungsgebiet nachteilig für Flora und Fauna beeinflußt werden.

Auf Kreidefelsen hoch über dem Seinetal steht der Phare de la Rocque

Linke Seine-Seite (Südseite):

Nimmt man hinter der Brücke von Tancarville die N 178, sieht man bald die weißen Kreideklippen des **Pointe de la Roque** links auftauchen, auf dem sich ein ehemaliger Leuchtturm erhebt. Eine schmale Straße führt hinauf zu dem Aussichtspunkt am Leuchtturm. Anschließend kann man die ehemalige Seineschleife des **Marais Vernier** umrunden: Das Sumpfgebiet mit seinen Schilfvorkommen liefert das Material für die typischen reetgedeckten Fachwerkhäuschen, die verstreut am Rande des Sumpfes liegen. Heute sind die gut renovierten „Chaumières" als Wochenendhäuser beliebt. Im Naturreservat von Mannevilles weiden an Sumpfgebiete gewöhnte schottische Hochlandrinder und Pferde aus der Camargue (Zutritt nur im Rahmen von Führungen). Auf der gegenüberliegenden Seine-Seite ragen die Schornsteine der Erdölraffinerien von Port Jérome auf – eine unwirkliche Kulisse für die Idylle des Marais Vernier.

Blick auf das Marais Vernier, eine ehemalige Schleife der Seine

Nach der steilen Auffahrt aus dem Marais gelangt man hinauf nach **Ste-Opportune-la-Mare,** wo man das **Maison de la Pomme** (Apfelmuseum) und die noch jeden Sonntag betriebene alte **Dorfschmiede** besichtigen kann. An jedem ersten Sonntag im Monat von November bis April findet im Maison de la Pomme ein Apfelmarkt statt.

Öffnungszeiten
Apfelmuseum: 1. 7. bis 31. 8. tgl. 10.30 - 12.30 und 14 - 18.30 Uhr, in der übrigen Zeit nur sonntagsnachmittags

Von dort gelangt man auf der D 95 nach **Aizier**, mit seiner uralten romanischen Kirche mit Steindach, in das Naturgebiet des Waldes von Brotonne. Ein Abstecher von 5 km auf der D 139 führt nach **Bourneville.** Dort befindet sich das **Maison des Métiers,** in dessen Werkstätten alle Handwerkstechniken der Region vorgeführt werden. In einem Laden kann man kunsthandwerkliche Produkte erstehen.

Öffnungszeiten
Maison des Métiers: 1. 3. bis 31. 10. tgl. außer dienstags 14 - 18 Uhr, in der übrigen Zeit nur am Wochenende

Die Route des Chaumières (= D 65) führt hinter Aizier weiter an der Seine entlang, vorbei an der über 1 km langen Seine-Brücke **Pont de Brotonne,** die den Fluß seit 1977 überspannt, nach **Notre-Dame-de-Bliquetuit,** wo man im **Maison du Parc** alles Wissenswerte über den Regionalpark von Brotonne erfahren kann. 8 km weiter in **Heurteauville** findet sich eine Zehntscheune aus dem 13. Jahrhundert, in der der Zehnte der Ernte für die Abtei von Jumièges gesammelt wurde. (Wenige Kilometer entfernt geht noch heute die Fähre nach Jumièges auf der anderen Seine-Seite.)

Im Wald rechts der D 313 gelegen steht eine merkwürdige Natursehenswürdigkeit: die mehr als hundertjährige vierstämmige Eiche „Chêne à la Cuve", deren Stämme eine Art Faß bilden. 7 km südlich kurz vor **Hauville** wird eine der wenigen noch funktionierenden Windmühlen in der Normandie unterhalten. Im Müllerhaus nebenan gibt es eine Ausstellung zum Thema Wind- und Wassermühlen.

Öffnungszeiten
Mühle: Juli und August tgl. 13.30 - 18.30 Uhr, April, Mai, Juni und September nur am Wochenende, übrige Zeit nur sonn- und feiertags

Eine ungewöhnliche Sehenswürdigkeit bietet sich auf dem Friedhof von **La-Haye-du-Routot**, am Rand des Waldes von Brotonne: Vor der Kirche stehen zwei tausendjährige Eiben, mit stolzen 14 bzw. 16 m Stammumfang. Man kann sogar hineingehen, denn in der einen wurde eine Kapelle eingerichtet, in der andern ein Oratorium. Am 16. Juli ist der Ort Schauplatz eines großen Volksfestes, das mit einem riesigen Feuer zu Ehren des Lokalheiligen St-Clair endet (feu de St-Clair). Durch diese Methode hoffen die Bewohner ihre Häuser vor Blitzschlag zu bewahren.

Von dort ist man über Routot und Bourg Achard auf der N 175 Richtung Rouen schnell in **La Bouille,** einem sehr hübschen Städtchen mit alten Fachwerkhäusern.

Kurz vor Moulineaux geht es zum **Château Robert le Diable,** der Burg Roberts des Teufels. In der mittelalterlichen Burg ist ein Wikingermuseum untergebracht, in dem das Leben der ersten Normannen in Modellen und Wachsfiguren dargestellt wird. Von einem der Burgtürme bietet sich eine Aussicht auf das Seine-Tal.

Öffnungszeiten
Château Robert le Diable: 1. 3. bis 1. 9. tgl. 9 - 19 Uhr, im September 10 - 18 Uhr

Route 2: Die Alabasterküste

Von Étretat bis Le Tréport

Strecke: 137 km

Diese Route führt entlang der Küste des Departements Seine-Maritime, die von eindrucksvollen weißen Kalkklippen bestimmt wird. Deswegen trägt dieser Küstenabschnitt auch den Namen „Alabasterküste" (Côte d'Albâtre). Die weißen Klippen reichen von Étretat bis ins Departement Somme bei Ault. An manchen Stellen, etwa in Étretat, hat das Meer bizarre Formen in die weiche Kreide gefressen, die den Angriffen des Meeres und der Stürme nur wenig entgegenzusetzen hat. In das Kalkplateau des Pays de Caux haben Flüßchen ihren Weg gegraben, die sich in dicht bewaldeten Tälern (Valleuses) zur Küste winden, wo sie manchmal unter dem Meeresspiegel münden. Am Ende solcher Valleuses liegen meist die Hafenorte.

Die Falaise d'Aval und der Strand von Étretat

Das einstige Fischerdorf **Étretat** hat seine Popularität vor allem der Gefräßigkeit des Meeres zu verdanken. Es schuf eine „Nadel" (Aiguille) und mehrere Torbogen aus den Kalkklippen westlich des Strands, der Falaise d'Aval. Der Strand selbst besteht nur aus grobem Kies. Dennoch hat sich Étretat vom Fischerdorf zu einem betriebsamen Badeort entwickelt, dessen Strandpromenade an den Wochenenden das ganze Jahr über Besucher anzieht. Das Angebot an Hotels, Restaurants und Crêperien ist entsprechend groß. Die Klippen auf beiden Seiten der Bucht sind über Fußwege zu erklimmen. Von der **Falaise d'Amont** im Osten hat man einen guten Blick auf den Ort und natürlich die gegenüberliegenden Formationen der Falaise d'Aval. Oben befinden sich ein **Denkmal und ein Museum,** in dem an ein Ereignis in der Geschichte der Luftfahrt erinnert wird: Nungesser und Coli gelang im Jahre 1927 von hier aus die erste Atlantiküberquerung per Flugzeug ohne Zwischenlandung.

Um die Jahrhundertwende gehörte Étretat mit seinen bizarren Klippen zu den bevorzugten Motiven der Maler

Auch die **Falaise d'Aval** kann man besteigen und hat dann einen fantastischen Blick auf die meerumspülte „Nadel" und den dahinterliegenden grandiosen Torbogen „Manneporte". Im Sommer werden auch Bootsfahrten zu den Klippen angeboten.

Über die D 11 gelangt man nach **Bénouville,** von wo aus man zu Fuß durch das ausgetrocknete Valleuse du Curé bis zu den Klippen spazieren kann. Davor erhebt sich eine weitere Kalknadel aus dem Wasser, die **Aiguille de Belval.**

Von Bénouville führen die D 11 und D 211 weiter zu dem kleinen Hafenstädtchen **Yport,** das nur über einen schmalen Strand zwischen den Klippen verfügt. Bei Ebbe kann man zu Fuß entlang der Klippe nordöstlich des Ortes gehen und hat dann einen Ausblick auf die weiße Küstenlinie bis Fécamp. Ersteigt man die Klippe (Pointe du Chicard), hat man von oben einen schönen Blick auf Yport selbst.

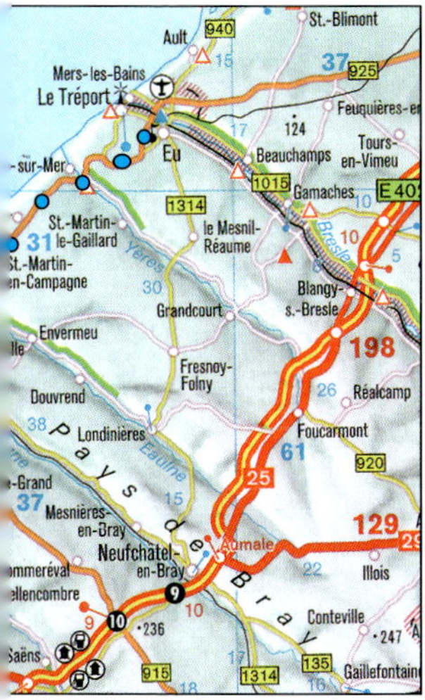

Aus Yport windet sich die D 211 in Richtung **Fécamp*,** wo sich eine Zwischenstation anbietet. Verläßt man Fécamp Richtung Dieppe auf der D 79, hat man an der **Kirche Notre-Dame-de-Salut** Gelegenheit zu einem Rückblick auf die Hafenstadt.

Weiter führt die D 79 entlang der Küste. Bei einem Halt in **Sassetot-le-Mauconduit** kann man zumindest vom Park aus das Schloß Sassetot betrachten, das Kaiserin Sissi 1875 als Sommerresidenz diente. In dem Gebäude aus dem 18. Jahrhundert ist heute ein Hotel untergebracht.

Öffnungszeiten
Cany (Schloß): 1. 7. bis 1. 9. tgl. außer freitags 10-12 u. 15-18 Uhr (4. Sonntag im Juli geschlossen)

Über die gewundene D68 (Abstecher zum Meer in les Grandes Dalles und les Petites Dalles möglich) und D79 gelangt man nach **Veulettes-sur-Mer,** einem weiteren Badeort mit zahlreichen stilvollen Ferienvillen. Die D79 führt anschließend vorbei an dem riesigen Komplex des Kernkraftwerks von Paluel. Vorher aber zweigt die D10 rechts Richtung **Cany-Barville** ab. Hinter dem Städtchen liegt **Schloß Cany** aus dem 17. Jahrhundert, dessen Besichtigung lohnt. Gebaut wurde es 1640-46 von François Mansart, der auch Schloß Balleroy (bei Bayeux*, → S. 154) erbaut hat. Im Innern sind Wandtäfelungen und Möbel jener Zeit zu sehen, ebenso eine Sammlung fernöstlichen Porzellans. Im Ortsteil Barville – vom Schloß kommend rechts über den Fluß – liegt eine kleine **Kapelle** an der Furt des Flusses Durdent.

Über den Doppelort Cany-Barville und die D925 kommt man schnell wieder an die Küste, nach **St-Valery-en-Caux.** Die Hafenstadt besitzt einen Jachthafen und Strand. In der Stadt sehenswert ist der Renaissancebau **Maison Henri IV.** mit interessanten Figurendarstellungen. Im Innern gibt es eine Ausstellung zur Lokalgeschichte. Von der Klippe Falaise d'Aval hat man einen guten Überblick über die Küste Richtung Dieppe.

Kurz vor Veules-les-Roses geht es rechts ab nach **Blosseville** mit einem Kirchturm aus dem 12. Jahrhundert. **Veules-les-Roses** liegt wieder an der Küste und ist ein weiterer Badeort mit den typischen Ferienvillen vom imposanten normannischen Typ. Weiter auf der D285 fährt man geradewegs auf die Kirche von **Bourg-Dun** zu, ein eindrucksvoller Bau aus dem 11. Jahrhundert mit bemerkenswertem Turm und dicken Strebepfeilern am Chor.

Besonders schön wird die Strecke ab Quiberville. In **Ste-Marguerite-sur-Mer** befindet sich eine romanische Kirche aus dem 12. Jahrhundert mit einem Altar aus dieser Zeit (1160). Aus gleicher Zeit stammt die Kirche von **Varengeville** auf den Klippen direkt über dem Meer, zu der eine enge gewundene Straße führt. Auf deren **Friedhof** ist der kubistische Maler **Georges Braque** begraben. Sein Grab erkennt man an dem Mosaik, das einen weiß-grauen Vogel vor leuchtend blauem Hintergrund zeigt.

Auf dem Weg zur Kirche, der über schmale, von hohen Hecken begrenzte Sträßchen führt, kommt man an dem Anwesen **Les Moutiers** vorbei. Für den Bau des Landhauses ab 1898 verpflichtete der Besitzer den englischen „Arts and Crafts"-Architekten **Edwin Lutyens** (1869-1944). Wie bei seinen anderen Landhäusern arbeitete er auch in diesem Fall mit der Gartenarchitektin **Gertrude Jekyll** zusammen, die Erfinderin der „mixed border", abwechslungsreicher Staudenpflanzungen entlang der Wege.

Varengeville-sur-Mer: Der Friedhof auf den Klippen und das Grab von Georges Braque

Die räumlich und farblich harmonisch gestalteten, von Mauern und Hecken eingegrenzten Gartenräume gehen unmerklich in den Park über. Dessen Besichtigung lohnt sich besonders von Mai bis Juni während der Rhododendron- und Azaleenblüte. Im Sommer entwickelt sich die ganze Farbenpracht von Rosen und Hortensien. Und auch im Herbst ist der Park eine Augenweide durch die herrliche Laubfärbung des japanischen Ahorns.

Öffnungszeiten
Park von Moutiers: 15. 3. bis 15. 11. tgl. 10-12 und 14-18 Uhr

Auf dem Weg nach Dieppe passiert man rechts den Landsitz des Reeders Jean Ango (1480-1551), **Manoir d'Ango** (→ S.176), den man besichtigen kann. Oberhalb von **Pourville** lohnt sich ein Halt für einen Blick auf die Küste. Vor

Blick auf Pourville

der Talfahrt in die Stadt kommt man auf den Höhen der Klippe an einem Museum vorbei, das an die erfolglose Operation der Alliierten von 1942 erinnert.

Wenn man die interessante Hafenstadt **Dieppe*** nicht besichtigen möchte, umrundet man sie relativ schnell auf der D925 und setzt den Weg in Richtung Le Tréport fort. Einen Abstecher zum Meer hinunter kann man nach links zum Badeort **Berneval** machen. Weiter nordöstlich liegt das Kernkraftwerk Penly, es ist von weitem durch die riesigen Hochspannungsmasten zu lokalisieren.

Die Straße D222 führt bei Criel-Plage wieder zum Meer hinunter. Neben dem Marktplatz von **Criel-sur-Mer** steht das Manoir de Briançon, das heute Rathaus ist, ein Schloß, das 1685 als Hospiz erbaut wurde. Die Feriensiedlungen Criel-Plage und Mesnil-Val bestehen aus Villen alten Stils, aber auch neueren Ferienhäuschen.

Manoir de Briançon in Criel-sur-Mer

Die Straße führt oberhalb der Klippen nach Le Tréport durch eine sanft gewellte Weidelandschaft. Gleich darauf, wenn die Straße rechts hinunterführt in die Stadt, hat man geradeaus vom Aussichtspunkt **Calvaire des Terrasses** einen wunderbaren Blick auf die zwei Orte Le Tréport und Mers-les-Bains sowie die typische Silhouette der senkrecht dahinter aufragenden weißen Klippen.

Traditionsgemäß – und heute auch verwaltungsmäßig – endet die Normandie an dem Fluß Bresle und dem Städte-Trio Le Tréport, Mers und Eu. Jede der drei Städte hat ihren eigenen Charakter. Nur durch die Bresle-Mündung getrennt sind Le Tréport und Mers sich heute sehr ähnlich, doch hat sich Mers den Charakter eines Badeorts mit seinem Strand und der hübschen Häuserzeile an der Promenade erhalten, während Le Tréport von seinem aktiven Fischereihafen dominiert wird. **Eu*** ist dagegen eine geruhsame Verwaltungsstadt im Landesinnern mit zahlreichen kunsthistorischen Sehenswürdigkeiten.

An der Strandpromenade von **Mers** reihen sich die Restaurants aneinander, wo man frische Meeresfrüchte speisen kann: Muscheln, Hummern, Austern, Schnecken und zahlreiche Fischarten werden im Fischereihafen von Le Tréport auf der anderen Flußseite angelandet.

Zu Fuß ist **Le Tréport** mit seinem aktiven Hafen, wo es immer etwas zu sehen gibt, schnell über eine der zwei Brücken zu erreichen. Mit dem Auto muß man den Umweg durch das zwischen den Städten gelegene Industriegebiet machen. Auch in Le Tréport gibt es eine Restaurant-Zeile, wo frische Fisch- und Schalentiergerichte angeboten werden. Die **Kirche St-Jacques** thront eindrucksvoll über dem Hafen. Sie stammt aus dem 16. Jahrhundert und zeigt im Innern sehr interessante hängende Schlußsteine aus der Zeit der Renaissance.

Auch wenn die Normandie an der Bresle offiziell endet, setzt sich die Kreidefelsenküste auch in der Picardie noch etwa 10 km fort bis Ault bzw. Onival – dort erst beginnt sich die Landschaft zu verändern, und bis zur Somme-Mündung findet sich nur noch Sandstrand. Sehr schön ist ein Abstecher von der D 940 nach Bois-de-Cise, wo sich auch ein Ausblick auf die Küste bietet.

Die Bucht von Mers und Le Tréport

Route 3: Die Calvados-Küste

Von Honfleur bis Grandcamp-Maisy

Strecke: ca. 130 km

Diese klassische Route entlang der Küste des Departements Calvados beginnt an der Côte Fleurie, die sich zwischen Honfleur und Cabourg erstreckt. Einen breiten Einschnitt bildet die Trichtermündung des Orne, über den erst ca. 6 km im Landesinnern eine Brücke führt, die Pegasus Bridge. Auf der Westseite des Orne erstreckt sich die Côte de Nacre mit ihren Sandstränden. Hier reiht sich ein Badeort an den anderen. An der meist flachen Küste fanden 1944 die Landemanöver der Alliierten in der Normandie statt. Die Strände heißen daher in Frankreich „Plages du Débarquement", und zahlreiche Bunkerruinen und Soldatenfriedhöfe erinnern an die Ereignisse des Zweiten Weltkriegs.

Die Seinemündung bei Le Havre

Von **Honfleur*** aus nimmt man die D 513 in Richtung Trouville/Deauville. Die Straße führt oberhalb der hier schon fast 10 km breiten Seinemündung entlang. Bei Niedrigwasser erstrecken sich am Rande endlos erscheinende Schlickfelder. Auf der anderen Seite erkennt man die Industrieanlagen der Petrochemie im Hafen von Le Havre. Fast unwirklich scheint diese Kulisse aus abfackelnden Schornsteinen, denn die Küste verdient ihren Namen

Schmucke Villen und nicht minder schmucke Tore schmücken die „Blumenküste" bei Honfleur

„Blumenküste" hier wirklich. Grüne Wiesen erstrecken sich bis fast ans Wasser. Hübsche, oft reetgedeckte Villen mit unverbaubarem Meerblick liegen versteckt an den ansteigenden Hängen links der Straße. Nach 7 km, bei **Cricqueboeuf,** lohnt sich der erste Halt bei einer kleinen Kirche aus dem 12. Jahrhundert.

2,5 km weiter liegt der Familienbadeort **Villerville,** ein ruhiger Ort mit schmalem Strand. Sehenswert nicht nur für die Kinder ist die Ausstellung „Mer et Désert", die Tiere und Pflanzen aus den extremen Lebensräumen Meer und Wüste vorstellt. So gibt es neben Sukkulenten und kleine Wüstentieren auch Muscheln und Schnecken – nur Fische nicht, denn die sind im Aquarium des 5 km entfernten Trouville zu sehen.

Öffnungszeiten „Mer et Désert" in Villerville: tgl. Ostern bis Mitte Oktober 14-18 Uhr (Kombikarte mit Aquarium in Trouville)

Herzstück des Badeortes Trouville ist bis heute das Casino

Ab Trouville an der Nordseite der Touques-Mündung beginnen die paradiesisch langen Sandstrände der Corniche Normande. **Trouville** wie seine mondäne Schwester und Rivalin Deauville auf der anderen Seite der Touques ist ein Ferienort mit Pariser Flair geworden.

An der Hauptstraße ziehen sich die großen Hotelbauten hin. In den rechtwinklig angelegten Straßen dahinter gibt es aber auch kleinere Pensionen und Hotels. Am ehesten Trouville mit seiner hübschen Altstadt hat sich ein wenig die Fischerdorf-Atmosphäre erhalten können. Dazu trägt auch der tägliche Fischmarkt auf den Quais bei. An der Promenade lädt das ganze Jahr über das **Aquarium** mit See- und Süßwasserfischen sowie einem Vivarium mit tropischen Reptilien zur Besichtigung ein.

Eine Ausstellung zur Geschichte der Nobelbäder wurde in der **Villa Montebello** eingerichtet, die selbst ein schönes Beispiel der Seebadarchitektur des 19. Jahrhunderts ist. Es werden auch einige Werke jener Maler gezeigt, die die normannische Küste im vergangenen Jahrhundert bekannt gemacht haben: Boudin, Isabey, Charles Mozin, der Trouville schon 1825 „entdeckte", daneben Wechselausstellungen und Werke zeitgenössischer Künstler wie A. Hambourg und Raymond Savignac.

Auf der anderen Touques-Seite breitet sich **Deauville** aus. Die Hotelpaläste entlang der Strandpromenade sind entweder im Stil der Belle Epoque oder im „normannischen Stil" der Neuzeit gehalten, das heißt mit auf Betonwände gepinselten „Holz"-Balken. An den Nobelkarossen aus aller Herren Länder, die im Bereich der beiden berühmtesten und nobelsten Hotels parken, dem Hotel Normandy und dem Royal, erkennt man, daß hier die High-Society residiert.

Information:
Office du Tourisme,
32, Boulevard
Fernand Moureaux,
14360 Trouville-sur-Mer,
Tel. 02 31 14 60 70

Öffnungszeiten
Aquarium: September, Oktober und von Ostern bis Juni 10-12 und 14-18.30 Uhr, Juli/August 10-19.30 Uhr (Kombikarte mit „Mer et Desert" in Villerville)

Villa Montebello, 64, rue du Général Leclerc: Ostern bis September tgl. außer dienstags 14-18 Uhr

Noble Hotelfassaden säumen die Promenade in Deauville

Wie ein Seebad entstand: Deauville

Im Fall von Trouville und Deauville ging es zu wie sooft bei der Vermarktung „unverbrauchter Paradiese“: Anfang des 19. Jahrhunderts entdeckten Maler und Dichter der Romantik den Fischerort Trouville. Alexandre Dumas und Gustave Flaubert stiegen noch in der einzigen, sehr schlichten Pension des Ortes ab. Damals gab es nur zwei Preiskategorien: die für Maler und die für Schriftsteller. Von Alexandre Dumas ist folgende Geschichte überliefert: Als er in dem kleinen Fischerort Trouville eintraf und in der Herberge einkehrte, fragte ihn die Wirtin, ob er Maler oder Schriftsteller sei. Dumas fragte, warum, und erhielt als Antwort: „Die Maler haben einen höllischen Appetit, die Schriftsteller dagegen leben mit dem Kopf in den Wolken und denken nicht ans Essen.“

Als „Entdecker“ von Trouville gilt der Maler Charles Mozin, der den Ort 1825 in Paris bekannt machte. In den 1860er Jahren war Trouville groß in Mode, üppige Villen

Fröhliches Strandleben im Trouville vergangener Zeiten

entstanden. Je ungewöhnlicher und origineller sie gebaut waren, desto besser. Ein großes Casino wurde eröffnet. Doch die Eisenbahnlinie, die die Urlauber aus Paris in Scharen herbeibrachte, endete auf den Salzwiesen des Nachbardorfs Deauville, und Spekulanten aus Paris kauften dort ab 1860 Land: Der Bedarf an Ferienvillen war noch nicht gedeckt, und man brauchte Platz. Ein zweiter Ferienort entwickelte sich unter der Protektion des Herzogs von Morny, der auch die Pferderennbahn bauen ließ: Deauville. Als der Bürgermeister von Trouville in Ungnade fiel, hatte er nichts Besseres zu tun, als in Deauville ein noch nobleres Casino und das berühmte Hotel Normandy zu gründen. Deauville entwickelte sich zur schicken Schwester des immer etwas altmodischer und konservativer wirkenden Trouville. Deauville ist noch immer das eleganteste und mondänste Seebad der Normandie, mit einem Flair der Luxusklasse, für die ein wenig Sinn haben muß, wer hierher reist.

Die beiden Hotelpaläste flankieren das imposante Spielcasino im prachtvollen Theaterbau, das zu jeder Jahreszeit frequentiert wird, und in den angrenzenden Straßen bieten Edelboutiquen neuesten Pariser Chic,

Wer hinsichtlich der im Seebad weilenden Prominenz auf dem neuesten Stand sein möchte, braucht nur die **Planches** der Strandpromenade auf- und abzugehen oder nehme einen Drink hinter den Glasscheiben eines Cafés. Die „Planches" sind übrigens nicht banale Bretter oder Balken, sondern aus tropischem Edelholz, das sorgfältig bearbeitet wurde. Die Bretter sind genauso exklusiv wie die Leute, die sie als Laufsteg für ihre Eitelkeiten benutzen. Die Stadt läßt sich diesen Luxus eine Menge kosten.

Seit 1923 kann man auf Edelholz-Planches am Strand von Deauville entlangwandeln

Die Chancen, einen Filmstar zu Gesicht zu bekommen sind besonders gut, wenn Ende August/Anfang September das Festival des Amerikanischen Films stattfindet. Die kleinen Strandhäuschen dienten schon mancher Diva als Umkleidekabine, was entsprechende Auf- oder Inschriften für jedermann sichtbar festhalten.

Eingang zur Glitzerwelt der Schönen und Reichen: Casino von Deauville

Information:
Place de la Mairie,
B.P. 79, 14800
Deauville,
Tel. 02 31 14 40 00

Jenseits der meist roten, gelben, grünen oder blauen Sonnenschirme am Strand tummeln sich neben Spaziergängern vor allem Reiter an dem 2 km langen Strand. Im August haben Pferde Hochsaison, dann wird Polo gespielt, der Grand Prix von Deauville ausgetragen, und schließlich findet im September eine Auktion für einjährige Traber statt.

Auch Leute mit schmalem Portemonnaie kommen in Deauville auf ihre Kosten, denn einfach spazieren zu gehen, zu schauen und zu beobachten, das kostet keinen Pfennig.

Hinter Deauville folgt Badeort auf Badeort, kaum noch unterscheidbar entlang der D 513. Nach 7 km ist **Villers-sur-Mer** erreicht, ein klassischer Badeort, dessen Straßen gesäumt sind von hübschen Fachwerkvillen im normannischen Stil des späten 19. Jahrhunderts: hoch und schmal. Vielleicht, um einen möglichst guten Blick aufs Meer zu ergattern, mit Balkonen und verwinkelten Anbauten. Neueren Datums sind die Appartementhäuser mit Ferienwohnungen. Der Ort rühmt sich seines 5 km langen Sandstrands: Genug Platz für alle!

Bei Ebbe könnte man wirklich meinen, am Strand der Vaches Noires lägen „Schwarze Kühe"

Nach Villers biegt die Straße ins Landesinnere ab. Die Küste steigt stark an. Der Küstenabschnitt zwischen Villers und Houlgate birgt eine naturhistorische Besonderheit: Die schwarzen Klippen der **Vaches Noires** enthalten unglaubliche Mengen an Fossilien: versteinerte Reste urzeitlicher Meerestiere, z.B. der ausgestorbenen Ammoniten, aber auch Muscheln. Bei Ebbe ist der Strand der Vaches Noires von Houlgate aus gut zu erreichen. Der Fußpfad, der sich von Auberville aus über die Lehmklippen hinunterschlängelt, ist ziemlich beschwerlich und bei Regen nicht ganz ungefährlich.

An der Kreuzung nach Auberville sollte man rechts von der D 513 abbiegen und sich **Houlgate** über die D 163 nähern, denn von dort hat man den schönsten Blick über die Küste und die Dives-Mündung mit dem Nachbarort Cabourg.

Houlgate ist ein hübscher kleiner Ort mit allen Einkaufsmöglichkeiten. Keine Spur mehr vom mondänen Badeleben! Am Strand befindet sich eine Säule, die an Wilhelm den Eroberer erinnert. Er war im Jahre 1066 aber nicht von Houlgate, sondern vom heute einige Kilometer im Landesinnern gelegenen **Dives** aufgebrochen. Der Zuname „sur-Mer" verweist darauf, daß Dives damals und noch während des ganzen Mittelalters ein florierender Hafen gewesen war. An die Zeit als Hafenstadt versucht der Ort mit dem Jachthafen Port Guillaume wieder anzuknüpfen. Der alte Hafen von Dives, von dem aus England erobert wurde, versandete, aber aus der mittelalterlichen Vergangenheit des Städtchens haben sich die hölzernen **Markthallen** aus dem 14. und 15. Jahrhundert erhalten, ebenso einige Häuser aus dem 16. Jahrhundert. Die **Kirche Notre-Dame** stammt ursprünglich aus dem 11. Jahrhundert, von dieser romanischen Kirche sind nur noch einige Reste im Querschiff erhalten. Der größte Teil stammt aus dem 14. (Querschiffarme und Chor sowie Kapelle) und 15. Jahrhundert (Schiff).

Von Dives aus segelte Wilhelm der Eroberer 1066 zur Invasion Englands; heute ist der Hafen längst versandet

Der dritte Ort, der sich um die versandete Mündung des Flusses Dives schart, ist **Cabourg** auf der Westseite. Cabourg entstand auf dem Reißbrett und diente einem einzigen Zweck: dem Vergnügen. Das sieht man auch am Stadtplan: alle Straßen führen sternförmig zum Casino. Um 1860 wollte man aus den Dünen eine Ferienstadt wie Trouville erschaffen, sogar Theatermanager aus Paris sicherten ihre Mithilfe zu und sorgten mit ihren Truppen für Unterhaltung. Eine Tatsache, von der Cabourg bis heute zehrt, ist aber die Treue, die der Dichter **Marcel Proust** dem Ort von 1907 bis 1914 hielt. Jedes Jahr im Sommer oder Spätsommer verbrachte der asthmakranke Schriftsteller einige Zeit im Grand Hôtel von Cabourg. In seinen Romanen verewigte er den Ort als „Balbec". Das Treiben der feinen und vergnügungssüchtigen Pariser Gesellschaft der Jahrhundertwende in Trouville, Deauville, Bénerville und Cabourg wird darin minutiös geschildert. Proust-Freunde können geführte Rundgänge durch „Balbec" unternehmen (im Touristenbüro fragen).

Von Cabourg aus kann man entweder auf direktem Weg über die D 513 nach Caen gelangen, oder man fährt weiter entlang der Küste auf der D 514, um einen Abstecher nach Ouistreham zu machen. Man überquert den Orne und den parallel verlaufenden Kanal bei Bénouville über die **Pegasus Bridge.** Dort befindet sich das Museum der britischen Luftlandungstruppen, wo an die britischen Fallschirmspringer erinnert wird, die die Brücke am 6. Juni 1944 einnahmen, noch bevor sie zerstört werden konnte, und denen zu Ehren sie ihren englischen Namen trägt. Das Café Gondré gegenüber war das erste Haus, das die Alliierten befreiten. Mit Lichteffekten und Tonuntermalung (Son et Lumière) vor der Kulisse der Brücke selbst wird an Sommerabenden (ab 21.30 Uhr) das historische Ereignis wieder heraufbeschworen.

Öffnungszeiten
Schloß Bénouville: von Ostern bis 30. 6. sonn- und feiertags 1. 7. bis 30. 9. tgl. außer dienstags 14-18.30 Uhr

Links auf einer Anhöhe über dem Orne liegt das **Schloß Bénouville** aus dem späten 18. Jahrhundert. Das grandiose Bauwerk entstand nach den Plänen des Architekten Claude-Nicolas Ledoux von 1768 bis 1777. Der Bauherr, der Marquis von Livry, legte ihm dabei keinerlei finanzielle Schranken auf – das Ergebnis ist ein überdimensioniertes Schloß mit einem ehrfurchtgebietenden Riesenportikus, der sich über drei Stockwerke hoch zieht, von klassischen Säulen gestützt. Das Schloß gilt als ein Frühwerk des später als Vertreter des Klassizismus zu Berühmtheit gelangten Ledoux. Es liegt in einem weitläufigen Park. Im Innern wird eine Ausstellung zum Werk von Ledoux gezeigt.

Weiter auf der D 514 Richtung Meer kommt man nach **Ouistreham,** längst zusammengewachsen mit dem Strandbad **Riva-Bella** (dessen italienischer Name nichts anderes als „schöner Strand" bedeutet). Von Riva-Bella bis Courseulles gibt es nur noch Sandstrand, es beginnt die Côte de Nacre (Perlmuttküste). Zwischen Ouistreham und Longues war der britische Sektor der Strände, an denen die Alliierten 1944 landeten, bestehend aus „Sword Beach", „Juno Beach" und „Gold Beach". Auch in Ouistreham erinnert das **Musée No. 4 Commando** an diese Zeit. Außerdem ist die romanische **Kirche St-Samson** sehenswert, die aus dem 12. Jahrhundert stammt.

Bis Courseulles ziehen sich entlang der Sandstrände die von Ferienappartementhäusern dominierten Promenaden der längst zu einem einzigen Ort zusammengewachsenen Strandbäder. Interessanter ist es daher, Richtung **Caen*** zu fahren, und die Stadt (nach einer Besichtigung) auf der D 22 wieder zu verlassen.

Wegen Restaurierungsarbeiten ist die Ruine von Thaon zeitweise nicht zugänglich

Kurz nach **Cairon** mit seiner trutzigen Kirche geht es auf der D 170 zum Schloß Fontaine-Henry. Vorher lohnt sich aber ein Halt kurz hinter Thaon, wo ein Fußweg rechts von der Straße durch einen Hohlweg in ein Bachtal mit baumbestandenen Weiden zur **Kirchenruine Thaon** führt, einer der interessantesten romanischen Kirchen der Normandie: Nur noch das Mittelschiff und der Turm aus dem 12. Jahrhundert stehen, die Seitenschiffe wurden im 18. Jahrhundert abgerissen, aber die Kapitelle sind auch von außen z.T. zwischen den zugemauerten Arkaden zu erkennen. Hochinteressant ist die Reihe sehr origineller Konsolen, die Fratzen und Dämonengestalten aller Art zeigen, die sich entlang der Südwand des Mittelschiffs zieht. Der typisch normannische Zickzackfries ist an mehreren Stellen als Bogenverzierung einstiger Fenster noch erkennbar. Auch das Westportal ist

Schloß Fontaine-Henry

Öffnungszeiten
Schloß Fontaine-Henry: Führungen von Ostern bis 15. 6. u. 16. 9. bis 2. 11. Wochenende u. feiertags 14.30 - 18.30 Uhr; 16. 6. bis 15. 9. tgl. außer dienstags 14.30 - 18.30 Uhr

mit normannischer Ornamentik verziert. Am schönsten ist aber der Turm mit seinen gegliederten Geschossen und dem steinernen Pyramidendach.

2 km weiter liegt das reizende **Renaissanceschloß Fontaine-Henry,** das auch innen besichtigt werden kann. Es war der Sitz der Familie Harcourt – Jean d'Harcourt war Landvogt in der Lieutenance von Caen –, die es im späten 15. und 16. Jahrhundert errichten ließ. Steht man vor dem Gebäude, befindet sich vorne links der 1532 datierte jüngere Trakt mit dem steilen hohen Schieferdach, dem hohen Kamin und den von Säulen flankierten Fensteröffnungen, hinten rechts der ältere, ab 1497 entstandene Trakt mit dem balustradengekrönten viereckigen Turm in der Mitte und der mit Reliefs und Medaillons geschmückten Fassade. Im Innern sind Möbel, Porzellan und Gemälde zu besichtigen, darunter ein Werk von Correggio.

Öffnungszeiten
Musée de la Mer: tgl. außer montags 10 - 12 und 14 - 18 Uhr; Mai, Juni und September 9 - 13 und 14 - 19 Uhr, Juli und August 9 - 19 Uhr

Durch die engen Gäßchen des Ortes führt die Straße D 170 weiter nach **Courseulles-sur-Mer,** einem typischen Badeort für den Familienurlaub. Einfache Strandhütten säumen das Ufer, dahinter erstrecken sich Dünen. Der Ort verfügt über einen Jachthafen. Viele Austernzüchter laden zu **„dégustation“** (Probieren) ihrer Produkte ein. Direkt am Strand befindet sich das **Musée de la Mer-Aquarium**, in dem man alles über Austern und andere Muscheln erfahren kann.

Von Courseulles aus kann man ca. 8 km ins Landesinnere einen Abstecher zum Schloß von **Creully** machen. Als Sitz der Barone von Creully existierte eine Burg schon seit dem 10. Jahrhundert, die nach den Zerstörungen späterer Jahr-

Strandhütte in Courseulles-sur-Mer

hunderte im 15. Jahrhundert wiederaufgebaut wurde, wobei man ein Wohngebäude hinzufügte, das im 16. und 17. Jahrhundert umgebaut wurde. Schloß und Park sind zu besichtigen. Nach der Landung der Alliierten befand sich im Jahre 1944 in einem der Türme ein BBC-Sender. Ein Radio-Museum erinnert daran. Im Schloß Creullet (nicht zu besichtigen) auf der anderen Talseite hatte Marschall Montgomery sein erstes Hauptquartier, wo er u.a. Winston Churchill, den englischen König Georg VI. und General de Gaulle empfing.

Nur ca. 3 km weiter trifft man auf Reste der ehemaligen **Benediktinerabtei von St-Gabriel,** die unter dem Schutz der Barone von Creully im Mittelalter florierte. Die Ruinen der Kirche aus der Mitte des 12. Jahrhunderts sind der älteste Teil der Anlage, das Wohnhaus des Priors mit einem kleinen Turm und überhängenden Türmchen stammt aus dem 14. und 15. Jahrhundert. Seit 1929 befindet sich ein Ausbildungszentrum für Gartenbau auf dem Gelände, und die Anlage kann nur von außen besichtigt werden.

Es war übrigens das Städtchen Courseulles, wo de Gaulle, am 14. Juni 1944 aus dem englischen Exil kommend, wieder seinen Fuß auf französischen Boden setzte. Ein kanadischer Panzer direkt an der Strandpromenade erinnert daran, daß die Gegend Schauplatz der alliierten Landemanöver 1944 war. Bis **Ver-sur-Mer** (5 km weiter) finden sich rechts der Straße Dünen, in denen man die Überreste von Bunkern erkennen kann. Im Ort erinnert das **Musée America – Gold Beach** an den ersten Flug eines Postflugzeugs über den Atlantik in die USA im Jahr 1927 sowie an die britische Landung an der Gold Beach 1944.

Öffnungszeiten
Schloß Creully: Juli/Aug. Führungen dienstags bis freitags 10-12 und 15-18 Uhr (außer während Musikveranstaltungen)

Öffnungszeiten
Musée América – Gold Beach: tgl. 10-13 und 14-18 Uhr (nach Vereinbarung, Tel. 02 31 22 58 58)

Bei Asnelles reichen die Salzwiesen bis an die Dünenzone des Strandes. Kurz vor der Talfahrt in den Ort Arromanches befindet sich ein Aussichtspunkt auf die noch recht bescheidene und weitgehend aus Lehmklippen bestehende Steilküste, die sich hinter Arromanches erhebt: Cap Manvieux und ein Küstenbereich namens Le Chaos.

Öffnungszeiten
Musée du Débarquement: ganzjährig außer Januar tgl. 13.30-16.30 Uhr (Winter) und 9-18.30 Uhr (Sommer)

Von allen Museen zur Landung der Alliierten ist das in **Arromanches** das umfassendste und bekannteste. Das **Musée du Débarquement** ist die Hauptsehenswürdigkeit des Ortes. Noch immer sind vor der Stadt im Meer die Überreste der künstlichen Hafenanlagen mit dem Codenamen „Mulberry" zu sehen, die bei der Landung von England aus über den Ärmelkanal geschleppt wurden.

Die flachen Ufer der „Plages du Débarquement" waren 1944 Schauplatz der Alliierten-Landung

Die Straße D 514 führt nun vom Meer weg über Tracy und das trutzige Dorf Manvieux nach Longues. Rechts davon auf der Klippe über dem Meer liegen die „Batteries de Longues", eine Batterie der deutschen Küstenartillerie. Eine enge Serpentinenstraße führt bis hinunter ans Meer, wo auf natürliche Weise eine wahrhaft chaotische Landschaft entstanden ist: Große Kalksteinplatten sind bis an den Strand gerutscht und gestürzt, weil die darunterliegenden Tonschichten stetig wegsinken, Dort werden die Kalksteinbruchstücke von der Flut zu seltsamen Formen erodiert, bis sie ganz verschwinden. Die Küstenlinie weicht in diesem Abschnitt immer weiter zurück.

Auf dem Rückweg von diesem Abstecher ans Meer erblickt man die Kathedrale von Bayeux in der Ferne. Eine Fahrt ins 10 km entfernte **Bayeux*** bietet sich also an.

Durch grüne Hecken- und Weidelandschaft geht es weiter Richtung **Port-en-Bessin,** einem recht bedeutenden Fischereihafen. Eingangs des Ortes liegen die modernen Fischhallen, und im Hafenbecken sieht man Hochseekutter

N 332329
FURUNO

N228062
VIERGE-DE-LA-MER
CN296896
CN 332054

und Trawler. Es gibt einen Binnen- und einen Außenhafen, durch zwei Molen geschützt. Die engen Gäßchen des Ortes lohnen einen Bummel, und in den Restaurants gibt es natürlich in erster Linie Spezialitäten aus dem Meer.

Vom Hafen geht es wieder hinauf auf die Klippen über die D 514 nach **Colleville.** Rechts davon liegt der große amerikanische Soldatenfriedhof. Ein riesiger Parkplatz nimmt die vielen Reisebusse auf, die hier Halt machen. Der Landungsstrand des amerikanischen Sektors, Omaha Beach, erstreckte sich etwa von Port-en-Bessin bis zum Felsvorsprung Pointe du Hoc. In Colleville (eigentlich gehört die Anlage zur Gemeinde St-Laurent) liegen etwa 10 000 amerikanische Soldaten begraben.

Wieder zurück auf der D 514 Richtung Westen, geht es rechts zum **Pointe du Hoc.** Der Weg zur Spitze, auf der sich eine Granitstele erhebt, führt vorbei an Bombenkratern und den traurigen Resten zertrümmerter Betonbunker. Von der Felsspitze aus kann man schon die Halbinsel Cotentin erahnen, die westlich vom Pointe du Hoc in den Kanal vorragt.

Der 30 m hohe Klippenvorsprung wurde 1944 heftig von den Amerikanern bombardiert, denn es handelte sich um einen strategisch wichtigen Punkt. Speziell ausgebildete Ranger erstiegen die Klippen.

Ein Museum im wenige Kilometer weiter gelegenen **Grandcamp-Maisy** erinnert an die Erstürmung des Pointe du Hoc durch die Rangers unter Colonel Rudder. Früher hieß der Ort noch Grandchamp-les-Bains – um die Jahrhundertwende der letzte Badeort an der Calvadosküste. Im Sommer fahren von dem kleinen Hafen Ausflugsboote zum Pointe du Hoc oder zum Vogelschutzgebiet in der Schwemmlandbucht Baie de Veys in der Vire-Mündung. Auf den nahrungsreichen Schlick- und Sandflächen und den angrenzenden Marschwiesen machen während der Vogelzüge unzählige Wasservögel Station.

Öffnungszeiten
Musée des Rangers: tgl. außer montags April bis Oktober 10-13 und 15-18 Uhr, Juni, Juli und August 10-19 Uhr

Der größte deutsche Soldatenfriedhof in der Normandie mit 21000 Gräbern liegt bei **La Cambe,** zu erreichen von Grandcamp über die D 199 und dann D 113.

Am Pointe du Hoc steigen die Klippen auf 30 m Höhe an

Route 4: Durch das Risle-Tal

Von L'Aigle bis Pont-Audemer

Strecke: 70 km

Die Risle-Tal-Strecke führt von Aigle im Tal des Flusses Risle (ältere Schreibweise: Rille) bis Pont-Audemer fast an die Mündung. Unterwegs trifft man auf Schlösser, mittelalterliche Abteiruinen und Städte mit idyllischen Fachwerkhäusern.

Von **L'Aigle*** geht es zunächst das Risle-Tal abwärts auf der D 930 nach **St-Sulpice,** wo das Priorat aus dem 13. Jahrhundert samt dazugehöriger Kirche (die teils im 15. Jahrhundert restauriert wurde) und die Kapelle der früheren Benediktinerabtei erhalten sind.

Hinter **Rugles** geht es auf der D 830 oberhalb des Risle-Tals entlang. Erst hinter La Neuve-Lyre beginnt der schönste Teil der Strecke entlang des Flusses. Die Fahrt durch die

La Ferrière-sur-Risle

Ausläufer des Forêt de Conches ist sehr malerisch. Spätestens in **La Ferrière-sur-Risle** lohnt ein Stopp. Der Ortsname erinnert zwar noch an die frühere Eisenindustrie, aber der Ort mit seinen Fachwerkhäusern, teils mit Arkaden, und der offenen Markthalle aus dem 14. Jahrhundert wirkt heute eher behaglich. Sonntags wird hier noch immer Markt gehalten. Auffallend an der Kirche, die auf das 13. Jahrhundert zurückgeht, sind die dicken Streben aus Grison, dem rötlichen eisenhaltigen Baumaterial der Gegend.

Auf der D 140 gelangt man nach 7 km nach **Beaumesnil,** wo eines der schönsten Barockschlösser der Normandie steht. Das prächtige Gebäude mit der üppig dekorierten Fassade wurde 1633 bis 1640 für den Marquis de Nonant errichtet. Im Innern wird eine Ausstellung zur Buchbindekunst ab dem 16. Jahrhundert gezeigt. Der Rest des alten Festungsturms der mittelalterlichen Burganlage ist dicht bewachsen und unter dem in Form geschnittenen Buchsbuschwerk nur zu erahnen. Der geometrisch angelegte Garten im französischen Stil und der Wassergraben machen den Gesamteindruck perfekt.

Barocke Pracht: Schloß Beaumesnil

Conches-en-Ouche, 14 km östlich vom Risle-Tal auf der D 830 entfernt, könnte das Ziel eines Abstechers von La-Ferrière-sur-Risle sein. Die Kirche von Conches, Ste-Foy, ist berühmt für ihre Glasfenster aus dem 16. Jahrhundert.

Durch den Wald von Beaumont kommt man von Beaumesnil auf der D 25 nach **Beaumont-le-Roger** mit den imposanten Ruinen eines ehemaligen Priorats, die über dem Risle-Tal thronen. Die dicken Mauern aus dem 13. Jahrhundert mit ihren Verstrebungen geben einen Eindruck von der damaligen Bauweise. Vor den Kulissen der Ruinen finden gelegentlich Schauspielaufführungen statt.

Ruinenromantik in Beaumont-Le-Roger

Ein **Abstecher** führt 17 km auf der D 133 aus dem Risle-Tal heraus und im Charentonne-Tal **nach Bernay**. Die historische Stadt besitzt drei bemerkenswerte Kirchen: die romanische Abteikirche aus dem 11./12. Jahrhundert, Ste-Croix (14.-16. Jahrhundert) und die prachtvoll ausgestattete Wallfahrts-Basilika Notre-Dame-de-la-Couture (15. Jahrhundert).

Das städtische Museum (Musée municipal) ist im ehemaligen Wohnhaus des Abtes (17. Jahrhundert) am Place Guillaume de Volpiano eingerichtet: Zu sehen gibt es außer Fayence aus Rouen eine reiche Sammlung von Gemälden französischer, italienischer und niederländischer Meister sowie Möbel aus dem 17. und 18. Jahrhundert.

16 km weiter nördlich liegt **Brionne.** Die geschäftige Stadt wird beherrscht von dem Donjon aus dem 11. Jahrhundert, einem viereckigen Turm, der hoch über der Stadt auf einer Anhöhe liegt. Von oben bietet sich ein herrlicher Blick auf Brionne und das Risle-Tal.

Öffnungszeiten
Harcourt (Park): Mai bis Oktober tgl. 14.30 - 18.30 Uhr, April und Oktober nur Sonn- und feiertags

Von Brionne lohnt sich ein Abstecher nach **Harcourt** (6 km) auf der D 26 und D 137. Das trutzige Schloß mit seinem Befestigungsring ist berühmt für seinen Park mit zahlreichen großen Nadelbäumen amerikanischer Herkunft (u.a. Douglasien, Sequoia) umgeben, der ab den 1840er Jahren angelegt wurde.

Turm St-Nicolas der Abtei Bec-Hellouin

Zurück im Risle-Tal gelangt man 6 km hinter Brionne nach **Bec-Hellouin.** Die alten Abteigebäude wurden im 19. Jahrhundert abgerissen – den Grundriß der Abteikirche geben noch die Pfeilersockel wieder, die man belassen hat. Der Kreuzgang der seit 1948 wieder von Benediktinern bewohnten Abtei stammt aus dem 17. Jahrhundert. Im Nordflügel findet sich noch ein gotisches Portal (14. Jahrhundert). In erster Linie zieht aber der einzelnstehende Turm St-Nicolas die Blicke auf sich. Er stammt aus dem Jahre 1467. Eine Tafel erinnert an die im Mittelalter engen Verbindungen der Abtei nach England: Aus Bec-Hellouin stammten drei Erzbischöfe von Canterbury und drei Bischöfe von Rochester, sechs weitere Äbte machten in England Karriere.

Öffnungszeiten
Bec-Hellouin (Abtei): ganzjährig 9-19 Uhr, Führung tgl. außer dienstags ab 10 Uhr; sonn- und feiertags ab 12 Uhr

Die einstige Hafenstadt **Pont-Audemer,** 14 km weiter, ist noch heute ein geschäftiger Marktort, in dem man ruhig einen Stadtbummel einplanen sollte. Der Stadtkern liegt in dem nun schon sehr breiten und dicht besiedelten Risle-Tal. Direkt neben der Kirche säumen Fachwerkhäuser die engen Gassen. Sehr hübsch sind auch die alten Häuser am Wasser, die man bei einem Spaziergang entlang der Risle und ihren kleinen Seitenkanälen entdecken kann.

Von Pont-Audemer aus kann man das Sumpfgebiet des **Marais Vernier** erkunden (→ Route 1, S. 56) oder die Reise an die Küste fortsetzen (→ Route 3, S. 78).

Blumenmarkt in Pont-Audemer

Route 5: Pays d'Auge

Strecke: 169 km

Rundtour von Argentan bis ins Pays d'Auge

Diese Rundfahrt führt von Argentan über die durch die Käsesorten Camembert, Pont l'Évêque und Livarot bekannte Gegend nach Norden bis ins Pays d'Auge, Zentrum der Calvados-Produktion.

Von **Argentan*** geht es zunächst auf der D 113 13 km durch den Wald von Gouffern bis **Chambois.** Dort erinnern die Festungsruinen mit einem Donjon aus dem 12. Jahrhundert an eine tragische Episode der Hugenottenkriege. Der Schotte Gabriel de Montgomery, der im Verlauf eines Turniers den französischen König Heinrich II. tödlich verletzt hatte, suchte hier 1559 Zuflucht, bevor er sich nach England absetzte. Von dort zurückgekehrt, machte er neun Jahre später mit seiner Hugenottentruppe wieder in der Burg

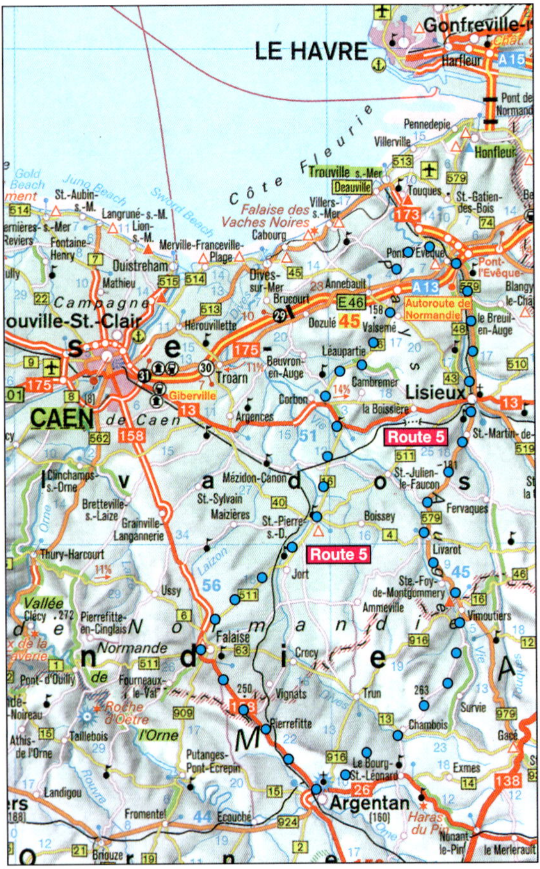

Manoir de St-Hippolyte bei Lisieux

Station. In Domfront trafen sie auf Marschall de Matignon, der mit seiner Übermacht das Hugenottenheer aufrieb; Montgomery wurde in Paris enthauptet und auf Begehren von Katharina von Medici gevierteilt.

Etwa 5 km weiter erreicht man auf der D 16 einen anderen Ort mit blutiger Vergangenheit: In **Montormel** trat die „Schlacht in der Normandie" in ihre Endphase, als sich hier 1944 der Ring alliierter Truppen um die Deutschen endgültig schloß. Ein Denkmal und Museum auf der strategisch wichtigen Anhöhe sind diesem Thema gewidmet.

Von der D 16 Richtung Vimoutiers geht es schließlich links ab auf eine schmale Straße (mit 15 % Gefälle) nach **Camembert.** Der Name des Dorfes ist in aller Munde, wenn es um guten Käse geht. Der Erfinderin des Camembert, Marie Harel, hat man auf dem Dorfplatz ein Denkmal gesetzt, und im **Maison du Camembert** wird seine Herstellung per Video gezeigt. Das Käse-Museum befindet sich aber im 5 km entfernten **Vimoutiers.** Im **Musée du Camembert** wird der Weg vom Rohprodukt Milch bis zum fertigen Käse dargestellt.

9 km entfernt an der D 579 liegt **Livarot.** Das Städtchen gab einem kräftig-würzigen Käse aus Kuhmilch seinen Namen. Eine Ausstellung über die Herstellung dieser Käsesorte ist im **Musée sur le fromage de Livarot** zu sehen, die im Manoir de l'Isle gezeigt wird.

Über **Lisieux*** geht es nach **Pont-l'Evêque** (35 km auf der D 579), einer 4000 Einwohner zählenden Stadt mit hübschen Fachwerkhäuschen. Der gleichnamige pikante Weichkäse unterscheidet sich deutlich vom milden Camembert, gilt aber bei Kennern als bester Käse Frankreichs. Er wird in quadratischen Holzschachteln verkauft. Im Calvadosmuseum **(Musée du Calvados et des Métiers Anciens)** lädt Calvados-Hersteller Père Magloire zur Besichtigung ein. Erläutert wird die Calvadosherstellung. In Pont-l'Evêque gibt es außerdem ein **Automobilmuseum,** das im Schloß Betteville untergebracht ist. Hundert Fahrzeuge aus der Zeit von 1898 bis 1950 sind dort ausgestellt.

Öffnungszeiten
Maison du Camembert: tgl. 10-12.30 und 14-19 Uhr. Am 28. Juli findet das Käse-Fest „Fête du Camembert" statt

Musée du Camembert: 1. 5. bis 31. 10. tgl. 9-12 und 14-18 Uhr, montags vormittags geschlossen, übrige Zeit an Sonn- und Feiertagen geschlossen

Musée du Fromage de Livarot: 1. 4.-31.10. 10-12 und 14-18 Uhr, November, Dezember und März nur dienstags bis samstags 14-17 Uhr

Öffnungszeiten
Musée du Calvados: Ostern bis 1. 11. tgl. 10-12.30 und 14.30-18.30 Uhr. Musée de l'Automobile Ostern bis 11. 11. tgl. 10-18.30 Uhr

Camembert, Pont l'Evêque und Livarot: Spezialitäten aus dem Käseland Pays d'Auge

In der Normandie hat man 21 Käsesorten gezählt: neben dem Camembert sind die bekanntesten Livarot, Pont l'Evêque und Neufchâtel. Nicht alle blicken auf eine so lange Tradition zurück wie der Pont l'Evêque. Er wird schon im 1230 datierten Roman de la Rose erwähnt. Der Camembert ist mindestens hundert Jahre alt. Die Legende seiner „Geburt" legt nahe, daß er ein enger Verwandter des Brie ist. Die Erfindung oder vielleicht auch nur die erste erfolgreiche Vermarktung wird einer Bäuerin im Dorf Camembert bei Vimoutiers zugeschrieben, Marie Harel. Ein katholischer Priester aus Meaux, der zur Zeit der Französischen Revolution auf der Flucht war und Unterschlupf bei den normannischen Bauersleuten (die bis heute zu den Konservativsten im Lande zählen) gefunden hatte, verriet seiner Gastgeberin zum Dank das Rezept für den berühmten Brie. Aber: andere Landstriche, andere Käse. Als Marie Harel das Rezept mit der normannischen Kuhmilch ausprobierte, war der Camembert geboren: Ein Weichkäse von mildem, nußartigem Geschmack, mit gelblichem Teig und weißer Schimmelrinde (die Franzosen auf gar keinen Fall mitessen!). Nachdem in den 1890er Jahren die runde Spanschachtel als ideale Verpackung für den druckempfindlichen Camembert aufkam, war die Karriere des Weichkäses nicht mehr aufzuhalten; auch königliche Gnade trug dazu bei – Napoléon III. gehörte erklärtermaßen zu den Verehrern dieses Käses –, und der Camembert war von Pariser Tafeln nicht mehr wegzudenken. Bis heute ist der Name Camembert leider nicht geschützt; so gibt es u. a. amerikanischen, deutschen und lothringischen „Camembert". Aber nur der Echte stammt aus der Normandie, und hier ist der beste ein Rohmilch- (lait cru) Käse mit 45 % Fettanteil in der Trockenmasse.

Herstellung

Der **Camembert** *wird aus Vollmilch hergestellt. Die etwa 30-32 Grad Celsius warme Milch wird durch Zugabe von Lab zum Dicken gebracht. Dabei werden auch schon die Pilzkulturen des Penicillium candidum bzw. camemberti zugegeben. Nachdem die Milch fest geworden ist, wird sie mit der Käseharfe zerteilt und der Bruch in Formen gegeben, die der späteren runden Käseform schon entspricht. Damit die Molke abfließen und die typische Form eines flachen Zylinders entstehen kann, wird dieser Frischkäse dreimal gewendet, denn es besteht die Tendenz, daß der kleine Käselaib in der Mitte einsackt. Wenn der Käse nach ca. 24 Stunden ausreichend getrocknet ist, wird er in ein Salzbad getaucht, und anschließend 8-12 Tage lang auf Holzregalen bei etwa 15 Grad Celsius in einem Gärkeller mit recht hoher Luftfeuchtigkeit gelagert. In dieser Zeit bildet sich die typische weiße samtweiche Schimmelrinde, die erst im Reifezustand rötliche Flecken zeigt. Der Camembert reift*

von außen nach innen, das heißt man sieht ihm nicht an, ob er reif ist. Erst nach rund 30 Tagen ist er auf dem geschmacklichen Höhepunkt. Danach allerdings beginnt er zu „laufen", bekommt einen strengen scharfen Geschmack. Im Supermarkt prüfen französische Hausfrauen (und -männer) den Reifegrad durch einen mehr oder weniger diskreten Druck auf die Packung. Faustregel: Fühlt sich der Käse krustig hart an, ist er zu alt, fühlt er sich elastisch fest an, ist er noch zu jung.

Livarot und Pont l'Evêque sind Weichkäse wie der Camembert, unterscheiden sich von diesem Schimmelkäse aber durch eine Rotschmierrinde. Sie deutet schon darauf hin daß diese Käse sich durch einen pikanten kräftigen Geschmack auszeichnen. Der ausgeprägte Käseduft läßt manche Leute sogar die Nase rümpfen. Beide Käse sind durch die Herkunftsbezeichnung „Appellation Contrôlée" geschützt und dürfen nur im Pays d'Auge hergestellt werden. Der **Livarot** stammt aus einem kleinen Dorf nicht weit von Camembert, und es werden gemeinsame Ursprünge beider Käse angenommen (auch der Camembert war ursprünglich kein Schimmelkäse). Für die Herstellung des Livarot wird Kuhmilch mit reduziertem Fettgehalt verwendet. Die mit Lab dickgelegte Milch wird zu Zylindern geformt und für die Reifung traditionell auf Binsenmatten gelagert, deren Abdruck auf der orangefarbenen Rinde deutlich erkennbar sind. Sie entsteht übrigens durch Eintauchen in eine Salzlösung, nachmaliges Abwaschen und ständiges Feuchthalten der Käse.

Der **Pont l'Evêque**, der bereits um 1230 im Roman de la Rose erwähnt wird, darf ebenfalls nur in einer bestimmten Region, nämlich um den gleichnamigen Ort und in Lisieux, hergestellt werden (Appellation d'Origine Contrôlée). Es ist belegt, daß er schon um 1600 auf Pariser Märkten verkauft wurde. Der Rotschmierkäse von quadratischer Form wird ähnlich wie der Livarot hergestellt und besitzt, wenn möglich, einen noch kräftigeren erdig-pikanten Geschmack.

Pont-l'Evêque liegt schon im Pays d'Auge, das nicht nur für Cidre, Calvados und Käse, sondern auch wegen seiner typischen Fachwerkarchitektur berühmt ist. Von Pont-l'Evêque kommt man auf der D 118 nach **Beaumont-en-Auge,** einem auf einer Anhöhe gelegenen Dorf. Von dort in südwestlicher Richtung über die D 58 und D 16 geht es über Bonnebosq nach Rumesnil (13 km), wo man die D 85 rechts nach **Clermont-en-Auge** nimmt (5 km). Die Kapelle von Clermont lohnt nicht nur wegen ihrer Statuen aus dem 16. Jahrhundert einen Besuch, sondern von dort aus hat man auch einen hervorragenden Blick in Richtung Caen.

Fachwerkidylle in Beuvron-en-Auge

Es geht hinunter ins Tal nach **Beuvron-en-Auge,** einem denkmalgeschützten Dorf. Den zentralen Platz umgeben prächtige Fachwerkhäuser; ebenfalls sehenswert sind die ehemaligen Markthallen, wo jetzt Geschäfte untergebracht sind.

8 km weiter südlich liegt **Crèvecoeur-en-Auge,** ein aus sechs Gebäuden bestehendes Gebäude-Ensemble, von einem Wassergraben umgeben. Es wurde ab 1972 von der Schlumberger-Stiftung restauriert. Heute sind in den Gebäuden ein Museum zur normannischen Architektur und das Schlumberger-Museum zur Geophysik untergebracht. (Die Gebrüder Schlumberger entwickelten ein Verfahren zum Aufspüren von Erdölvorkommen.) Die zum großen Teil aus Fachwerk erbauten Gebäude des einstigen Manoirs stammen aus dem 12. bis 16. Jahrhundert. Die eigentliche Burg mit Befestigungsring, Donjon und Wohnhaus aus dem 15. Jahrhundert steht etwas abseits.

Öffnungszeiten
Crèvecoeur-en-Auge: tgl. außer dienstags April, Mai, Juni, Sept. 11 - 18 Uhr; Juli/Aug. tgl. 11 - 19 Uhr

Gartenfreunde sollten auf dem Weg von Crèvecoeur nach St-Pierre-sur-Dives den Umweg über Mézidon wählen, um dem **Château de Canon** einen Besuch abzustatten. Im 18. Jahrhundert ließ sein Besitzer Jean Baptiste Élie de Beaumont, ein Freund Voltaires und bedeutender Anwalt, den Park ganz im Stil der englischen Landschaftsgärten gestalten. Auf gewundenen Wegen eröffnen sich immer neue Blicke auf Marmorbüsten und Skulpturen, kleine antike Tempel oder chinesische Pavillons. Das Schloß selbst ist nicht zu besichtigen.

Öffnungszeiten
Château de Canon (Park): 1. 7. bis 30. 9. tgl. außer dienstags 14-19 Uhr, von Ostern bis Ende Juni nur am Wochenende und feiertags 14-19 Uhr

St-Pierre-sur-Dives ist bekannt für die sehenswerten, aus Holz gebauten **Markthallen**. Sie stammten ursprünglich aus dem 13. Jahrhundert und wurden nach einem Brand 1944 originalgetreu wiederaufgebaut. Montags findet dort noch immer der Markt statt. In St-Pierre befindet sich auch eine im 11. Jahrhundert gegründete **Benediktinerabtei.** Die Kirche stammt aus dem 13. bis 15. Jahrhundert. Ebenfalls erhalten sind der Kreuzgang und die Abteigebäude.

Öffnungszeiten
Vendeuvre (Schloß und Miniaturmöbelmuseum): 1. 10. bis 1. 11. und 1. 3. bis 30. 4. an Wochenenden 14-18 Uhr, 1. 5. - 30. 9. tgl. 10-18 Uhr

Von St-Pierre kann man auf der D 511 Richtung Falaise zum 6 km entfernten **Schloß Vendeuvre** weiterfahren. In der Orangerie des Schlosses befindet sich ein Museum für Miniaturmöbel mit Meisterwerken aus aller Welt. Das Schloß aus der Mitte des 18. Jahrhunderts kann ebenfalls besichtigt werden. Die Küche aus dem 18. Jahrhundert sowie Möbel und Täfelungen sind zu sehen.

Über **Falaise*** führt der Weg zurück nach Argentan.

Die Apfelbaumblüte dominiert im April in der ganzen Normandie

Route 6: Cotentin-Rundfahrt

Strecke: 278 km

Auf dieser Fahrt lernt man die gesamte Halbinsel Cotentin kennen, zum großen Teil auf Küstenstraßen. Nicht nur die von hohen Hecken gesäumten schmalen Wege erinnern an die Landschaft in Südwestengland. Vor allem an den Granitsteilküsten des äußersten Zipfels, des Cap de la Hague im Westen und des Cap Lévy im Osten, bieten sich atemberaubende Ausblicke auf das Meer. Man passiert die trotzig gegen den ewigen Wind und die rauhen Lebensbedingungen um die Kirche gescharten Häusergruppen der kleinen grauen Dörfer, aus dem Granitgestein des urtümlichen Bodens errichtet. Weiter im Landesinnern findet man Schlösser und Abteien, gelegentlich – wie in der benachbarten Bretagne – auch Zeugnisse der Megalithkultur.

Man kann die Fahrt in **Isigny,** 8 km von La Cambe entfernt, beginnen. Der Ort ist wichtiges Zentrum der Milchwirtschaft. Butter und Käse aus Isigny sind in ganz Frankreich berühmt.

Im Mündungsgebiet der Flüsse Vire, Taute und Douve erstrecken sich fette Marschwiesen, die durch Deiche dem Meer abgerungen wurden. Sie bilden heute einen Teil des Parc Naturel Régional des Marais du Cotentin et du Bessin.

Carentan, 11 km weiter, ist ebenfalls der Milchwirtschaft verpflichtet und bietet, neben einigen alten Häusern im Zentrum, als Sehenswürdigkeit die Kirche Notre Dame. Außer dem romanischen Westportal stammt der größte Teil der riesigen Baus aus dem 15. und 16. Jahrhundert. Bemerkenswert ist die große Orgel (1803-05).Von Carentan geht es ein Stück Richtung Valognes/Cherbourg auf der gut ausgebauten N 13. Vor St-Come-du-Mont biegt rechts die D 913 ab nach Ste-Marie-du-Mont. In Vierville lohnt sich der Abstecher zur Kirche von **Brucheville** aus dem 13. Jahrhundert mit ihrem wunderschönen romanischen Turm. Ein schmaler heckengesäumter Weg führt 4,5 km dorthin. Die Kirche des

Die trutzige Granitkirche von Brucheville

Cap de la Hague
Auderville
Omonville-la-Rogue
Nez de Jobourg
Beaumont-Hague
Querqueville
Équeurdreville-Hainneville
Cherbourg
Octeville
Tourlaville
Cap Lévy
Fermanville
St.-Pierre-Église
Pointe de Barfleur
Barfleur
Route 6
Gonneville
le Vast
Quettehou
St.-Vaast-la-Hogue
Vauville
Biville
Ste.-Croix-Hague
Helleville
Martinvast
Brix
Valognes
Aumeville-Lestre
Quinéville
Îles St.-Marcouf
Cap de Flamanville
Flamanville
Les Pieux
le Rozel
la Mare-du-Parc
Surtainville
Beaubigny
Bricquebec
Montebourg
Ravenoville
Monument Leclerc
Utah Beach
Rade de la Capelle
Grandcamp-Maisy
Cotentin
Orglandes
Pont-l'Abbé
Ste.Mère-Église
Ste.-Marie-du-Mont
Carteret
Barneville-Carteret
St.-Sauveur-le-Vicomte
Portbail
St.-Lô-d'Ourville
Abb. de Blanchelande
Brévands
Isigny-s.-Mer
la Cosnardière
la Haye-du Puits
St.-Jores
Carentan
Bricqueville
St.-Germain-s.-Ay
Lessay
St.-Jean-de-Daye
la Fotelaie
Mont Orgueil
Gorey
Sainteny
le Champs-de-Losque
Périers
Pirou
le Mesnil-Eury
la Rocque Point
Déroute
Anneville-s.-Mer
St.-Sauveur-Lendelin
Montsurvent
St.-Lô
Blainville-s.-Mer
Tourville-s.-S.
Marigny
Canisy
Condé-s.-V.
Agon-Coutainville
Heugueville-s.-S.
Coutances
Cerisy-la-Salle
Roches de Ham
Montmartin-sur-Mer
Tessy-sur-Vire
Villebaudon
Lengronne
Hambye
Percy
Bréhal
Gavray
Abb. de Hambye
Îles Chausey
St.-Martin-de-Bréhal
Granville
Donneville-les-Bains
Villedieu-les-Poêles
Pointe du Roc
Abb. de Lucerne
Beauchamps
Saint-Pair-sur-Mer
La Haye-Pesnel
St.-Sever-Calvados
Carolles
Saint-Jean-le-Thomas
Sartilly
Brécey
St.-Pois
Pointe du Grouin
Avranches
St.-Ovin
Chérences-le-Roussel
Baie du Mont-St.-Michel
Cancale
Genêts
Juvigny-le-Tertre
Paramé
St.-Servan-s.-Mer
St.-Benoit-des-Ondes
Cherrueix
Le Mont-St.-Michel
Courtils
Ducey
Isigny-le-Buat
La Gouesnière

St-Marie-du-Mont

über ein winziges Sträßchen erreichbaren **St-Marie-du-Mont** ist eine auffallende Erscheinung. Sie besitzt ein Schiff aus dem 12. Jahrhundert, Chor und Querschiff aus dem 14. Jahrhundert. Die Reliefs des Turms zeigen dagegen deutliche Anklänge an Renaissance-Ornamentik. Er wurde im 19. Jahrhundert restauriert.

Utah Beach, der Strandabschnitt, an dem 1944 bei der Alliiertenlandung amerikanische Fallschirmspringer eingesetzt wurden, erstreckt sich an der flachen Ostküste des Cotentin. Die Landung der Amerikaner ist Thema des **Musée du Débarquement** in einem modernen Bau direkt an der Küste, bei Ste-Marie, nahe am Schauplatz des Geschehens.

Öffnungszeiten
Musée du Débarquement:
1. 4. bis 15. 11.
tgl. 9.30 - 18.30 Uhr,

Man durchquert die typische Cotentin-Landschaft: Schmale Straßen ziehen sich zwischen hohen Hecken wie Tunnel durchs Land. Langsames Fahren ist angebracht, denn hinter jeder Kurve könnte eine Herde Rinder oder Schafe entlangspazieren. Es gibt kaum „richtige" Dörfer, lediglich einzelne Gehöfte liegen verstreut in der grünen Weidelandschaft. In dieser Gegend fand 1944 der „Hecken-Krieg" statt. Als die Amerikaner an der flachen Sandküste des Utah Beach gelandet waren, hatten sie es schwer, in dem für den Guerillakrieg wie geschaffenen Heckengewirr weiter ins Landesinnerc vorzudringon.

Die links von der D 913 abbiegende D 14 führt parallel zur Utah Beach. Immer wieder gibt es Stichstraßen zum Wasser. Am Strand Ravenoville-Plage sieht man in der Ferne die unbewohnten **Îles St-Marcouf,** Rückzugsgebiet für Seevögel, und nach Norden hin ist schon der Vorsprung von St-Vaast-la-Hougue erkennbar. In Quinéville (romanischer Kirchturm) könnte man ins Landesinnere nach Valognes abbiegen, das oft etwas hochtrabend als das „normannische Versailles" bezeichnet wird.

Im 18. Jahrhundert war **Valognes** tatsächlich das kulturelle Zentrum und die bevorzugte Residenzstadt des lokalen Cotentin-Adels. Einst soll es rund 50 prächtige Stadtpalais gezählt haben, bevor die Revolution und später die Zerstörungen des Zweiten Weltkriegs nur noch wenig von diesem „Versailles" übrig ließen. Das **Hôtel de Beaumont**, eine der etwa ein Dutzend erhaltenen prunkvollen Residenzen, Mitte des 18. Jahrhundert von Raphael de Lozon für den Comte Philippe de Beaumont errichtet, ist im Innern üppig ausgestattet und kann im Rahmen von Führungen besichtigt werden.

Wer sich mehr für bodenständige Künste interessiert, kann im **Musée du Cidre et du Calvados** die Apfelweinherstellung genauestens studieren. Die alten Cidremühlen und -pressen und bäuerlichen Keramik- und Kupferwaren stammen aus der Zeit vom 16. Jahrhundert bis heute.

Öffnungszeiten
Hôtel de Beaumont:
1. 7. bis 15. 9.
tgl. Führungen
14.30-18.30 Uhr,
übrige Zeit nur
Ostern geöffnet

Musée du Cidre et du Calvados,
Rue du Petit Versailles/Rue Pelouze:
1. 4. bis 30. 9.
tgl. außer sonntags vormittags und dienstags
10 - 12 und 14 - 18 Uhr

Alte Cidre-Presse in Aktion

Calvados, Cidre und Co.

Cidre und Poiré

Die Normandie gehört zu den wenigen Regionen Frankreichs, in denen Wein nicht gedeiht. Das ist aber kein Manko, denn der Normanne weiß sich zu helfen: Seit undenklichen Zeiten werden auf den Wiesen Apfelbäume kultiviert, deren Früchte auch einen köstlichen Wein ergeben. Man hat etliche Spezialsorten gezüchtet, die sich nur für einen Zweck eignen: das Keltern von Apfelwein oder -most, den berühmten Cidre. Ein ausgewogenes Verhältnis zwischen sauren, bittersüßen und fruchtigen Apfelsorten, manche davon uralt oder nahezu wild, macht nämlich den Charakter einer bestimmten Cidre-Cuvée aus, die jeweiligen Rezepte bleiben das Geheimnis des Herstellers. Das spritzige erfrischende Getränk gibt es in den Varianten „brut" (trocken) und „doux" (süß). In vielen Regionen kann man „Cidre fermier" direkt vom Produzenten kaufen, und wie andere Franzosen beim Wein haben sich die Normannen besondere Etikettenbezeichnungen ausgedacht, die für Qualität stehen, wie beispielsweise den „Cru de Cambremer" im Pays d'Auge. Aber auch auf der Halbinsel Cotentin, im Pays de Caux und anderswo kann man hervorragenden Apfelmost direkt vom Bauern erstehen.

Einen Einblick in die uralte Tradition des Cidre-Kelterns gibt das Apfelweinmuseum in Valognes. Die auf den Streuobstwiesen eingesammelten Äpfel werden in einem Pressoir durch ein in einer Steinrinne rundlaufendes Steinrad zerdrückt und anschließend der Saft ausgepreßt. Zum Gären kommt er in einen Tank, und es entsteht auf völlig natürliche Weise ein perlender Most von rund 5 % Alkoholgehalt, der anschließend in Flaschen abgefüllt wird, manchmal kommt ein Stück Hefe mit hinein, deshalb Achtung beim Öffnen einer Flasche Cidre fermier – er ist so explosiv wie Champagner!

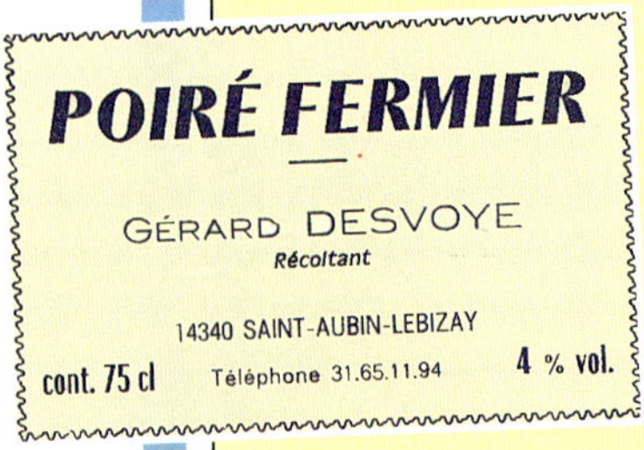

Ein besonderer Genuß ist der Poiré, ein analog dazu aus Birnensaft hergestellter Most, der etwas süßer und aromatischer als der Apfel-Cidre schmeckt.

Calvados

Die Krönung eines Festtagsmenüs – nicht nur in der Normandie – ist wohl das Trou normand, jenes Getränk, das Platz schaffen soll, obwohl man doch schon so satt ist. Es handelt sich um ein Gläschen Calvados, der laut Herkunftsbezeichnung nur aus der Normandie stammen darf. Man trinkt ihn auch solo oder als Café Calva zum Aufwärmen zwischendurch. Calvados wird aus Cidre gebrannt, der länger als üblich im Faß auf der Hefe gelagert wurde, um einen höheren Ausgangsalkoholgehalt zu erreichen (meist um die 6 bis 7 %). Nach ein bis zwei Jahren wird er destilliert; der gewöhnliche Calvados mit der Zusatzbezeichnung AOC einmal, der Calvados du Pays d'Auge contrôlée dagegen zweimal, wie der echte Cognac. Nach dem Brennen hat er einen Alkoholgehalt von ca. 70 %, dieser muß auf genußfähige 40-45 % herabgesetzt werden – nun beginnt das eigentliche Raffinement.

Der frisch gebrannte Alkohol kommt in neue Eichenfässer, die einen entsprechend hohen Gerbsäureanteil abgeben, später in alte Fässer. Dieses langwierige Verfahren verleiht ihm die goldbraune Farbe und mit den Jahren den typischen Geschmack, die Cuvée. Das Alter des Calvados ist neben seiner Herkunft entscheidend über die Qualität – und natürlich den Preis. In der Flasche altert er nicht mehr. In der Regel gibt es keinen Jahrgangs-Calvados, die Produkte verschiedener Jahrgänge werden zu einer Cuvée gemischt. Die Altersangabe auf dem Flaschenetikett bezieht sich immer auf die jüngsten Bestandteile in der Mischung. Vieux oder Réserve heißt, der Calvados ist mindesten drei Jahre alt. Die Bezeichnungen VO, Vieille Réserve und VSOP bedeuten vier Jahre Mindestalter, und als Extra, Napoléon, Hors d'Age oder gar Age Inconnu ist der Calvados mehr als sechs Jahre im Faß gereift.

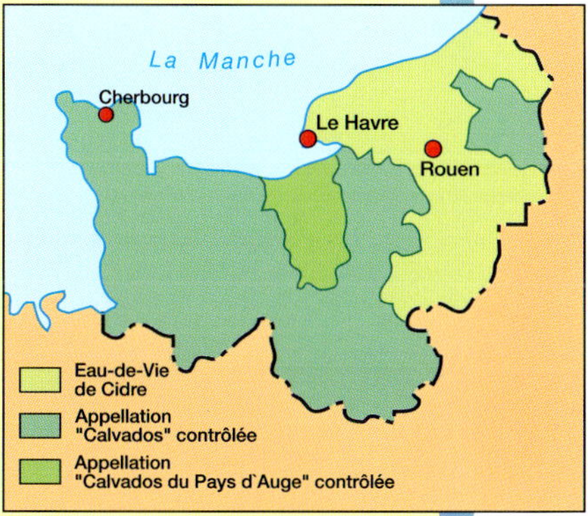

Die Badeorte sind an dieser Küste ausgesprochen schlicht. Statt Villen gibt es nur ausgebaute Strandhütten für den Urlaub, halb vergraben im Sand. Ab und zu sieht man meterhohe Palmen, Anzeichen des besonders milden maritimen Klimas im Cotentin.

Bis zum Fischereihafen **St-Vaast-la-Hougue** sind es 19 km auf der Küstenstraße entlang des sich bei Ebbe endlos weit dehnenden Strands. Hier beginnt die steile Felsküste aus Granit des äußersten Zipfels der Halbinsel. Schon wenn man sich von Morsalines aus nähert, erkennt man das rötlichbraune Gebäude des **Forts.** Im Laufe der Geschichte war der Hafen mehrfach von strategischer Wichtigkeit. Von dort verließen 1453 die letzten englischen Schiffe das normannische Festland. Und 1692 verloren die Franzosen hier die Schlacht gegen die vereinten Engländer und Holländer. Die Befestigungsanlagen wurden nach Plänen des Militärarchitekten Ludwigs XIV. Marquis de Vauban (17. Jahrhundert) gebaut. Im Schutz des weit nach Süden ragenden Landzipfels mit dem Fort de la Hougue liegen die Austernbänke, für die die Stadt berühmt ist. Direkt am Hafen steht die **Kapelle der Seeleute** (Chapelle des Marins). Daran vorbei kann man zu Fuß zum Leuchtturm wandern.

Erst seit 1992 ist die Insel Tatihou Besuchern zugänglich. Ausflüge ab dem Hafen St-Vaast tgl. von Mai bis September, in der übrigen Zeit nur am Wochenende

Ebenfalls von Vauban stammt die Festung auf der vorgelagerten **Insel Tatihou**. Im Sommer werden Bootsausflüge auf die Insel angeboten, auf der zahlreiche Seevögel leben (Vogelbeobachtungsstation). Im ehemaligen Militärlazarett aus dem 18./19. Jahrhundert befindet sich ein Museum zu Schiffahrt und Fischerei. Im Sommer bieten ein Hotel und ein Restaurant auf der Festungsinsel Unterkunft und Einkehrmöglichkeit.

In **Réville** ein Stück weiter auf der D 1 nach Norden gibt es eine alte Kirche, die romanische und gotische Stilelemente verbindet. Rechts von der Straße ab geht es durch das Dorf Jonville zum Aussichtspunkt **Pointe de Saire,** von dem aus die Insel Tatihou und das dahintergelegene St-Vaast zu sehen sind. Wer möchte, kann von der D 1 einen Abstecher ins Landesinnere zum **Val de Saire** machen, wie nicht nur das eigentliche Tal des Flüßchens, sondern die gesamte grüne baumbestandene Wiesenlandschaft nordwestlich von St-Vaast genannt wird. Einen schönen Aussichtspunkt findet man im Dorf La Pernelle.

Zurück auf der D 1 gelangt man, vorbei am Manoir la Crasvillerie, einem herrschaftlichen Landhaus mit vielen Türmchen aus dem 16. Jahrhundert links der Straße, das als Gehöft dient (keine Besichtigung), nach **Barfleur.** Die kleine Hafenstadt mit ihrer massigen Kirche aus grauem Granit (17. Jahrhundert), die sich düster und trotzig gegen alle Unbilden zu stemmen scheint, war schon im 11. Jahrhundert eine Seefahrerstadt. Wie die Endung „-fleur“ andeutet, wurde sie von Skandinaviern gegründet. Barfleur rühmt sich, daß das Schiff Herzog Wilhelms, mit dem er auf Eroberungszug nach

Im Hafen von Barfleur

England ging, von Zimmerleuten aus Barfleur hergestellt und von einem Steuermann aus Barfleur gesteuert worden sei. Dies besagt jedenfalls eine Plakette an einem der Granitfelsen am Hafen, die zum 900jährigen Jubiläum der normannischen Eroberung Englands 1966 dort angebracht wurde.

Entlang an Feldsteinmauern und durch windzerzauste Heidelandschaft gelangt man durch das Dorf **Gatteville** zum nach ihm benannten Leuchtturm – einem der höchsten Frankreichs –, der der Schiffahrt die Landspitze Pointe de Barfleur bezeichnet. Das Dorf, ganz aus grauem Granit, dessen niedrig geduckte Häuser mit den hochgezogenen Kaminen sich ganz der Landschaft anpassen, scheint ebenso vom Wind niedergedrückt wie die Hecken. Auf der D 116 führt die Fahrt weiter parallel zur Küste Richtung Cherbourg. Der Weg hinunter durch die extrem schmalen Gäßchen zum **Port Lévy** wird durch den Blick auf die Bucht von Cherbourg belohnt.

Der Leuchtturm von Gatteville steht inmitten der Heide

Vorbei an der Bucht Anse de Brick, kann man in Bretteville links abbiegen auf die D 320, um sich einen Zeugen aus der ganz frühen Geschichte anzusehen. Die steil nach **Le Theil** ansteigende Straße birgt versteckt in einer Öffnung zwischen hohen Hecken ein Ganggrab aus der Vorzeit, eine sogenannte **Allée couverte.**

Kurz danach geht es rechts auf die gut ausgebaute D 901 Richtung Cherbourg. Im Vorort **Tourlaville** kann man das aus grauem Stein gebaute düstere Schloß der Familie Ravalet besichtigen und sich im Park ergehen, während man sich an ein trauriges Ereignis aus der Geschichte der Familie Tourlaville erinnert, das ganz nach dem Geschmack des Fin-de-siècle Dichters Théophile Gautier war, bei dem man es nachlesen kann: Im Jahre 1603 endete die Liebesgeschichte des Geschwisterpaares Julien und Marguerite Ravalet grausam mit ihrer Hinrichtung in Paris.

Der Renaissance-Bau geht auf die zweite Hälfte des 16. Jahrhunderts zurück, als die Herzogin von Nevers dem Abt von Hambye, Jean de Ravalet, das Anwesen schenkte. In der zweiten Hälfte des 17. Jahrhunderts ließ ein neuer Besitzer das Schloß renovieren, im 18. verfiel es zusehends. Inzwischen gehört es der Stadt Cherbourg, wurde vollkommen restauriert und ist zumindest von außen zu besichtigen – im Innern soll das „Blaue Zimmer" an Marguerite de Ravalet erinnern, doch stammt die Einrichtung aus späterer Zeit. Glashäuser, herumspazierende Pfauen und im Frühsommer wunderbar blühende Rhododendren machen den Park zu einer Sehenswürdigkeit. Vom Park aus hat man auch den besten Blick auf das Schloß, das sich mit seinem achteckigen Treppenturm im Teich spiegelt.

Schloß und Park Ravalet

Wenige Kilometer südlich von Tourlaville, ebenfalls am Stadtrand von Cherbourg, kann man in **La Glacerie**, wo zu Zeiten Ludwigs XIV. eine königliche Spiegelmanufaktur eingerichtet wurde, heute eine volkskundliches und Glasmuseum besichtigen.

Öffnungszeiten
Musée de La Glacerie: 1. 7. bis 15. 9. tgl. außer dienstags 14.30-18 Uhr, Ostern bis Ende Juni nur sonn- und feiertags

Cherbourg* verläßt man Richtung Westen auf der D 901. Nachdem man auf die D 45 abgebogen ist, lohnt sich ein Abstecher hinauf nach **Querqueville.** Im Ort geht es wiederum rechts ab zur Kirche ganz oben auf der Höhe mit ihrem großen Friedhof. Sehenswert ist besonders die Kapelle St-Germain aus dem 10. Jahrhundert mit dem einfachen Turm – früheste Romanik und vielleicht die älteste Kirche Westfrankreichs. Ihr kleeblattförmiger Grundriß ist deutlich zu erkennen.

Nach der Rückkehr auf die D 45 lohnt sich 1 km weiter ein anderer Abstecher nach links, diesmal zum **Schloß Nacqueville**, dessen Landschaftspark besonders im Mai/Juni wegen der Rhododendron-Blüte ein Farbenschauspiel bietet. Das Gebäude stammt ursprünglich aus dem 16. Jahrhundert, wurde aber in den folgenden Jahrhunderten umgebaut, das von zwei runden Türmen flankierte Eingangsgebäude dagegen ist noch im früheren Zustand erhalten.

Öffnungszeiten
Nacqueville (Schloß u. Garten): Führungen Ostern bis 30. 9. tgl. (außerhalb der Ferien nicht dienstags u. freitags) um 14, 15, 16 u. 17 Uhr

Altes Waschhaus in Nacqueville und Manoir Dur-Écu (unten)

Weiter auf der D 45 sieht man nach ca. 3 km das **Manoir Dur-Écu** links neben der Straße. Der mit vielen Türmen geschmückte Herrensitz (16. Jahrhundert) ist heute Bauernhof und kann nicht besichtigt werden. Rechts neben der Straße dehnen sich grüne Weiden bis zum Meer, doch steigt die Küste jetzt steil an, und es beginnt der wild zerklüftete Teil der Granitfelsküste, deren westlichsten Zipfel das Kap de la Hague bildet.

Blick von Landemer auf die Küste

Auch die Straße steigt nun an, und erste Blicke auf die vor einem liegende, von Brandung umtoste Steilküste vom Rocher de Castelvendon bis Pointe Jardeheu sind möglich. Bei Landemer gibt es einen Aussichtspunkt mit Parkgelegenheit. Von dort führt ein Fußpfad entlang der Küste bis Omonville (Wanderweg GR 223).

Öffnungszeiten
Maison J.-F. Millet: Ostern bis 30.6. tgl. außer dienstags 10 - 12 u. 14 - 18 Uhr, 1.7. - 30.9. täglich

Auf der D 45 durchquert man etwas von der Küste entfernt den kleinen, nur aus grauem Granit bestehenden Weiler **Gréville,** bevor die Straße wieder in Richtung Meer abbiegt. Auf dem zentralen Dorfplatz vor der Kirche steht die Büste des Malers Jean-François Millet, der hier geboren wurde. Sein 1944 zerstörtes Geburtshaus wurde rekonstruiert und zeigt eine Ausstellung über das Leben des Malers.

Kirche und Friedhof von Omonville-la-Rogue

In **Omonville-la-Rogue** angelangt, kann man die wehrhafte Kirche aus dem 13. Jahrhundert bewundern. Das pittoreske typische Cotentin-Dorf verfügt auch über einen Hafen, von dem aus man einen schönen Ausblick auf die Küste hat. Ein Restaurant im Hafen bietet frische Meeresfrüchte an.

Vorbei an der Sandbucht Anse St-Martin geht es Richtung St-Germain-des-Vaux. Vor **Port Racine,** immerhin dem kleinsten Hafen ganz Frankreichs, ragen spitzzackige Felsnadeln aus dem Wasser. Von St-Germain aus kann man 1 km nach **Goury** an die Küste fahren, wo sich ein Ausblick auf die Nez de Jobourg und den Atlantik bietet. Der Leuchtturm von Goury und seine moderne Rettungsboot-Station wurden angesichts der mächtigen Strömung des Raz Blanchard eingerichtet, die so manches Schiff am Kap de la Hague enden ließ. Von Auderville führt ein anderer Abzweig nach La Roche, wo sich ebenfalls ein Ausblick auf den nordwestlich

Leuchtturm und Hafen von Goury

sten Zipfel der Halbinsel bietet – und rechts davon auf den Leuchtturm von Goury. Die Bucht Baie d'Ecalgrain mit ihrem feinen Sandstrand (bei Ebbe) gehört zu den schönsten der Normandie – dahinter ist die oft nebelverhangene Felsnase des Nez de Jobourg zu erkennen. Von der D 401 biegt schließlich rechts die D 202 zum Höhepunkt der Cotentinküste: geradewegs zur **Nez de Jobourg.** Von dort ist sogar die Kanalinsel Alderney (französisch: Aurigny) als Silhouette zu erkennen. Ein Restaurant hat sich am Parkplatz kurz vorm Ende der Welt angesiedelt und bietet etwas Schutz, wenn eine steife Brise weht. Von einer Anhöhe im Landesinnern beobachtet der Ausguck einer Wetterstation die Situation auf dem Atlantik. Von der Felsnase von Jobourg aus

Die Nez de Jobourg schiebt sich weit nach Westen vor

Idyllisches Vauville

Öffnungszeiten
Vauville (Garten): 15. 5. bis 31. 10. nur sonn- und dienstags, zusätzlich samstags und an Feiertagen im Juli u. August 14 -18 Uhr

sind es nur 2,5 km bis auf die hier besonders gut ausgebaute D 901. Sie führt direkt an der Wiederaufbereitungsanlage für Kernbrennstoffe vorbei, die sich über Kilometer die Straße entlangzieht. Die COGEMA ist auch Besuchern zugänglich – im Rahmen von Führungen.

Natürlich ist die COGEMA größter Arbeitgeber der Region, und so findet man in **Beaumont,** mitten in der Einsamkeit der wilden Heidelandschaft, eine moderne Stadt mit allen Einkaufsmöglichkeiten. Hier wohnt ein Teil der Beschäftigten in Wohncontainern.

In Beaumont geht es rechts nach **Vauville,** eines der hübschesten Dörfchen auf der Halbinsel, oberhalb der Baie de Houguet gelegen, wo ein langer Sandstrand beginnt. Vauville ist ausgesprochen malerisch: ein steinernes Brückchen über den Bach, geduckte Granithäuschen und ein Château, ein herrschaftliches Haus, am Ortsrand mit einem vier Hektar großen Garten voller subtropischer Pflanzen. Über 600 Spezies gedeihen hier im milden Golfstrom-Klima, darunter Gewächse von den Kanarischen Inseln, aus Madeira oder aus Südafrika. Besonders auffällig sind die üppigen Palmen und die meterhohen, von winzigen blaßblauen Blüten besetzten Echium-Stauden, eine Art Ehrenpreis, sowie einige Fuchsienarten.

Die Kirche von **Biville,** 3 km weiter, deren Chor aus dem 13. Jahrhundert stammt, ist ebenso sehenswert wie der Calvaire des Dunes wegen der Aussicht über die weite Bucht von Vauville.

Von Biville wendet man sich am besten über die D 37 nach Vasteville, um einen in Strandnähe gelegenen Schießübungsplatz zu umgehen, und wieder zurück ans Meer Richtung Siouville-Plage.

Die sehenswerte Kirche von Biville

An dem von kräftigen Winden heimgesuchten Strand bei Diélette finden Surfer gute Bedingungen vor

Einen Halt wert ist der Hafen von **Diélette** mit seiner neuen Marina, vor dem sich eine hübsche Sandbucht erstreckt. Von Diélette verkehren im Sommer Fähren nach Jersey. Auf der D 23 geht es zurück ins Landesinnere, wo man auf die D 904 Richtung Barneville-Carteret wechselt.

Von hier kann man aber auch einen Abstecher von 15 km nach **Bricquebec** mit Trappistenabtei und Burgruine anschließen. Die **Abtei Notre-Dame-de-Grâce** wurde im Jahre 1824 von Trappisten gegründet, ist im Innern nicht zu besichtigen und bietet auch keine besonders interessanten Gebäude. In einem Saal findet aber täglich eine Informationsveranstaltung über das Leben der Mönche statt. Sehenswert ist die von Türmen flankierte **Burgruine** von Bricquebec mit dem imposanten elfeckigen Donjon. Sie gehörte einmal zu den größten Normannenburgen des Cotentin. Im **Tour de l'Horloge** ist ein kleines volkskundliches Museum untergebracht. 1540 ließ die Gräfin von Estouteville neben der Burg ein Wohngebäude in Renaissancemanier bauen. Bricquebec ist bekannt für seine Vieh- und Gemüsemärkte.

Öffnungszeiten
Bricquebec (Donjon der Burg): 1.7. bis 31.8. tgl. außer dienstags 10 - 12 und 14 - 18.30 Uhr

Etwa 17 km sind es auf der D 904 nach **Carteret,** einem Ferienort, wie er so typisch ist: Segelboothafen, Boutiquen und schicke Geschäfte aller Art, ein Strand sowie reichlich Gastronomie warten am Cap Carteret auf den Besucher. Während der Saison verkehren von Carteret auch Fähren zur englischen Kanalinsel Jersey. Das Schwesterstädtchen **Barneville** weiter im Landes-

Bei Ebbe liegt der Hafen von Carteret trocken

innern hat eine sehenswerte Kirche mit romanischen Kapitellen im Innern und einem Turm aus dem 15. Jahrhundert.

Von nun an beherrscht Sandstrand die Westküste des Cotentin, und die Badeorte folgen dicht aufeinander. **Portbail,** heute in erster Linie Jachthafen, besitzt zwei Strände mit feinem Sand. Im 6. Jahrhundert gab es hier eine Abtei, Teile der Kirche von Portbail stammen aus dem 11. Jahrhundert. Im Innern befinden sich schöne Kapitelle. Unter der Kirche hat man Reste einer römischen Villa mit Fußbodenheizung (Hypocaust) gefunden. Bei Ausgrabungen kamen auch Grundmauern eines sechseckigen Baptisteriums zutage, das wahrscheinlich aus dem 4. Jahrhundert stammt.

Öffnungszeiten *Maison Familiale Barbey d'Aurevilly: Mitte Mai bis Mitte September tgl. außer dienstags 10-12 und 15-18 Uhr, übrige Zeit nur samstags und sonntags nachmittags*

Ein Abstecher von Portbail führt 13 km weiter ins Landesinnere zum Geburtsort des Romanciers und Kritikers **Barbey d'Aurevilly,** einem Zeitgenossen Flauberts. In **St-Sauveur-le-Vicomte** sind im **Maison Familiale** (66, rue Bottin Desylles) Manuskripte, Porträts und andere Erinnerungen an den Schriftsteller mit der spitzen Feder ausgestellt, der für seine Romane oft Schauplätze in der Umgebung von St-Sauveur wählte, wie beispielsweise die sagenumwobene Abbaye de Blanchelande in der trostlosen Heide von Lessay. Außerdem sehenswert in St-Sauveur sind **Reste einer Burg**, die schon im 10. Jahrhundert gegründet und während des Hundertjährigen Kriegs mehrfach zerstört und wieder aufgebaut wurde. Eine von Türmen aus dem 14. Jahrhundert flankierte Befestigungsmauer, dazu ein mit dicken Strebepfeilern versehener viereckiger Donjon sind noch erhalten.

Ca. 3,5 km östlich St-Sauveur liegt im Dorf **Crosville-sur-Douve** ein noch bewohntes Herrenhaus mit Gebäuden aus dem 15. bis 17. Jahrhundert. Ursprünglich stand hier ein mittelalterlicher Turm, bevor Jean de Crosville im frühen 17. Jahrhundert das **Renaissanceschlößchen** bauen ließ. Im Innern sind der riesige Kamin und Deckenmalereien mit Blattwerk und mythologischen Szenen bemerkenswert, die man bei Führungen zu Gesicht bekommt. Im Sommer finden hier häufig Konzerte statt.

Öffnungszeiten *Château de Crosville: Führungen Ostern bis 1. 10. tgl. 10-12 u. 14-18 Uhr*

Schnurgerade führt die D 900 von St-Sauveur 19 km nach **Lessay.** Die Benediktinerabtei von Lessay gehört zu den Abteikirchen, die sich am reinsten ihren schlichten romanischen Stil aus dem 11. Jahrhundert bewahren konnten. Zwar wurden die Gebäude im Zweiten Weltkrieg zerstört, konnten aber in den 40er und 50er Jahren adäquat restauriert werden. Das Wohngebäude stammt aus dem 18. Jahrhundert.

Die Abteikirche von Lessay

Der Weg führt weiter parallel zur Küste auf der D 650. Nach 7 km geht es links zur **Normannenburg Pirou.** Die Ruinen des von einem Wassergraben umgebenen Herrensitzes stammen aus dem 12. Jahrhundert und können besichtigt werden. Im Innern schildert ein Wandteppich die normannische Eroberung Siziliens.

Wieder auf der D 650, biegt man nach 12 km bei Blainville links auf die D 244 und kommt über St-Malo-de-la-Lande nach **Gratot.** Das schön gelegene viertürmige Herrenhaus, einst Sitz der Familie Argouges, aus dem 14. bis 18. Jahrhundert ist sehr gut von der Straße aus zu sehen. Seit 1968 wurden die Ruinen restauriert und sind inzwischen teilweise wiederhergestellt. Es wird eine Ausstellung zur Geschichte des Anwesens gezeigt, im Sommer auch Kunstausstellungen.

Öffnungszeiten
Pirou (Burg):
Juli/August
9-12 und 14-19 Uhr,
Oktober bis April
tgl. außer dienstags
10-12 und
14-18 Uhr,
im Januar/Februar
geschlossen

Öffnungszeiten
Château Gratot:
tgl. 10-12 und
14-18 Uhr

Malerisch ragen die Türme von Gratot aus der Landschaft

Ein paar Kilometer weiter ist man auf der D 44 nach **Coutances*.** Ein Abstecher von 24 km führt von dort schnell auf D 7 und D 13 zur romantisch inmitten der grünen Hügellandschaft gelegenen **Abteiruine Hambye.** 1145 wurde die Abtei gegründet, von der Kirche blieb lediglich das Schiff, in zwei Bauabschnitten im 13. und 14. Jahrhundert errichtet, das nur im hinteren Teil mit Seitenschiffen versehen wurde. In restaurierten Abteigebäuden werden liturgische Gegenstände, historische Möbel und Wandteppiche ausgestellt.

Öffnungszeiten
Hambye (Abtei):
1. 2. bis 15. 12.
tgl. außer dienstags
10-12 u. 14-18 Uhr

Die Ruinen der Abtei Hambye

Von Coutances aus gelangt man auf der D 971 rasch nach **Granville*** (30 km). Südlich Granville beginnt die Bucht von Mont St-Michel . Immer an der Küste entlang führt die D 911 über die Badeorte St-Pair-sur-Mer, Kairon und Jullouville nach **Carolles.** Die Kirche des Örtchens stammt aus dem 12. Jahrhundert. Den landschaftlich besonders schönen Küstenabschnitt zwischen Carolles und Champeaux erschließt ein Wanderweg (GR 223), der auch Zöllnerpfad heißt (Sentier des douaniers). Am Aussichtspunkt **Pointe de Champeaux** findet man noch einen der Beobachtungsstände (Cabanes de Vauban), die den Zöllnern einen Überblick über die Bucht ermöglichten, von wo sie die Aktivitäten der Schmuggler überwachen konnten. Von dort aus kann man aber auch sehr gut Vögel beobachten (Feldstecher mitnehmen!).

Blick vom Abteiberg Mont St-Michel auf den benachbarten Vogelfelsen Tombelaine

Durch die starken Gezeitenunterschiede in der flachen Bucht hat sich ein Lebensraum für zahlreiche Vogelarten entwickelt, die bei Ebbe reichlich Futter finden. Auf dem unbewohnten Felsen neben dem Mont St-Michel, **Mont Tombelaine,** nisten verschiedene Seevogelarten. Von März bis Juli darf er deshalb nicht betreten werden. An Seevögeln findet man im Sommer hier seltene Vögel aus der Polarregion, in der Bucht Sturmtaucher, einige Tordalken und Trottellummen sowie mehrere tausend Trauerenten.

Außerdem ist die Bucht auch wichtiger Rast- und Futterplatz für Zugvögel. Während der Vogelzüge ab Ende August überfliegen nach Schätzungen Hunderttausende die Bucht auf ihrem Weg nach Süden, darunter Graugänse, Schwalben und Lerchen.

Auf den Klippen von Champeaux informiert eine Ausstellung mit über 600 ausgestopften Vögeln über die verschiedenen Arten.

Ein guter Überblick über die Bucht bietet sich vom Point du Grouin de Sud bei **Genêts,** vor allem bei steigender Flut. Die bis zu 60 cm hohe Flutwelle wurde schon manchem Wattwanderer zum Verhängnis. Durch den hohen Gezeitenunterschied und die tiefe Lage der Bucht steigt das Wasser unglaublich schnell. Auch Treibsand gibt es in der Bucht.

Das sollte aber niemanden abhalten, sich dem Mont St-Michel auf traditionelle Art zu Fuß zu nähern: Geführte (und kommentierte) Wanderungen über den Sand werden im Sommer täglich von Genêts aus veranstaltet. Vom Strand, Bec d'Andaine, aus dauert die Wanderung vier Stunden bis zum Mont und zurück (mit Verschnaufpause auf dem Berg).

Von Genêts sind es nur noch 10 km bis **Avranches***, von dessen Botanischem Garten aus man noch einmal einen Blick auf den Mont St-Michel werfen kann, bevor man sich dem Klosterberg im Meer nähert.

Der **Mont St-Michel***, von der Weltkulturorganisation UNESCO unter die schützenswerten Kulturmonumente der Welt eingereiht, ist von verschiedenen Aussichtspunkten schon von weitem zu sehen und bietet zu verschiedenen Tageszeiten und bei unterschiedlichen Wetterverhältnissen immer wieder ein neues Schauspiel. Doch schwebt er schon längst nicht mehr auf den Wassern. Nur bei den hohen Fluten der Tagundnachtgleiche im Frühjahr und Herbst ist er noch der Fels in der Brandung.

Über die wechselvolle Naturgeschichte der 500 km² großen Bucht informiert das 1998 eröffnete Maison de la Baie in **Courtils**. Mit Hilfe modernster multimedialer Technik wird ein spannendes Bild der einzigartigen Landschaft gezeichnet.

Öffnungszeiten:
Maison de la Baie de Mont-St-Michel: 1.5. bis 15.9. tgl. 10 - 19 Uhr

Der Mont St-Michel mit der bekrönenden Abteikirche

Hinter Courtils befindet sich bei **Huisnes** ein deutscher Friedhof mit den sterblichen Überresten von 11956 deutschen Soldaten. Auch von dort sieht man den Mont in der Bucht.

Vom Sande bedroht – die Bucht des Mont St-Michel

Nirgendwo in Europa ist die Kraft des Meeres stärker spürbar als in der Bucht des Mont St-Michel. Der Gezeitenunterschied hier wird in der Welt nur noch von dem in der Bay of Fundy an der Ostküste Kanadas übertroffen. Bis zu 15 m höher als der niedrigste Stand der Ebbe liegt die höchste erreichte Hochwassermarke in der Bucht, in Neufundland werden sogar bis zu 17 m gemessen. Zum Vergleich: In der Nordsee beträgt der Gezeitenunterschied 3 m in der Deutschen Bucht und in der Ostsee bei Warnemünde sogar nur maximal 20 cm. Wie kommt es zu diesem erstaunlichen Naturphänomen?

Der gleichmäßige Wechsel von Ebbe und Flut, den man vor der Entdeckung der Erdanziehungskraft poetisch als das „Atmen der Erde" gedeutet hat, beruht auf dem Einfluß von Mond und Sonne. Alle 12 Stunden und 25 Minuten bewirkt der die Erde umkreisende Mond durch seine Anziehungskraft, daß sich die Wasser, in minimalem Ausmaß übrigens auch die Erdkruste, in seine Richtung ausdehnen. Die so angezogenen Wassermassen sorgen für steigende Pegel an den entsprechenden Küsten. Gleichzeitig kommt es auf der gegenüberliegenden Seite des Erdballs durch die Auswirkungen der Fliehkraft zu einem ähnlichen Anstieg, während an dem 90 Grad entfernten Enden der Welt Ebbe herrscht. Da der Mondtag genau 24 Stunden und 50 Minuten lang ist, findet alle 6 Stunden und ca. 12,5 Minuten ein Gezeitenwechsel statt, das heißt das Wasser beginnt wieder zu steigen bzw. zu fallen.

Wie hoch die einzelnen Fluten ausfallen, bestimmen weitere Faktoren entscheidend mit: die Stellung der Gestirne Sonne und Mond zueinander, die Oberflächengestalt der Küste und natürlich Wind und Wetter. Am stärksten sind die Gezeiten bei Neu- und Vollmond, wenn sich zur Anziehungskraft des Mondes noch die der Sonne gesellt, die aber weit geringer ist. Diese Fluten werden als Springtiden bezeichnet. Stehen dagegen, wie bei Halbmond, Sonne und Mond in rechtem Winkel zueinander, fällt die Flut ausgesprochen schwach aus und heißt Nipptide. Der wichtigste Grund für die hohen Gezeitenunterschiede in der Bucht von Mont St-Michel liegt allerdings in der weit ins Land hineinreichenden trichterförmigen Küste, die das herandrängende Wasser immer stärker aufstaut. Ähnliches gilt auch für Flußmündungen, etwa der Seine, deren Mascaret-Flutwelle früher so gefürchtet war (→ S. 19, 65f). Hier werden quasi die gesamten Kräfte aus dem großen Atlantik aufsummiert, um an die Küsten an seinem äußersten Rand zu branden. An Inselküsten mitten im Ozean fallen die Tiden mit 30-60 cm nämlich grundsätzlich niedrig aus.

Kommen zum Höchststand der Flut auch noch Stürme hinzu, wird es an den Küsten gefährlich. Eine solche Sturmflut kann in einer Nacht ganze Landstriche unter dem Meer verschwinden lassen. Der Legende nach soll im Jahr des Erscheinens des Erzengels Michael im 8. Jahrhundert ein ganzer Küstenstrich in der Bucht von Mont St-Michel mitsamt einem Wald und mehreren Klöstern und Siedlungen von den Fluten verschluckt worden sein. Wahrscheinlicher ist es aber, daß diese Sintflut rund tausend Jahre früher stattfand. Richtig ist, daß aus dem Sand der Bucht von Mont St-Michel immer wieder fossile Baumstämme zum Vorschein kommen,

Reste jenes Waldes, der einmal die ganze Bucht bedeckte. Zu Zeiten der Römer existierte sogar eine Straße von Coutances nach Dol-en-Bretagne. Sie muß dort entlang geführt haben, wo heute nur noch Wasser ist.

Die gewaltigen Kräfte, die die Gezeitenwechsel freisetzen, lassen sich hervorragend zur Energiegewinnung nutzen, wie etwa im Gezeitenkraftwerk an der Mündung der Rance auf der Westseite der Bucht von Mont St.-Michel. Diese Kräfte wirken bis an den Grund der Meere und sie setzen auch jede Menge Sand in Bewegung. Der Mont St-Michel direkt gegenüber der Flußmündung des Couesnon, der die historische Grenze zwischen Bretagne und Normandie bildet, ist durch einen Straßendamm mit dem Festland verbunden. Diese feste Verbindung hat offensichtlich die Strömungsverhältnisse nachhaltig beeinflußt. Seit Jahrzehnten kann man beobachten, wie die Bucht immer stärker versandet, der romantische Anblick eines aus dem Wasser ragenden „Inselbergs" sich gar nur noch zwei- bis dreimal im Jahr bietet, und sich Flora und Fauna in der Bucht bereits verändern. Naturschützer haben schon seit langem darauf hingewiesen, daß es neben dem Damm eine weitere Ursache für die zunehmende Versandung gibt: Die immer weiter ausgedehnten Salzwiesen, Polder, eingedeichte Weideflächen für Schafe, die das von Feinschmeckern so hochgeschätzte „pré salé"-Fleisch liefern. Die Eingriffe des Menschen in die natürlichen Gegebenheiten der Bucht haben diese immer weiter schrumpfen lassen. Nach langem Tauziehen zwischen Naturschützern und der Agrarwirtschaft hat man nun endlich eingesehen: Soll die einzigartige Naturlandschaft der Bucht erhalten bleiben, müssen einige Polder wieder geflutet und der Damm geöffnet werden. Seit 1995 haben entsprechende Planungen begonnen: Der Straßendamm wird auf einer Länge von einem Kilometer durchbrochen und durch eine Brücke ersetzt. Das etwa 140 Millionen Mark teure Vorhaben soll sechs bis sieben Jahre dauern. Autofahrer müssen ihren Wagen künftig etwa 2 km entfernt parken; ein Pendelverkehr regelt den Zugang zum Mont.

Route 7: Quer durchs Binnenland

Von Bocage bis Perche

Strecke: ca. 220 km

Auf dieser Strecke kann man das Hinterland der normannischen Küste erkunden, das nicht weniger interessant ist: Abteien, Schlösser, alte Burgen und Renaissance-Manoirs, aber auch ausgedehnte Wälder mit altem Baumbestand in der Hügellandschaft des Perche.

Die Route beginnt in **Villedieu-les-Poêles,** der Stadt der Pfannen, die ihren Namenszusatz nach dem seit dem 12. Jahrhundert dort betriebenen Handwerk trägt: Kupfer, Zinn, Bronze und Messing werden zu Töpfen, Pfannen und allen möglichen Gegenständen verarbeitet. Zu besichtigen sind einige Werkstätten, in denen noch Gegenstände aus Metall in Handarbeit bearbeitet werden, sowie eine der wenigen Glockengießereien Frankreichs.

Durch die Bocage-Landschaft, auf die sich von der D 524 ein weiter Blick nach links bietet, nähert man sich nach 14 km Fahrt **St-Sever-en-Calvados,** das inmitten eines großen Waldgebiets liegt und seine Existenz einer im 6. Jahrhundert gegründeten Abtei verdankt. Die **Abteikirche** aus

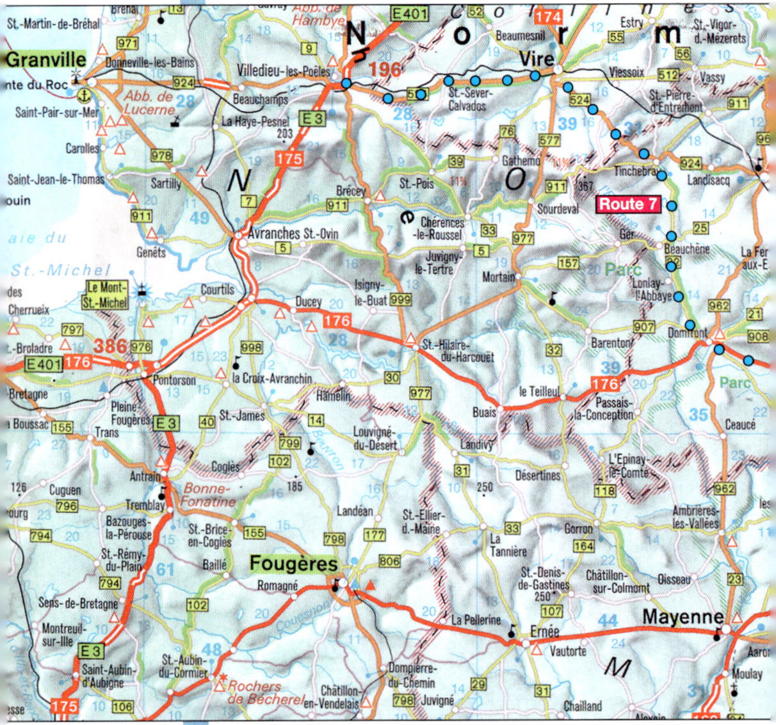

dem 13. Jahrhundert ist noch zu sehen, in den ehemaligen Abteigebäuden aus dem 18. Jahrhundert ist heute das Rathaus untergebracht.

13 km entfernt liegt **Vire,** eine Stadt, die für ihre Wurstspezialitäten bekannt ist. Über der Stadt thronen die Reste eines Bergfrieds aus dem 13. Jahrhundert, von oben bietet sich ein guter Blick über das Viretal. Die sogenannte Porte Horloge gehört zu den ältesten Bauten der Stadt, ein früheres Stadttor mit zwei flankierenden Rundtürmen, das im 15. Jahrhundert mit einem hohen Viereckturm als Uhrturm (Horloge) versehen wurde. Das Museum der Stadt im ehemaligen Hospiz zeigt alte Handwerksberufe wie Schuster, Küfer usw. und eine Sammlung alter Möbel. Die Kirche Notre-Dame stammt aus dem 13. bis 16. Jahrhundert.

Öffnungszeiten
Musée de Vire:
tgl. außer dienstags 10-12 u. 14-18 Uhr

Porte Horloge: Juli bis Mitte September montags bis samstags 14.30-18.30 Uhr

Das auf der D 524 (ab der Grenze zum Departement Orne D 924) 16 km entfernte **Tinchebray** war im Jahre 1106 Schauplatz einer ernsten Auseinandersetzung zwischen Brüdern,

Tinchebray

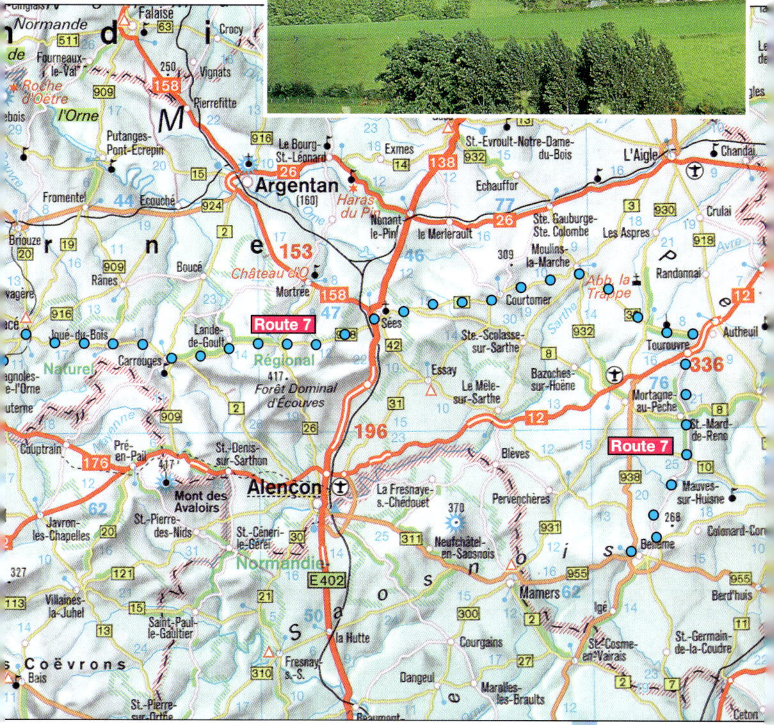

den Söhnen Wilhelms des Eroberers, Robert Kurzhose und Heinrich (→ S. 31). Letzterer gewann die Schlacht bei Tinchebray und sicherte sich damit das Herzogtum Normandie und den englischen Thron. Die Heimatstadt des Theoretikers der Surrealisten **André Breton** (1896-1966) besitzt ein im ehemaligen Königlichen Gefängnis eingerichtetes Museum, in dem ein normannisches Interieur von Anno dazumal, eine Sammlung alter Spitzenhauben und nicht zuletzt das Gefängnis zu sehen sind.

Öffnungszeiten
Musée et Prison Royale:
1. 6. bis 30. 9. tgl. außer dienstags 10-12 und 14 .30-17.30 Uhr

Auf der D 22 gelangt man 15 km weiter nach **Lonlay-l'Abbaye.** Die Abtei aus dem 11. Jahrhundert wurde nicht erst 1944 schwer zerstört. Das Schiff verschwand bereits im 17. Jahrhundert. Durch das Portal gelangt man direkt in das romanische Querhaus, der gotische Chor besitzt noch romanische Kapitelle. Eine Keksfabrik, wo nach altem Rezept Butterkekse hergestellt werden, kann (nach Anmeldung) ebenfalls besichtigt werden. Im Laden kann man sich hier auch mit Wegzehrung eindecken.

Einen Kilometer vor **Domfront*** lohnt sich nach etwa 4 km ein Abstecher von der D 22 nach rechts zum **Manoir de la Saucière.** (Man trifft auf die D 907 und biegt rechts in Richtung Mortain ab, um 3 km weiter links einzubiegen. Nach 1,2 km endet der Asphaltweg, und ein Kiesweg führt weiter

Manoir de la Saucière

zu einem Bauernhof. Ab hier sollte man zu Fuß weitergehen.) Neben dem Hof erhebt sich das Eingangsportal, der einzige Überrest des einstigen Manoirs. Im Jahr 1195 schenkte die damalige Königin Eleonore von Aquitanien das Anwesen Robert le Sauxier für seine treuen Dienste. Das Portal stammt aus dem 16. Jahrhundert und zeigt in der Mitte im Steinrelief das Wappen mit drei Enten. Es ist aus den unterschiedlichsten Materialien gebaut: über dem aus Steinen gemauerten Sockel erheben sich Fachwerkwände, teils mit Lehm, teils mit roten Ziegeln gefüllt. Die zwei überhängenden Ecktürmchen wirken besonders originell.

Über Domfront, das man auf der N 176 verlassen kann, geht es weiter nach **Juvigny-sous-Andaine** und von dort in Richtung Bagnoles-de-l'Orne und zum Wald von Andaines. Einziger Überrest eines Herrensitzes ist der links von der D 235 gelegene Turm **Tour de Bonvouloir.** Gut 500 Jahre war das Schloß im Besitz der Familie von Bonvouloir. Außer dem schmalen hohen Rundturm sind noch ein Brunnen und die (jetzt als Wohnhaus benutzte) Kapelle aus dem 17. Jahrhundert auf dem heute bewohnten bäuerlichen Anwesen.

Durch den Mischwald Forêt des Andaines gelangt man nach **Bagnoles-de-l'Orne,** das zusammen mit Tessé-La-Madeleine zu einem großen Kurort zusammengewachsen ist. Spezialisiert ist man hier vor allem auf die Behandlung von Venenleiden. Bagnoles hat alles, was einen Kurort ausmacht: schöne Lage am See, ein Casino, einen Kurpark, ein von einer heißen Quelle gespeistes Thermalbad, schicke Geschäfte, gute Restaurants und zahlreiche Appartement-Hotels sowie unzählige Crêperien und Salons de Thé, wo man in gediegener Atmosphäre Tee oder Kaffee trinken und Crêpe oder Kuchen essen kann. Außerdem lädt das **Musée des Sapeurs et Pompiers** mit alten Feuerwehrwagen zur Besichtigung ein.

Öffnungszeiten
Feuerwehrmuseum, Bagnoles-de-l'Orne: tgl. 1. 4. bis 31. 10. 14 - 18 Uhr

6 km weiter liegt **La Ferté-Macé,** die wichtigste Verwaltungs- und Einkaufsstadt der Region. Die Stadt ist berühmt für ihre Tripes (→ S. 241). Wenn man die Stadt auf der D 908 verläßt, ist nach 17 km **Carrouges** erreicht. Dort befindet sich das Informationszentrum **Maison du Parc,** wo man Näheres über den Parc Régional Normandie-Maine erfahren kann. Der 234 000 ha große Park wurde eingerichtet, um Land- und Forstwirtschaft sowie alte Handwerkstraditionen zu fördern, und erstreckt sich von Argentan im Osten bis Mortain im Westen und im Süden weit bis in die nicht mehr zur Normandie gehörende Region Maine hinein. Rechts im Ort Carrouges geht es zum **Schloß,** das besichtigt werden kann. Das turmflankierte Eingangstor aus dem 16. Jahrhundert ist ein Schmuckstück. Dagegen erscheint das Schloß wie eine Festung. Die um einen rechteckigen Innenhof gruppierten Schloßgebäude stammen aus dem 14. bis 17. Jahrhundert. Sie sind aus grauem Granit und rotem Backstein gebaut, von einem Wassergraben umgeben und wirken

Das prächtige Eingangsportal führt zum Château de Carrouges

Öffnungszeiten
Carrouges (Schloß): tgl. außer feiertags 16. 6. bis 31. 8. 9.30-11.30 u. 14-18 Uhr; 1. 4. bis 15. 6. u. 1. 9. bis 30. 9. 10-11.30 u. 14-17.30 Uhr; 1. 10. bis 31. 3. 10-11.30 u. 14-16 Uhr

etwas düster. Ein zinnengekrönter Bergfried des späten 14. Jahrhunderts bildet den ältesten Teil des Gebäudes. Im Innern sind verschiedene Räume zu besichtigen: das sogenannte „Zimmer Ludwigs XI.", der 1473 anläßlich seiner Wallfahrt zum Mont St-Michel hier nächtigte, mit einem holzgeschnitzten und bemalten Kamin von 1650, das Eßzimmer mit seinem marmornen, von Granitsäulen flankierten Renaissancekamin, das „Zimmer der Bischöfe" von 1648 mit einer holzgetäfelten Betkammer.

Von Carrouges gelangt man über die D 908 vorbei am Wald von Écouves nach **Sées*** (26 km).

Abstecher

Von Carrouges aus kann man eine Rundtour von etwa 60 km zu verschiedenen Schlössern der Umgebung anschließen:

An dem Städtchen **Rânes,** 13 km von Carrouges auf der D 908 und 909, ist das mächtige Schloß bemerkenswert, das mit seinem zinnenbewehrten Mittelturm sehr trutzig wirkt. Der Turm stammt aus dem 15. Jahrhundert, die Wohngebäude wurden im 18. Jahrhundert nach einem Brand wiederaufgebaut. Das Schloß ist heute öffentliches Gebäude. Der dahintergelegene Park (Jardin public) wurde von Le Nôtre angelegt.

Über die schnurgerade D 916 kommt man von Rânes nach Écouché, dort wendet man sich rechts auf die D 924. Von ihr geht es schon bald rechts ab über kleine Straßen zum Schloß **Sassy.** Schneller gelangt man über die N 158 dorthin, wenn man die südliche Umgehungsstraße um Argentan* benutzt und Richtung Sées fortsetzt. Nach 8,5 km geht es rechts nach St-Christophe-le-Jajolet und weiter zum Schloß, das man gut von der Straße aus sieht. Es thront inmitten einer Parklandschaft mit schönen alten Bäumen. Die großzügige Anlage stammt aus der Wende des 18. zum 19. Jahrhundert. Im Innern werden Mobiliar aus dem 18. Jahrhundert sowie Tapisserien des 17. Jahrhunderts gezeigt. Sehenswert ist der symmetrisch angelegte französische Garten, der nur von der Rück-(Garten-)Seite des Schlosses ganz sichtbar ist. Eine kleine Kapelle (19. Jahrhundert), am Rande des Parks versteckt hinter Hecken rechts neben der Auffahrt gelegen, enthält ein flämisches Altarretabel aus dem 15. Jahrhundert.

Château de Rânes

Château de Sassy

Der Garten in Sassy

Château d'O

Haras du Pin

Nur 7 km weiter befindet sich eines der hübschesten Schlösser Frankreichs, **Château d'O.** Man kehrt zurück auf die N 158 Richtung Sées und biegt in Mortrée links ab.

Die Geschichte der Familie O ist bekannt ab dem 11. Jahrhundert, als Ritter Robert von O dem Normannenherzog Robert „dem Teufel" auf dem Kreuzzug folgte.

Im Hundertjährigen Krieg stand sein Nachfahre Jean d'O auf Seiten des französischen Königs. Er ließ Ende des 15. Jahrhunderts auf den Ruinen das Eingangstor im gotischen Spätstil (Flamboyant) erbauen. Der Innenhof wurde unter Charles-Robert d'O, Kammerherr des Königs, errichtet, und eine der Säulen der Galerie im italienischen Stil trägt seine Initialen und die seiner Frau. Der größte Teil – und auch der schönste – entstand aber im 16. Jahrhundert unter François, einflußreicher Mann am Hofe der Könige Heinrich III. und IV. Seinen in Paris erworbenen Reichtum steckte er ins Schloß. Als er gestorben war, kamen die Gläubiger. Im 17. Jahrhundert wohnte hier die italienische Familie Montagu, die den Stil der heutigen Inneneinrichtung prägte. Ende des 18. Jahrhunderts wurde der Park angelegt. Das Schloß drohte zu verfallen. Erst ab 1973 begann die Restaurierung. Weitere Schlösser in nördlicher Richtung sind **Médavy** (5 km entfernt) und das zum Gestüt **Haras du Pin** gehörende Schloß (weitere 13,5 km) direkt an der N 26. Das Gebäude aus dem 18. Jahrhundert entstand nach Plänen von Hardouin-Mansart und Le Nôtre. Initiator für die Gründung des staatlichen Gestüts 1715 war der Minister Ludwigs XIV., Colbert. Ein Besuch des Gestüts lohnt sich besonders donnerstags um 15 Uhr, denn dann werden einzelne Hengste und Vierspänner dem Publikum vorgeführt. Vor allem die hier gezüchteten schweren Apfelschimmel vom Typ Percheron sind beeindruckend.

Hengstschau im Staatsgestüt

Nur 4,5 km weiter befindet sich das Schloß von **Le Bourg-St-Léonard,** ein freundliches, nüchtern klassisches Gebäude aus gelbem Stein. Als das Gebäude und der Park 1763-1767 entstanden, mußten die gegenüberliegende Kirche und umgebende Gebäude weichen, um den Blick nicht zu stören. Zwei Steinlöwen flankieren den Eingang. Unterhalb auf der Gartenseite erstreckt sich ein Park mit Fischteich. Im Innern befinden sich Möbel aus dem 17. und 18. Jahrhundert, Aubusson-Wandteppiche sowie Holztäfelungen der Zeit.

Die Rundreise zu den Schlössern endet mit der Rückfahrt über die N 26 und N 138 nach Sées* (24 km).

Öffnungszeiten

Sassy:
31. 3. bis 1. 11.
tgl. 15-18 Uhr

Château d'O:
Ostern bis Allerheiligen tgl. außer dienstags 14.30-18 Uhr, Juli/August tgl. 10-12 und 14-18 Uhr;

Médavy
14. 7. bis 14. 9.
10-12 und 14-18.30 Uhr;

Le Bourg St-Léonard
1. 5. bis 31. 8.
tgl. 9.30-12 und 14-17 Uhr

Sées verläßt man auf der D 3 Richtung Courtomer. Bei Moulins-au-Marche kündigt sich schon das Hügelland des Perche an. Im Perche verläuft die Wasserscheide zwischen Seine und Loire. Die Flüsse Eure, Avre und Iton fließen in die Seine, Sarthe und Huisne in die Loire. Über das kleine Dorf Soligny-la-Trappe geht es zur **Abtei La Trappe,** wo die Geschichte der Trappisten ihren Anfang nahm. Dieser Zweig des Zisterzienserordens ist noch nicht sehr alt. Nach der Vertreibung durch die Revolution und dem Exil in der Schweiz und anderswo irrten die 22 Mönche aus La Trappe durch Europa bis nach Rußland. Erst nach dem Sturz Napoleons kamen sie zurück nach Frankreich und gründeten 1815 auch an ihrem Heimatort das Trappistenkloster. Die Gebäude von La Trappe stammen aus dem 19. Jahrhundert und würden allein einen Besuch nicht rechtfertigen. Interessanter ist dagegen der Supermarkt der Abtei. Dort kann man – von leiser Orgelmusik begleitet – vor allem landwirtschaftliche Produkte aller Art aus verschiedenen Klöstern auswählen: von Bierhefe über Käse bis zu Pralinen und Schokolade. (Empfehlenswert sind die Milchprodukte der Abtei.) Am Ausgang sitzt ein Mönch in Kutte und Sandalen, registriert die Waren aus dem Einkaufskorb mit dem Strichcode-Lesegerät und kassiert – man kann natürlich auch mit Kreditkarte bezahlen . . .

Abtei la Trappe

Von dieser modernen Abtei aus kann man Ausflüge in den Wald von La Trappe machen – zu Fuß oder mit dem Rad. Es gibt eine Reihe von Fischteichen, die sehr malerisch mitten im Wald liegen, und sogar ein Freibad an einem der Seen.

Waldsee im Forét de la Trappe

Die kleinste Gemeinde Frankreichs ist wenige Kilometer weiter zu finden: **Bresolettes** hat genau 18 Einwohner (Stand 1990) und liegt recht einsam in einer Waldlichtung. Von Bresolettes führt die Straße zum Carrefour de l'Étoile. Von diesem Kreuzungspunkt aller Straßen durch den Wald sind es 4 km bis **Tourouvre.** Ab 1640 gingen, wie viele andere Bewohner der armen Region des Perche, auch zahlreiche Leute aus Tourouvre nach Kanada. An diese Geschichte erinnern Glasfenster in der Kirche (19. Jahrhundert) und ein Museum. Am 13. August 1944 steckten deutsche Soldaten auf dem Rückzug das Dorf in Brand und brachten 18 Einwohner um.

Schlichte Romanik in Autheuil ...

Nur wenige Kilometer entfernt liegt in **Autheuil** eine der interessantesten romanischen Kirchen der Normandie. Im einfachen Innenraum der Dorfkirche mit flacher Holzdecke findet man die typisch normannischen Ornamente, Flechtbänder und geometrische Friese (12. Jahrhundert).

... und Prunk des 19. Jahrhunderts in Malétable

Die Kirche im 3 km entfernten Dorf **Malétable** ist gut 700 Jahre jünger, aber sehr bemerkenswert. Der an einen Leuchtturm erinnernde Kirchturm ist schon weithin sichtbar. In einem gläsernen Aufsatz thront eine Marienstatue. Die Kirche Notre-Dame-de-la-Salette wurde 1865 gebaut. 1980 wurde die Kirche aus weißem Stein und rotem Backstein restauriert.

Entlang dem Flußtal des Commeauche nähert man sich nun auf der D 291 dem **Wald von Reno-Valdieu.** Kurz vor dem Dorf Brochard liegt rechts unterhalb der Straße eine Quelle. Ein Abstecher nach rechts auf die D 8 führt zu den ehrenwerten alten Bäumen des Waldes von Reno. Eine der mehr als 40 m hohen Aberdeen-Eichen ist über 350 Jahre alt. Der Stamm erhebt sich kerzengerade und ohne Verzweigung bis zur Krone. Diese Art Bäume sind besonders geeignet zur Herstellung von Furnierholz. Angepflanzt wurden sie ursprünglich für den königlichen Schiffbau.

Zurück auf der D 8 Richtung Mortagne, geht es links immer parallel zum Wald nach **La Chapelle-Montligeon.** Die imposante neugotische Basilika Notre-Dame (1894-1911) mit ihren zwei 60 m hohen Türmen, drei Schiffen und 17 Kapellen scheint für das kleine Dorf (858 Einwohner) etwas überdimensioniert. Doch an Mariä Himmelfahrt ist die Basilika ein wichtiges Wallfahrtsziel. Errichten ließ sie der Gründer der „Bruderschaft für die Seelen im Fegefeuer" und Pfarrer des Dorfes, Abt Buguet (1843-1918).

La-Chapelle-Montligeon ist ein wichtiges Wallfahrtsziel

Man durchquert den Ort Richtung Courgeon, trifft auf die D 10, in die man links einbiegt. Kurz darauf geht es rechts und nochmals rechts zum **Manoir de la Vove.** Die Gebäude gehen auf eine mittelalterliche Festung über dem Huisnetal zurück. Der Turm aus dem 13. Jahrhundert besitzt gut 1,50 m dicke Mauern und wurde in das Hauptgebäude integriert. Es stammt aus der zweiten Hälfte des 15. Jahrhunderts und besitzt zwei durch einen achteckigen Treppenturm verbundene Stockwerke. Zu dem Turm mit dem typischen überhängenden Erkertürmchen führt ein Portal mit Renaissance- und Flamboyantdekor. Die dem Haus links gegenüber liegende Privatkapelle stammt aus dem 15. Jahrhundert (keine Besichtigung möglich).

Manoir de la Vove

Am Huisne

Vom Manoir de la Vove fährt man die D 256 entlang des Flüßchens Huisne nach Corbon (Richtung Bellême) und gelangt nach **Mauves-sur-Huisne,** einem Dorf entlang einer teils breit als Allee angelegten Straße. Am Ende des Dorfs gelangt man zur Brücke Pont Catinat, ein robustes Bauwerk aus dem 17. Jahrhundert, die heute noch dem Verkehr standhält. Durch das Straßendorf geht es wieder zurück, dessen Häuschen zwar aus dem lokalen Kalkstein gebaut wurden, der aber meist unter Putz versteckt wird.

Von Mauves sind es auf der D 5 noch 11 km nach **Bellême.** Der alte Sitz der Herzöge von Bellême besitzt noch Reste der Befestigungsanlagen: in der Stadtmauer ein turmflankiertes Tor aus dem 15. Jahrhundert. In den engen Gäßchen der Stadt finden sich Stadtpaläste der Adligen aus dem 17. und 18. Jahrhundert.

Die Pont Catinat aus dem 17. Jahrhundert

ROULETTE
CASINO DU LAC

Aigle

Departement Orne
9500 Einwohner

Markt
Dienstag, Tiermarkt 8.30-10.30 Uhr

Feste
Großer Jahrmarkt „Die vier Tage von Aigle". Himmelfahrt bis zum nachfolgenden Wochenende

Information
Syndicat d'Initiative, Place Fulbert de Beina, 61300 L'Aigle (im Schloß), Tel. 02 33 24 12 40

Die Stadt L'Aigle ist ein geschäftiges und modernes Einkaufs- und Marktzentrum zwischen dem Hügelland des Perche und dem Pays d'Ouche. Der Markt ist der zweitgrößte im Westen Frankreichs, und auf dem Viehmarkt treffen sich die Züchter aus der ganzen Normandie.

Geschichte

Um den Namen der Stadt rankt sich eine alte Fabel: Ihr zufolge fand der Feudalherr Fulbert de Beina, als er an dieser Stelle eine Burg errichten wollte, einen Adlerhorst (aigle = Adler). Er nahm den Adler in sein Wappen auf und der Ort hatte einen Namen. Im 11. Jahrhundert ließ Fulberts Nachkomme eine Kirche bauen und zog als Waffengefährte des Normannenherzogs Wilhelm mit nach Hastings zur Eroberung Englands. Er kam bei diesem Unternehmen um, und im 13. Jahrhundert ging der Besitz an den Herzog der Bretagne, später an die französische Krone.

Schon im 18. Jahrhundert begann die Industrialisierung der Region. Aigle wurde zum Zentrum der Eisenverarbeitung, begünstigt durch die eisenhaltige Erde (Grison), ausreichend Wald und schnell fließende Gewässer (Risle) für den Betrieb von Eisenhämmern. Hinzu kam im 19. Jahrhundert die Nadelherstellung.

Besichtigung

Hauptsehenswürdigkeit ist das **Schloß von Aigle,** vor dem sich mit Vorliebe Brautpaare fotografieren lassen, denn es ist auch das Rathaus (Hôtel de Ville). Der streng symmetrische Bau aus rotem Backstein und hellem Putz entstand in der zweiten Hälfte des 17. Jahrhunderts, und ab 1725 wurde das Schloß vermutlich nach Plänen des berühmten Jules Hardouin-Mansart um die Seitenpavillons und den langen Flügel der Galerie erweitert. Vor allem die zugehörige Gartenanlage aus Blumenbeeten und zum Risle-Ufer abgestufte

Das Schloß von L'Aigle beherbergt mehrere kleine Museen

Terrassen zeigen Hardouin-Mansarts Urheberschaft. Im Innern ist die steinerne Ehrentreppe mit Gittern aus Schmiedeeisen sehenswert. In den ehemaligen Stallungen sind zwei Museen und die Touristeninformation untergebracht.

Die **Kirche St-Martin** besitzt einen Turm im Flamboyant-Stil der Spätgotik aus dem Ende des 15. Jahrhunderts und – in deutlichem Kontrast dazu – einen kleineren Turm aus dem 12. Jahrhundert aus dem rötlichen eisenhaltigen Gestein der Gegend (Grison). Die Bombardierung der Stadt im Sommer 1944 hat nur ein Glasfenster der Kirche überstanden: Es datiert aus dem 16. Jahrhundert und zeigt das Leben des heiligen Porcien. Im Turm hängt eine der ältesten Glocken Frankreichs (1498), die 2 t schwere „Porcienne".

Die Kirche St-Martin

Die kleine **Kirche St-Barthélemy,** umgeben vom alten Friedhof, wurde 1115 aus Grison-Steinen errichtet und besitzt einen romanischen Glockenturm und romanische Fenster.

Auf dem Blumenmarkt in L'Aigle

Museen

Musée de 1944

Öffnungszeiten
Ostern bis 11.11. tgl. 14-18 Uhr

Das 1953 eingerichtete Museum zeigt mit Hilfe von Wachspuppen und Tondokumenten Szenen aus der Geschichte der Alliiertenlandung in der Normandie. Berühmte Persönlichkeiten wie General de Gaulle bei der Verlesung seiner Rede an die Franzosen im BBC sind zu sehen und zu hören.

Musée Archéologique

Öffnungszeiten
ganzjährig dienstags bis samstags 10-11.30 und 14-17.30 Uhr

Das kleine Archäologische Museum, entstanden aus einer Privatsammlung, zeigt vorgeschichtliche Funde aus der Umgebung wie z. B. steinzeitliche Werkzeuge aus Feuerstein.

Umgebung

Aigle liegt am Beginn der beschriebenen Strecke durch das Risle-Tal (→ S.94).

In **Aube,** das sich westlich an Aigle anschließt, befindet sich mit der alten **Eisenschmiede** eines der am besten als Ensemble erhaltenen Zeugnisse der frühindustriellen Vergangenheit der Region. Erhalten sind die mit der Wasserkraft der Risle betriebenen schweren Hämmer, mit denen das Eisen geschmiedet wurde. Die kenntnisreiche Führung läßt die schwere Arbeit in der wirklich sehr sehenswerten Eisenschmiede, die noch bis in die 30er Jahre betrieben wurde, gegenwärtig werden.

In der Schmiede von Aube im Risletal steht noch der alte Eisenhammer

Ebenfalls in Aube wird an eine der bekanntesten französischen Kinderbuchautorinnen des 19. Jahrhunderts erinnert, die 1799 in Sankt Petersburg geborene Madame Rostopchine, spätere Comtesse de Ségur. Mobiliar und andere Einrichtungsgegenstände aus ihrer Zeit sind im **Musée de la comtesse Ségur** zusammengestellt.

14 km entfernt sind die malerisch an einem See gelegenen Ruinen der einst bedeutenden **Abtei St-Évroult.** Sie geht auf eine Gründung des 6. Jahrhunderts zurück. Nach Überfällen durch die Normannen zerstört, wurde sie im 11. Jahrhundert neugegründet und erreichte im 12. Jahrhundert ihren Höhepunkt als Schulungszentrum der christlichen Lehre. Ordericus Vitalis schrieb dort sein Geschichtswerk. Im 13. Jahrhundert entstanden die auch heute als Ruinen noch imposanten Gebäude im gotischen Stil. Ab dem 14. Jahrhundert begann schon der Niedergang, und 1790 wurde das Kloster aufgegeben, 1802 die Gebäude abgerissen. Bemerkenswert am Eingangsgebäude zu den Ruinen der Kirche ist der vorragende Taubenturm aus Fachwerk.

Öffnungszeiten:
Schmiede und Musée de la Comtesse de Ségur
Mitte Juni bis Ende September
Fr - Mo 14 -18 Uhr

Die Ruinen der Abtei St-Évroult-sur-Bois

Alençon

Departement Orne
ca. 30 000 Einwohner

Information
Maison d'Ozé, place Lamagdaleine, 61003 Alençon Cédex, Tel. 02 33 26 11 36

Alençon ist die Hauptstadt des Departements Orne und eine blühende Verwaltungs- und Handelsstadt. Berühmt wurde die Stadt durch ihre Spitze, die ihren Ursprung schon im 15. Jahrhundert hatte und ab dem 17. Jahrhundert von Nonnen und Klosterschülerinnen in der Stadt gefertigt wurde.

Geschichte

An einer Furt durch die Sarthe entstand schon früh eine Siedlung. Im 10. Jahrhundert wurde dort, an der Südgrenze des Reiches, unter der Normannenherrschaft eine Burg errichtet, und im 12. Jahrhundert geriet sie in Besitz der Grafen von Bellême. Nachdem die Festung 1204 in die Hände des französischen Königshauses übergegangen und das Grafengeschlecht ausgestorben war, wurden häufig jüngere Brüder des französischen Königs zu Grafen von Alençon, ab 1415 zu Herzögen.

Berühmtheit erlangten die Herzoginnen von Alençon, besonders Margarete von Lothringen, die 1492 ein Klarissinnenkloster gründete. Ebenfalls bekannt war die Witwe Herzog Karls IV., Margarete von Navarra, deren Hofhaltung in Alençon Kunst und Kultur zur Blüte verhalf.

Die Spitze aus Alençon, „Point d'Alençon", wurde um 1650 von Madame la Perriere entworfen, die sich aus Venedig hatte inspirieren lassen, das damals führend in der Technik der Nadelspitze war. Bald standen auch die Damen von Alençon in dem Ruf, erstklassige Spitzen herzustellen. Sogar in Paris interessierte man sich dafür, und unter Ludwig XIV. kam der Aufschwung der Spitzenfabrikation, die, von Minister Colbert stark gefördert, zu einer echten Konkurrenz zum venezianischen Vorbild avancierte. Colbert war eben der Ansicht, daß „schöne Dinge nicht importiert werden sollten".

Während der französischen Revolution war die Stadt zweigeteilt in Königstreue und Girondisten, die gegen die Königsherrschaft waren, sich aber auch gegen die blutigen Revolutionäre wandten. Erst 1811 kam es durch das Eingreifen Napoleons zu einem Friedensschluß.

Alençon ist die Geburtsstadt der heiligen Theresia vom Kinde Jesu, die dort am 2. Januar 1873 zur Welt kam (→ S.204).

Besichtigung

Ursprünglich ein romanischer Bau, wurde die **Kirche Notre-Dame** (1) im 15. und 16. Jahrhundert im gotischen Flamboyant-Stil erneuert, der sich besonders deutlich an dem eindrucksvollen Vorbau zeigt, vom Architekten Jean Lemoine zwischen 1490 und 1506 errichtet. Das mittlere Eingangsportal zeigt im Giebel die Verklärung Christi. Statuen stellen die Propheten und Apostel dar. Bemerkenswert ist, daß Johannes in Rückenansicht gezeigt ist. Der Überlieferung nach geht diese Merkwürdigkeit auf die Plünderungen der Hugenotten zurück, die die Figur veranlaßt haben sollen, sich vor Abscheu umzudrehen.

Die dreischiffige Anlage mit Seitenkapellen besitzt reich dekorierte Gewölbe im Flamboyant-Stil und sehr schöne

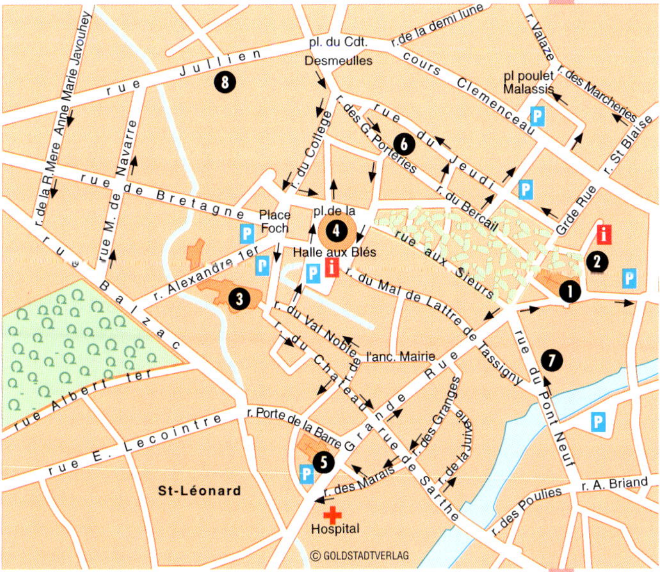

Glasmalereien, teils aus dem 16. Jahrhundert, darunter ein Jessebaum aus dem Jahre 1511. Chor und Querhaus stammen aus dem 18. Jahrhundert.

In einer der Kapellen wurde die spätere Heilige Thérèse Martin getauft.

Das Haus neben der Kirche, das **Maison d'Ozé** (2, Ende des 15. Jahrhunderts), besitzt einen Turm zur Gartenseite. König Heinrich IV. residierte anläßlich seiner Besuche in Alençon angeblich in diesem Stadtpalais, in dem sich heute das Touristenbüro befindet.

Das Gebäude des **Handelsgerichts** (6, Tribunal de Commerce) in der rue de Bercail mit seinem vieleckigen Turm stammt aus der zweiten Hälfte des 15. Jahrhunderts.

Weiter gelangt man zur Halle aux Blés, **der Weizenhalle** (4), auf dem gleichnamigen Platz. Der Rundbau aus Backstein entstand 1812-19. Die Metallkuppel wurde von keinem Geringeren als Gustave Eiffel entworfen. Die Halle dient heute als Raum für Veranstaltungen. Der Weg führt weiter zum Place Foch, wo man das Eingangsportal des **Herzogsschlosses** (3) sieht.

Vom Schloß der Herzöge von Alençon aus dem 14. und 15. Jahrhundert ist ein Tor erhalten, das von zwei mit Pechnasen ausgestatteten massigen Türmen flankiert wird. Sinnvollerweise wird das ehemalige Wohngebäude dahinter heute als Gefängnis genutzt. Einen weiteren Turm, den **Tour couronnée**, kann man von weitem erkennen, wenn man den Weg über die Rue du Château fortsetzt.

1 Kirche Notre-Dame
2 Maison d'Ozé
3 Herzogschloß
4 Weizenhalle (Halle aux Blés)
5 Kirche St-Léonard
6 Handelsgericht
7 Musée de la Dentelle
8 Musée des Beaux-Arts et de la Dentelle

Das **Altstadt-Viertel St-Léonard** schließt sich südlich an. Dort haben sich zahlreiche interessante Stadthäuser aus dem 15., 16. und 18. Jahrhundert erhalten. In der rue Porte de la Barre das Maison à l'Étal aus dem 15. Jahrhundert mit seinem schieferverkleideten Obergeschoß, in der Grande Rue (Hausnummer 123) ein restauriertes Fachwerkhaus. Auch am Eingang der Rue de Sarthe befinden sich mehrere restaurierte alte Gebäude.

Öffnungszeiten
Geburtshaus der hl. Theresia vom Kinde Jesu: 1. 6. bis 1. 10. tgl. 9-12 und 14-17 Uhr, übrige Zeit tgl. außer dienstags 9.30-12 und 14.30-17 Uhr

Die **Kirche St-Léonard** (5) stammt aus dem späten 15. Jahrhundert, wurde aber in späterer Zeit stark restauriert.

Das Geburtshaus von Thérèse Martin ist ebenfalls zu besichtigen. Es befindet sich in der Rue St-Blaise Nr. 50.

Museen

Spitzen-Museum (7)

(Musée de la Dentelle au point d'Alençon)

Öffnungszeiten
tgl. außer sonntags und feiertags 10-12 und 14-18 Uhr

Das in der ehemaligen Spitzen-Schule in der Rue du Pont-Neuf untergebrachte private Museum zeigt eine Sammlung

Alles Spitze

Früher war sie unerschwinglich, da handgearbeitet: echte Spitze ist heute selten geworden, Maschinenspitze hat sie ersetzt. Man unterscheidet bei der handwerklichen Herstellung von Spitzengeweben grundsätzlich zwei Techniken: die Spitzenklöppelei und die Nähspitze.

Besonders die Spitzenklöppelei ist noch heute in vielen Gegenden eine aktiv betriebene Handwerkstradition geblieben, z.B. in der Bretagne oder in der Normandie in Bayeux und Caen. Bei der Klöppelspitze entsteht das feine Gewebe durch Verdrehen und Kreuzen der jeweils paarigen Fäden. Grundlage ist ein Klöppelkissen, auf dem die Form der Arbeit durch spezielle Nadeln vorgegeben ist. Um diese Nadeln werden die Fäden dann „geschlagen". Die Fäden sind auf hölzerne Klöppel aufgewickelt, was das Arbeiten sehr erleichtert.

Die Technik des Spitzennähens dagegen ist fast ausgestorben. Bei der Spitzenherstellung mit der Nadel legt man mit Hilfe von zwei Nähnadeln Hilfs-Fäden auf einer Unterlage fest. Dann wird um diese Fäden herumgenäht, und das Spitzenwerk entsteht. Am Ende werden die Heftfäden aufgetrennt. Spitzennähen ist besonders kompliziert und erfordert viel Geschick. Entstanden ist es – wie die andere Technik übrigens auch – im 16. Jahrhundert in Italien. Berühmte Zentren der Nadelspitze wurden neben Venedig vor allem Brüssel und Alençon.

Im Altstadtviertel von Alençon sind viele Häuser aus dem 15. und 16. Jh. erhalten und renoviert worden

der Spitzen-Kunst verschiedener Herkunft. Angeschlossen ist ein Atelier, in dem diese handwerklichen Traditionen weitergepflegt werden.

Museum der Schönen Künste und der Spitze (8)
(Musée des Beaux-Arts et de la Dentelle)
Neben Werken französischer Grafik und kambodschanischer Volkskunst aus der Privatsammlung des ehemaligen französischen Generalgouverneurs in Kambodscha werden Fayencen aus Rouen und Holztruhen aus dem 16. Jahrhundert ausgestellt. Außerdem widmet sich das Museum Spitzen verschiedener Herkunft: u.a. aus Venedig, Brüssel, Argentan und Bayeux.

Öffnungszeiten
tgl. außer montags 10 - 12 und 14 - 18 Uhr, feiertags geschlossen

Argentan

Departement Orne
16 400 Einwohner

Markt
Dienstag

Information
Syndicat d'Initiative, La Chapelle St-Nicolas, place du Marché, 61200 Argentan, Tel. 02 33 67 12 48

Geschichte

Die Normannenherzöge wählten Argentan zu einer ihrer Residenzen, und zu Beginn des 12. Jahrhunderts leitete Heinrich I. dort erhebliche Baumaßnahmen ein, wozu er sogar zusätzlich Arbeiter aus England anforderte.

Vier Ritter brachen aus Argentan auf, um – im Auftrag seines Nachfolgers Heinrich II. – 1170 Thomas Becket, den Erzbischof von Canterbury, meuchlings in seiner Kathedrale umzubringen.

Im 18. Jahrhundert gab es eine bedeutende Gerber-Industrie in der Stadt, und es entstand eine Spitzenfabrikation nach dem Modell von Alençon. Die Tradition der Spitzennäherei wird noch heute in dem Benediktinerinnenkloster der Stadt fortgeführt.

Der Maler Fernand Léger (1881-1955) gehört zu den berühmten Söhnen der Stadt.

Während des Zweiten Weltkriegs verlor Argentan 87 % seiner Bauten durch Bombardements.

Besichtigung

Vom mittelalterlichen **Herzogsschloß** blieben nach der Bombardierung 1944 nur noch Reste des achteckigen Donjons übrig (12. Jahrhundert) – heute hinter der Post – sowie das Schloß selbst aus dem Jahre 1370, umgebaut im 18. Jahrhundert, und der jetzige Justizpalast. Außerdem steht noch der Margareten-Turm (Tour Marguerite) aus dem 15. Jahrhundert, der nach Margarete von Lothringen benannt ist. Die **Kapelle St-Nicolas** gehörte ebenfalls zum Schloß, stammt aber in ihrer heutigen Form weitgehend aus dem 18. Jahrhundert. Heute ist das Erdgeschoß Sitz des Touristenbüros.

Die **Kirche St-Germain,** die ebenfalls bei den Luftangriffen auf Argentan schwer zerstört wurde, stammt aus dem frühen 15. Jahrhundert und weist spätgotische und Renaissance-Elemente auf. Die Vorhalle unter dem Glockenturm auf der Nordwestseite ist ein Beispiel flamboyanter Gotik.

Die **Kirche St-Martin** mit ihrem achteckigen Turm stammt aus dem 15. Jahrhundert und steht am Übergang von Spätgotik zu Renaissance. Die Glasfenster stammen aus der Mitte des 16. Jahrhunderts.

Museum

Öffnungszeiten
Musée point d'Argentan: tgl. außer sonntags und feiertags 10.30-12 und 14.30-16.30 Uhr

Musée de l'Abbaye Notre-Dame Bénédictine
Ausstellung der Spitzenfabrikation „au Point d'Argentan" im Benediktinerinnenkloster.

Umgebung

Schloß Sassy bei St-Christophe-le-Jajolet liegt 10 km südlich von Argentan (→ S.129), eingebettet in eine wunderbare Parklandschaft mit vielen alten Bäumen auf einer Anhöhe über der Straße. Eine Besichtigung ist möglich.

Avranches

Avranches liegt an der Mündung des Flusses Sée auf einer Anhöhe über der Bucht von Mont St-Michel.

Departement Manche
ca. 8600 Einwohner

Markt
Samstag

Information
Office du Tourisme,
2, Rue du Général de Gaulle,
50300 Avranches
Ecke Place Littré,
Tel. 02 33 58 00 22

Geschichte

Avranches ist eine der ältesten Städte der Normandie. Schon im 9. Jahrhundert v. Chr. siedelte der Keltenstamm Abrincatui an der strategisch wichtigen Stelle. Später entstand eine Römerstadt, und Avranches wurde Bischofssitz.

Die Geschichte der Stadt war immer eng verknüpft mit dem Mont St-Michel. Aubert, Bischof von Avranches im 8. Jahrhundert, gründete die Abtei auf dem meerumspülten Mont St-Michel, nachdem ihn erst mehrere Aufforderungen durch den kämpferischen Erzengel überzeugten, daß dies notwendig sei. Der Engel verlieh, der Legende nach, seiner Aufforderung dadurch Nachdruck, daß er dem Bischof den Finger auf die Stirn setzte. Der Abdruck des Engelsfingers ist auf dem in der Kirche St-Gervais aufbewahrten Schädel Auberts angeblich noch zu sehen.

Die Kathedrale der Stadt ist nicht mehr erhalten, vor deren Schwelle der englische König Heinrich II. 1172 Abbitte tat für den von ihm verschuldeten Mord an Thomas Becket, dem Erzbischof von Canterbury. Das Gebäude wurde in der Revolutionszeit 1794 abgerissen und nicht mehr aufgebaut.

Aufgrund seiner strategischen Lage spielte Avranches im Zweiten Weltkrieg eine große Rolle. Am 7. Juni zerstörten amerikanische Bombardements einen Großteil der Stadt. Nach der Landung brachen die Amerikaner am 31. Juli bis Avranches durch, was acht Tage später zur deutschen Gegenoffensive führte.

Besichtigung

Einen Besuch lohnt sicherlich der **Jardin des Plantes** (Botanischer Garten), und zwar zu jeder Jahreszeit, denn von der Anhöhe aus hat man einen wunderbaren Blick auf die Bucht und den Mont St-Michel. Das milde Klima und die geschützte Lage in Meernähe läßt in dem Garten zahlreiche frostempfindliche Pflanzen, darunter seltene exotische Bäume, gedeihen.

Einen Rundgang durch das alte Stadtzentrum beginnt man am besten am Place Littré, gegenüber dem Rathaus. Links hinter dem Rathaus befinden sich Reste der alten **Stadtbefestigung:** der Tour Beaudange. Hinter dem Rathaus rechts kommt der Tour St-Louis in Sicht. Hinter dem Turm geht es in die Rue de la Belle Andrine (so der volkstümliche Name der abgerissenen Kathedrale) auf den ehemaligen Standort der Bischofskirche zu. Rechts ist der Donjon zu sehen, links weiter entlang der Straße das Tribunal de l'Officinalité (Geistliches Gericht), in dem das Städtische Museum untergebracht ist. Gegenüber der Präfektur am Place Daniel-Huet erstreckt sich die Anlage der **Platforme,** von der aus man einen sehr schönen Blick auf die Bucht hat.

Über die Allée des Juges gelangt man zum **Bischofspalast** (15. Jahrhundert), später Justizpalast. Dort führt eine interessante Wendeltreppe in den Salle des Pas-Perdus. Beim

Rückweg zum Place Littré kann man noch einige **Häuser** aus dem Mittelalter und der Renaissancezeit sehen: In der Rue de Lille wohnten früher die Geistlichen. Hier befindet sich das Wohnhaus des Dekans (Doyenné).

Verläßt man Avranches Richtung Mont St-Michel auf der N 175, sieht man am Verteilerkreis das **Monument Patton** aufragen, das an den Durchbruch der Amerikaner nach Avranches erinnert. Das Gebiet rund um das Denkmal ist amerikanisches Territorium und die Erde wurde aus der Neuen Welt importiert – ebenso wie die Bäume, die auf ihr wachsen.

Museen

Öffnungszeiten
Les Manuscrits du Mont St.-Michel: Juli/August tgl. 10-18 Uhr Juni und 1. bis 15. Sept.tgl. außer dienstags 10-12 Uhr

Bibliothèque du Fonds Ancien

In der im Rathaus untergebrachten Bibliothek aus dem 19. Jahrhundert kann man einige der berühmten illuminierten Handschriften des 8. bis 5. Jahrhunderts bewundern, die die Mönche des Mont St-Michel anfertigten.

Öffnungszeiten
Ostern bis 1.10. tgl. außer dienstags 9.30-12 und 14-18 Uhr

Musée Municipal (Städtisches Museum)

Das gegenüber dem früheren Bischofspalast (15. Jahrhundert) im Gebäude des Geistlichen Gerichts eingerichtete Museum zeigt archäologische Funde aus der Region und die Werke lokaler Künstler, besonders Aquarelle und andere Gemälde, die Avranches oder die Bucht zeigen. Bei einer Führung erfährt man, wie die Manuskripte des Mittelalters entstanden, u.a. welche Farben und Schreibmaterialien die Mönche verwendeten.

Musée du Trésor de la Basilique St-Gervais
(Schatz der Basilika St-Gervais)

In dem aus dem 19. Jahrhundert stammenden Gotteshaus befindet sich in einem Goldschmiedeschrein das Haupt des heiligen Aubert, des Gründers von Mont St-Michel , mit dem berühmten Fingerabdruck des Engels sowie Goldschmiedearbeiten der Abtei.

Öffnungszeiten
2.6.-30.9. tgl.10-12 und 14-18 Uhr, Juni u. Sept. dienstags u. sonntags geschlossen

Basilika St-Gervais

Bayeux

Nähert man sich Bayeux, sieht man aus weiter Entfernung die Türme einer gotischen Kathedrale, neben der Tapisserie wohl die bekannteste Sehenswürdigkeit der Stadt, die auch Zentrum der Spitzenklöppelei ist. Bis 1951 gab es auch eine bedeutende Keramikproduktion.

Departement Calvados
ca. 15 000 Einwohner

Markt
Samstag

Information
Office de Tourisme,
Pont St-Jean,
B.P. 343,
14403 Bayeux Cédex,
Tel. 02 31 51 28 28

Geschichte

Die Hauptstadt des Bessin war schon zu Zeiten der Gallier und Römer ein bedeutender Ort. Im 4. Jahrhundert wurde Bayeux zum Bischofssitz, der immer wieder ein lohnendes Ziel für die Raubzüge der Wikinger bot. Ruhe kehrte erst im 10. Jahrhundert ein, als der erste Normannenherzog Rollo die Tochter des Grafen heiratete und sein Sohn Wilhelm Langschwert in Bayeux zur Welt kam.

Glücklicherweise blieb Bayeux verschont von Kriegszerstörungen und besitzt daher ein weitgehend intaktes altes Stadtzentrum. Sie war die erste französische Stadt, die die Alliierten 1944 zurückgewannen: Einen Tag nach Beginn der Invasion, am 7. Juni, war Bayeux befreit.

Besichtigung

Hauptattraktion von Bayeux ist ohne Zweifel der berühmte **Wandteppich,** der in einer Art Bildergeschichte die Eroberung Englands auf 70 m Leinen in handgestickten Bildern zeigt. Teppich ist eigentlich nicht die korrekte Bezeichnung für diese Stickerei mit farbiger Wolle auf Leinen, aber sie hat sich nun einmal eingebürgert.

Früher wurde er in der Kathedrale von Bayeux aufbewahrt, für die er ursprünglich auch als Wanddekoration gefertigt worden war. Seit 1970 wird die „Tapisserie" im **Centre Guillaume le Conquérant**, einem umgebauten Jesuitenseminar, gezeigt. Der Besucher wird zunächst durch Dia- und Filmvorführungen vorbereitet, die die Geschichte der Wikinger von den Invasionen der Normannen bis zur Schlacht von Hastings und der Eroberung Englands schildern, bevor die Besichtigung des Wandteppichs beginnt.

Öffnungszeiten
*Centre Guillaume le Conquérant:
15. 3. bis 30. 4. und 1. 9. bis 15. 10. tgl. 9-18.30 Uhr, 16. 10. bis 14. 3. 9.30-12.30 und 14-18 Uhr, 1. 5. bis 31. 8. 9-19 Uhr, Weihnachten und Neujahr geschlossen*

Wilhelm erobert England – Ausschnitt aus dem Wandteppich von Bayeux

Ein „Teppich" mit Geschichte

Der Teppich von Bayeux ist über 900 Jahre alt, das zeitgenössische Dokument eines der historisch bedeutendsten Ereignisse des Mittelalters: der Invasion und Eroberung Englands durch die Normannen im Jahr 1066.

Die Geschichte in aller Kürze: Nach dem Ende der dänischen Herrschaft in England kam mit Edward dem Bekenner wieder ein König auf den englischen Thron, der – mehr oder weniger freiwillig – angelsächsischen Interessen diente: Er stand unter dem starken Einfluß des Herzogs von Kent und des einheimischen Adels. Nach seinem Tod folgte ihm mangels direkter eigener Nachfahren Harold, Sohn des Herzogs von Kent, obwohl Edward selbst Wilhelm zum Nachfolger bestimmt hatte. Während Harold bald nach seiner Wahl zum König schon im Nordosten Englands einen norwegischen Überfall abwehren mußte, landete im Süden bei Hastings Wilhelm aus der Normandie, der nun seine Erbansprüche auf den englischen Königsthron aufgrund einer entfernten Verwandtschaft mit Edward anmeldete. Er selbst hatte Harold noch zwei Jahre zuvor am normannischen Herzogshof zu Gast gehabt, Harold hatte ihm Treue geschworen, und Wilhelm sandte ihn in gutem Glauben als Unterhändler in eigener Sache zurück auf die Insel, nachdem er ihm seine Tochter zur Frau versprochen hatte. Nun fühlte sich Wilhelm von Harold verraten. Am 14. September kam es bei Hastings zur Schlacht, in der Harold den Tod fand.

Der Teppich entstand nur wenige Jahre nach der Schlacht von Hastings, wahrscheinlich in England. Zwar wird überall von einem Teppich („tapisserie") gesprochen, (so auch in diesem Buch) aber der Wandbehang wurde weder geknüpft noch gewebt: Es handelt sich um ein 70 m langes Leinengewebe von ca. 50 cm Höhe, auf das die Szenen mit farbigem Wollgarn gestickt wurden. Mit Sicherheit hat ihn nicht Mathilde, die Frau Wilhelms des Eroberers, allein gestickt, auch wenn er in Frankreich häufig als „La Tapisserie de la reine Mathilde" bezeichnet wird. Eine so umfangreiche Arbeit wurde kaum einer einzigen Frau zugemutet. Die Umrisse wurden vom Künstler auf den Leinenuntergrund aufgetragen, bevor die Stickerinnen ans Werk gingen.

Wandbehänge wie der in Bayeux gehörten zur Ausstattung von Festhallen und Burgen im skandinavischen Raum und auf den britischen Inseln. Sie schilderten ursprünglich Heldentaten aus den Sagas oder Szenen der nordischen Mythologie. Nur sehr wenige davon blieben erhalten, keiner ist so vollständig wie der Teppich von Bayeux, von dem nur das letzte Stück fehlt. Und kein anderer bekannter Wandteppich ist so groß. Es war eine Auftragsarbeit für den Bischof von Bayeux, Wilhelms Halbbruder Odo, ein ehrgeizigor Mann mit Ambitionen sogar auf den Papststuhl. Er gehörte zu jenen adligen Normannen, die im gerade eroberten England riesigen Landbesitz an sich rissen und die Eroberten blutig unterdrückten.

Friedlich schlummerte der Teppich über Jahrhunderte in der Schatzkammer der Kathedrale – bis zur Französischen Revolution. Im Revolutionsjahr 1792 stand sein Schicksal buchstäblich auf Messers Schneide: Denn damals rüsteten sich auch die Bürger von Bayeux, für die Republik zu kämpfen. Und als Plane für einen der Wagen schien ihnen die lange Leinenrolle gerade recht. Daß der Teppich heute in seiner fast unversehrten Form überhaupt noch existiert, ist nur dem glücklichen Umstand zu verdanken, daß ein angesehenes Mitglied des Stadtrats, Lambert Léonard-Leforestier, diesen Mißbrauch gerade noch verhindern konnte. Später, unter Napoleon, wurde die Bedeutung des Teppichs als „nationales Erbe" durchaus erkannt, mit der Folge, daß der Teppich nach Paris abkommandiert wurde, um dort ausgestellt zu werden – schließlich hegte Napoleon ja durchaus vergleichbare Invasionspläne.

Man hat den Teppich von Bayeux als den „ältesten Comic strip der Welt" bezeichnet, und an dieser Behauptung ist etwas Wahres: Erzählt wird eine Geschichte voller Abenteuer, Treue und Verrat, Heldenmut und Todesgefahr. Die pointierte Schilderung verengt sich auf die dramatischen Augenblicke, die für den Betrachter kaum noch der Erklärung durch die ohnehin sehr spartanischen Texte (in lateinischer Sprache) bedürfen. Und die farbenfrohe Gestaltung tut ein übriges, um keine Langeweile aufkommen zu lassen. Solch ein „Comic" ermöglichte es auch des Lesens unkundigen Menschen, die Geschichte der Eroberung Englands durch den Normannenherzog mit allen wichtigen historischen Details „nachzulesen". Denn vergleicht man die Darstellung auf dem Teppich mit der anderer, schriftlicher, zeitgenössischer Quellen, stellt man fest, daß es nur sehr wenige offensichtliche Fehler gibt, und manche Forscher gehen davon aus, daß gerade bei den Szenen von der Schlacht bei Hastings ein Augenzeuge den Künstler unterstützt haben muß.

Die **Kathedrale Notre-Dame** gehört zu den schönsten und ältesten gotischen Kathedralen Frankreichs. Zunächst entstand im Auftrag des Bauherrn Bischof Odo von Conteville, eines Halbbruders Wilhelms des Eroberers, eine romanische Kathedrale, die 1077 geweiht wurde. Für dieses Datum wurde auch der Wandteppich gefertigt, der als Schmuck der Kathedrale dienen sollte. Von diesem romanischen Vorgängerbau sind im wesentlichen nur die Fassadentürme und die Krypta erhalten geblieben. Infolge der Erbstreitigkeiten nach dem Tod Wilhelms des Eroberers belagerte 1105 sein Sohn Heinrich I. die Stadt. Ein Brand zerstörte einen Teil der Kathedrale, weitere Zerstörungen veranlaßten einen Umbau zunächst des Schiffs. Die Seitenschiffe wurden erneuert und 1230/40 entstand ein völlig neuer – gotischer – Chor, ab Ende des 13. Jahrhunderts ausgebaut zum dreigeschossigen Chor mit Kapellenkranz. Dann folgte im Mittelschiff der Aufbau eines Triforiums auf die im romanischen Stil verzierten Arkaden, und Querhaus und Vierung wurden umgebaut. In Bayeux kann man an den Mittelschiffwänden der Kathedrale die typisch normannische Ornamentik gut studieren: Die Muster bedecken fast die ganze Wand. Bemerkenswert sind die über den Pfeilern angebrachten kleinen gerahmten Reliefs, darunter an der Nordseite die Darstellung eines Mannes, der einen Affen auf einer Säule zur Schau stellt, und eines segnenden Bischofs.

Ursprünglich schmückte der Teppich von Bayeux die Wände der Kathedrale

Besonders schön ist auch das südliche Querhausportal, dessen Tympanon die Geschichte Thomas Beckets zeigt, des englischen Erzbischofs, den Heinrich II. in seiner Kathedrale in Canterbury 1170 ermorden ließ.

Ein weiteres Glanzstück ist der im 15. Jahrhundert erneuerte Vierungsturm. Der romanische Turm wurde abgerissen und ein achteckiger Turm im Flamboyant-Stil der Gotik errichtet. Der Helm und das zweite Turmgeschoß stammen allerdings aus der Mitte des 19. Jahrhunderts, als unter Viollet-le-Duc Restaurierungsarbeiten vorgenommen wurden.

Die Krypta unter dem Chor (Eingang links) stammt aus dem 11. Jahrhundert und zeigt noch Reste der Bemalung. In der Nische links eine liegende Grabfigur (Gisant) aus dem 15. Jahrhundert.

Viele alte **Fachwerk- und Steinhäuser** aus Mittelalter und Renaissance sind in Bayeux erhalten geblieben, und so ist ein Rundgang durch die Altstadt sehr reizvoll. Beginnen kann man am Fachwerkhaus an der Ecke rue des Cuisiniers/rue St-Martin. Es stammt aus dem 14. Jahrhundert und ist das älteste Haus von Bayeux. In der Rue Franche gibt es eine ganze Reihe Stadthäuser aus dem 15., 16. und 17. Jahrhundert. Im Fußgängerzonenbereich der Rue St-Jean befindet sich das Hôtel du Croissant aus dem 16./17. Jahrhundert. Weiter gelangt man zum Flüßchen Aure, mit seiner Mühle und der alten Fischhalle.

Die Kathedrale von Bayeux ist ein Musterbeispiel normannischer Gotik

Museen

Hôtel du Doyen

Öffnungszeiten
1. 7. bis 1. 9. tgl. 10 - 12.30 und 14-19 Uhr, übrige Zeit nur bis 18 Uhr

In dem Gebäude aus dem 17.-18. Jahrhundert, dem ehemaligen Sitz des Dekans, sind das Diözesanmuseum (religiöse Kunst des 18. und 19. Jahrhunderts) und in einem Trakt eine Ausstellung von Arbeiten des Conservatoire de la Dentelle de Bayeux, der „Spitzenklöppelschule von Bayeux" untergebracht.

Musée Baron Gérard

Das Museum ist in einem Teil des früheren Bischofssitzes untergebracht, der aus dem 16. Jahrhundert stammt. Baron François Gérard war nicht nur ein emsiger Historienmaler seiner Zeit, sondern vor allem selbst als Sammler und Kunstmäzen tätig.

Öffnungszeiten
1. 6. bis 15. 9. 9-19 Uhr, 16. 9. bis 31. 5. 10-12.30 und 14-18 Uhr

Schwerpunkt der Sammlung sind Fayencen, Porzellan und Spitze aus Bayeux. Ein weiteres Prunkstück ist ein riesiger normannischer Kleiderschrank aus der Zeit um 1800.

Zur Gemäldesammlung des Museums gehören italienische und flämische Malerei des 16. Jahrhunderts sowie französische Malerei vom 17. bis 19. Jahrhundert.

Musée Mémorial de la Bataille de Normandie 1944

Öffnungszeiten
1. 5. bis 15. 9. tgl. 9.30-18.30 Uhr, übrige Zeit 10-12.30 und 14-18 Uhr

Das Museum informiert auf 2000 m² Ausstellungsfläche mit Anschauungsmaterial wie Waffen und Uniformen, Dokumenten, Diaprojektionen sowie Filmen über die Landemanöver der Alliierten 1944.

Umgebung

15 km südwestlich von Bayeux steht eines der berühmtesten normannischen Schlösser: **Balleroy** entstand 1626 bis 1636 durch François Mansart. Bauherr war Jean de Choisy, Kanzler des Herzogs von Orléans. Heute befindet sich das Schloß im Besitz des amerikanischen Verlegers Malcolm Forbes, der in den ehemaligen Pferdeställen ein Ballonmuseum eingerichtet hat. Nähert man sich auf der D 75, wirkt das Schloß wie eine Verlängerung des Dorfes. Erst über drei Höfe – der erste flankiert von den Stallungen, der zweite von Wachttürmen – gelangt man vor das Hauptgebäude. Das schlichte Gebäude wirkt durch den Wechsel von rotem Schiefer und weißem Sandstein lebendig. Im Innern sind die Reihen von Porträts bemerkenswert, die Jean de Choisy für die Residenz des Herzogs in Paris, den Palais de Luxembourg, hatte fertigen lassen. Sie stammen von dem Rubens-Schüler Justus von Egmont (1651/52) und stellen Mitglieder der Familie Orléans, Ludwig XII. und den jungen Ludwig XIV. dar.

Öffnungszeiten
Schloß Balleroy und Ballonmuseum: 2. 5. bis 15. 10. tgl. außer mittwochs 9-12 und 14-18 Uhr; Vaulaville: 1. 5. bis 30. 11. 14.30-18.30 Uhr

Das hübsche kleine Schlößchen **Vaulaville** in Tour-en-Bessin, 6 km westlich von Bayeux, stammt aus dem frühen 18. Jahrhundert und enthält eine ansehnliche Sammlung von Porzellan aus Bayeux, Möbeln und sehr schöne Holztäfelungen.

Caen

Die Hauptstadt der Provinz Basse Normandie ist nach Rouen und Le Havre die drittgrößte normannische Stadt. Neben Verwaltungseinrichtungen wie Préfecture, Cour d'Appel (Berufungsgericht) und einem betriebsamen Hafen besitzt Caen (sprich: kón) eine der größten Universitäten des Landes. Gegründet 1432, wurden die Universitätsgebäude, wie mehr als die Hälfte der Stadt, im letzten Krieg völlig zerstört. Die Neubauten gehören heute zu den modernsten Universitätsgebauden Frankreichs.

Departement Calvados
ca. 190 000 Einwohner im Großraum

Information
Hôtel d'Escoville, place St-Pierre, 14300 Caen, Tel. 02 31 27 14 14

Geschichte

Den Grundstein für die spätere Bedeutung Caens legte Wilhelm I. (damals noch nicht der Eroberer) im 11. Jahrhundert. Nach dem Sieg über die aufständischen Adligen bei Val-ès-Dunes nahe Caen erkor der Normannenherzog den strategisch günstig gelegenen Ort an der trichterförmigen Ornemündung zu „seiner" Stadt. Er ließ dort 1060 eine Burg errichten. Zudem gründeten er und seine Gattin Mathilde je ein Kloster westlich und östlich der Burg. Dort sind sie auch begraben: das Grab Wilhelms des Eroberers findet man in der Abteikirche St-Étienne, das von Königin Mathilde in der Kirche St-Trinité. Grund für die Klostergründung war der Bann, den der Papst über ihre Heirat wegen angeblich zu naher Verwandtschaft ausgesprochen hatte. Nach der Zusage für die Klosterbauten in Caen hob der Heilige Stuhl im Jahre 1059 tatsächlich die Exkommunikation wieder auf.

Um das Nonnenkloster und das Mönchskloster entstanden Siedlungen, die mit der Zeit zusammenwuchsen. Vom französischen König Philippe-Auguste zunächst besetzt, wurde die Burg im Verlauf des Hundertjährigen Krieges wieder von den Engländern eingenommen, die im 15. Jahrhundert die Universität von Caen gründeten.

Im 16. Jahrhundert begann der wirtschaftliche Aufschwung der Stadt. Der Hafen war Ausgangspunkt für den schwunghaften Handel mit Übersee: Guinea und Südamerika wurden von den Schiffen der Reeder aus Caen angelaufen.

Zu Beginn des 19. Jahrhunderts begann der Bau des parallel zur Orne verlaufenden 12 km langen Kanals, an dessen Endpunkt der Vorhafen Ouistreham entstand. Entlang des bis heute ständig weiter ausgebauten Kanals ziehen sich unzählige Hafenbecken, in denen Ozeanriesen bis zu 30 000 t ihre Ladung löschen können. Seine strategische Lage an der Ornemündung machte Caen und seine Bewohner im Zweiten Weltkrieg zu Opfern des Krieges. 60% der Stadt wurden von den Bomben der Alliierten zerstört. Nur im Zentrum der Stadt blieben alte Viertel erhalten. Tausende von Menschen wurden während der Bombardements vom 6. Juni bis 20. Juli 1944 aus der Stadt evakuiert.

Trotz der starken Zerstörungen wurde Caen durch Wiederaufbau nach dem Krieg nicht zu einer häßlichen modernen Stadt. Die modernen Wohnblocks wirken nicht als Fremdkörper. Sie wurden mit dem typischen blaßockerfarbenen Kalkstein der Gegend gebaut. Das moderne Caen ist eine liebenswerte und lebendige Stadt.

Caen,
zwei Straßen-
szenen…

… mit Blick auf St- Pierre

Besichtigung

Ein günstiger Ausgangspunkt für die Besichtigung der Stadt ist die zentral gelegene **Burg** (1), die um 1060 auf einer natürlichen Erhebung zunächst ohne Donjon errichtet wurde (der runde Turm kam erst 1120 unter Heinrich I. dazu). Dessen Funktion als Wohnstatt übernahmen in der Anfangszeit der Herzogspalast (von dem heute nur noch der Échiquier-Saal erhalten ist) und z.T. auch das stark befestigte Südtor. Umgeben wurde die Anlage von einem trockenen Burggraben und einer dem Gelände angepaßt unregelmäßig verlaufenden Mauer. Von den begehbaren Mauern hat man heute einen ausgezeichneten Blick auf die Südtoranlage (Porte sur la ville) mit den im Grundriß erkennbaren Resten der vier runden Türme an jeder Ecke des quadratischen Turms. Bemerkenswert ist auch die nordwestliche Toranlage, Porte des champs, aus dem 13. Jahrhundert. Spaziert man weiter auf der Mauer in Richtung Musée des Beaux-Arts, kann man einen Blick auf den Hafen werfen.

Durch die Zerstörungen 1944 kamen so viele zuvor verborgene Reste der Festung zutage, daß man in der Nachkriegszeit daranging, die Anlage gründlich zu restaurieren – heute ist die Grünanlage um das Schloß eine Oase inmitten der Innenstadt. Im Innern des Mauerrings befinden sich mehrere interessante Gebäude aus dem 12. bzw. 14. bis 18. Jahrhundert. In dem heute als **Musée de Normandie** eingerichteten Gebäude residierten im 17. und 18. Jahrhundert die Gouverneure der Normandie.

Musée de Normandie

Die Burg von Caen entstand unter Wilhelm dem Eroberer

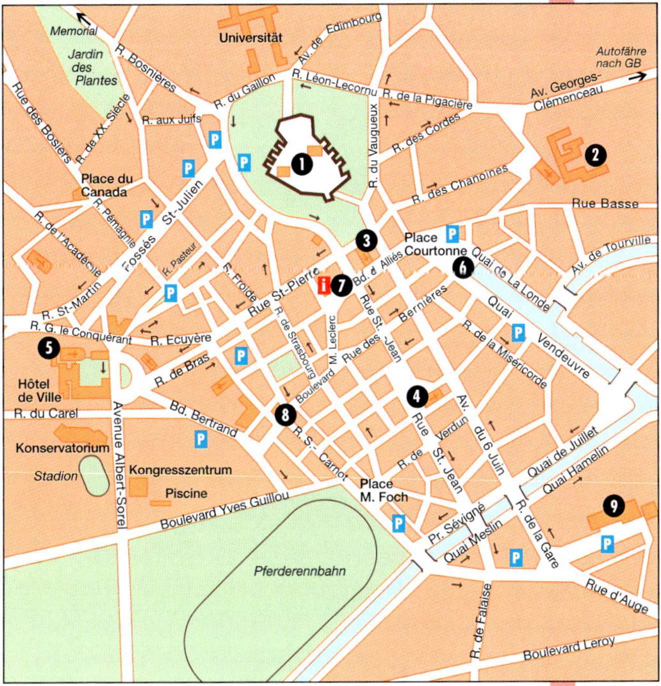

1 Burg
2 Abteikirche St-Trinité
3 Kirche St-Pierre
4 Kirche St-Jean
5 Abteikirche St-Étienne
6 Jachthafen
7 Hôtel d'Escoville
8 Hauptpostamt
9 Bahnhof

Nordöstlich davon wurde das ehemalige Gebäude des **Échiquier,** ein romanischer Saalbau aus dem 12. Jahrhundert, freigelegt und restauriert. Dort tagte ab der Regierungszeit Heinrichs II. zweimal jährlich der normannische Gerichtshof. Gegenüber dem Musée de Normandie steht die **Kapelle St-Georges** aus dem 12. Jahrhundert, in der manchmal auch Ausstellungen gezeigt werden.

Auf einer Bank im neben dem Musée de Normandie gelegenen Arzneipflanzengarten mit Lavendel und anderen duftenden Kräutern läßt sich gut eine Pause einlegen, bevor man das ebenfalls im Burgring in einem modernen Bau aus den 60er Jahren untergebrachte Museum der Schönen Künste, **Musée des Beaux-Arts** (→ S. 165), besucht oder die Stadtbesichtigung vorbei an der gegenüber der Burg aufragenden Kirche St-Pierre in Richtung der Abtei mit ihrer berühmten Kirche St-Étienne fortsetzt.

St-Pierre (3) ist ein Bau aus der Spätzeit der Gotik (13. bis 15. Jahrhundert). Die Fassade zeigt Elemente des Flamboyant-Stils und auch sonst ist die Kirche sehr reich verziert. Der Glockenturm aus dem 14. Jahrhundert fiel 1944 den Bomben zum Opfer, doch wurde er ebenso wie die zerstörten Teile des Schiffs rekonstruiert. Er war mit seinen imposanten 78m Höhe Vorbild für viele normannische

Kirchtürme, nicht nur in Caen. Im Innern lohnt es sich, die Kapitelle zu betrachten, von denen einige Szenen aus der Artussage zeigen.

Fachwerkhäuser in der Rue St-Pierre

Entlang der belebten Einkaufsstraße Rue St-Pierre geht es quer durch die Innenstadt vorbei an zwei bemerkenswerten **Fachwerkhäusern** aus dem 16. Jahrhundert (in einem davon befindet sich das **Musée de la Poste**). Eine kurze Visite der engen Gasse Rue Froide mit ihren kleinen Läden lohnt sich. Die **Kirche St-Sauveur** an der Ecke zeigt mit ihren zwei verschiedenartigen Schiffen Gotik und Renaissance eng nebeneinander: das linke Schiff stammt aus dem 14., das rechte aus dem 16. Jahrhundert, der Zeit der Renaissance. Der Glockenturm ähnelt sehr dem von St-Pierre. Am Ende der Rue Froide geht es links auf die Rue St-Sauveur.

Über den Place St-Sauveur kommt man, vorbei an den ehrfurchtgebietenden Gebäuden der Justiz, dem Cour d'Appel und dem Justizpalast, geradewegs auf die Abteikirche St-Étienne zu, in deren Nordseite der Apsis sich ein Eingang befindet. Um die Kirche allerdings sinnvoll zu besichtigen, empfiehlt es sich, im Westen zu beginnen.

Der Bau der Abteikirche **St-Étienne** (5) begann etwa im Jahre 1063 auf Initiative des Priors von Bec-Hellouin und späteren Erzbischofs von Canterbury, Lanfranc, der auch erster Abt von St-Étienne wurde. Das Grab des Auftraggebers, Wilhelms des Eroberers, befindet sich hinter dem Altar, nur durch eine einfache Hinweistafel angezeigt. Während der Plünderungen durch die Hugenotten im 16. Jahrhundert wurde auch das Grab zerstört: Es dürfte heute tatsächlich kaum noch etwas von den sterblichen Überresten des Königs vorhanden sein.

Der Bau wurde zukunftsweisend für die Kirchenbaukunst der Romanik, denn in ihm kündigen sich schon die Neuerungen der Gotik an. Im 11. Jahrhundert begann man mit dem Bau des Mittelschiffs. Die Westfassade mit den beiden Türmen und dem schweren Mittelteil dazwischen ist typisch

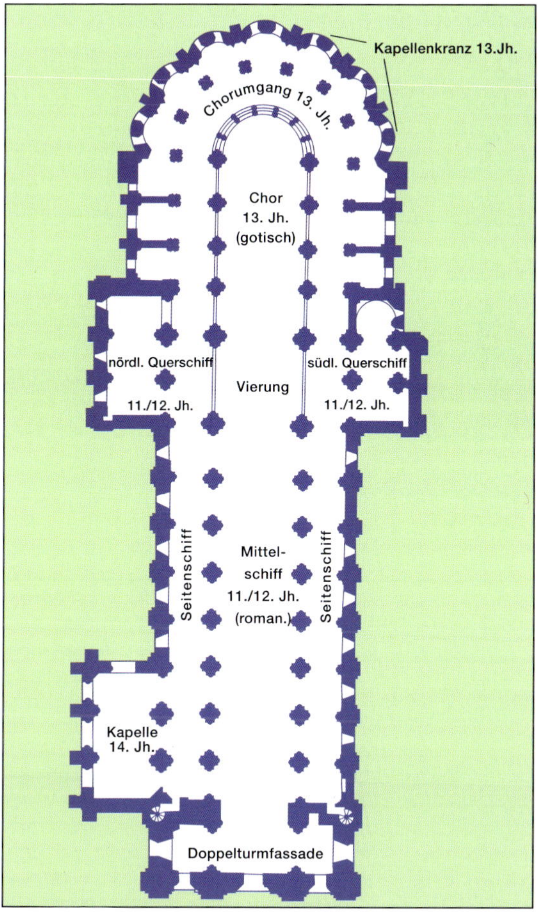

Grundriß der Abteikirche St-Etienne, Caen

St-Étienne von Osten

normannisch. Auch im Innern ist St-Étienne bis zum Querschiff rein romanisch. Zwei Stockwerke, ein breiter begehbarer Gang und darüber noch das Triforium sorgen im Mittelschiff für eine Durchbrechung der Wände. Bemerkenswert, weil typisch normannisch, sind die geometrisch verzierten Bögen. Man entdeckt eine Vielfalt von Formen und Motiven: Zickzackfriese, Flechtmuster, Klötzchen.

Vom Querschiff zum Chor erfolgt dann der Übergang von Romanik zu Gotik. Der Chor von St-Étienne ist der älteste gotische Chor der Normandie. Er ersetzte den romanischen Chor, als die Kirche im 13. Jahrhundert erheblich vergrößert wurde. In dieser Zeit erfolgte auch der Umbau der beiden 80 bzw. 82 Meter hohen Fassadentürme, die außen mit zahlreichen Fialen und Türmchen verziert wurden. Auch im Dekor zeigen sich neue Einflüsse: florale Motive, Kleeblattformen u.a. Die Apsis mit den Strebebögen, den zusätzlichen Türmchen und aufwendigen Verzierungen unterscheidet sich erheblich von der Schlichtheit der romanischen Fassade.

Abgesehen von den Auswirkungen der Religionskriege kam es zu einer weiteren Katastrophe, als der Vierungsturm 1566 einstürzte und den Chor weitgehend zerstörte. Die Restaurationsarbeiten von Chor, Vierungsturm und Dächern zogen sich bis Mai 1626 hin.

Im **Innern** der Abteikirche sind außer dem Grab von Wilhelm dem Eroberer besonders sein Porträt interessant, das allerdings, wie die meisten Königsporträts, wenig Ähnlichkeit mit der realen Person zeigt (es wurde ja auch rund 600 Jahre nach seinem Tod gemalt), sondern eher dem bekannten Bildnis Heinrichs VIII. von England entspricht. Schöne Beispiele normannischer Holzschnitzkunst sind das Chorgestühl (17. Jahrhundert) und die Einfassung der großen Uhr im nördlichen Querschiff (18. Jahrhundert).

Die **ehemaligen Klostergebäude** schließen direkt an das südliche Seitenschiff von St-Étienne an. Seit 1965 befindet sich in den im 18. Jahrhundert restaurierten Gebäuden die Verwaltung der Stadt Caen (Hôtel de Ville). Einige der getäfelten Säle sind zu besichtigen, sehenswert ist das gotische Wachzimmer. Ein Flügel des Gebäudes beherbergt seit 1995 das **Naturkundemuseum (Musée d'Initiation à la Nature)**.

Gegenüber die **Ruine Vieux St-Étienne,** von der nur noch der Chor aus dem 13. Jahrhundert und der Vierungsturm aus dem 15. Jahrhundert erhalten sind.

Auf dem Rückweg zu Fuß durch die Innenstadt sollte man die **Rue Ecuyère** benutzen. In den alten Häusern, größtenteils aus dem 18. und 19. Jahrhundert, haben sich Antiquitätenhändler niedergelassen, bei denen man nach schönen alten Stücken stöbern kann. Die Hausnummer 42, das ehemalige Hôtel de Girard Bureau, mit seinem schönen Portal mit Blattwerkverzierungen, stammt aus dem 15./16. Jahrhundert.

Am Ende der Rue St-Pierre angelangt, sollte man rechts auf die große Verkehrsstraße Rue St-Jean abbiegen und dem Touristenbüro der Stadt einen Besuch abstatten, nicht nur um Prospekte zu erbitten, sondern vor allem, um im **Hôtel d'Escoville** (7) den schönen Innenhof im italienischen Stil zu sehen, der aus dem 16. Jahrhundert stammt.

Auf der anderen Seite der Burg, der Westseite, befindet sich das von Königin Mathilde gegründete Kloster mit seiner Abteikirche **St-Trinité** (2), die ebenfalls stilbildend für die Baukunst der Zeit war. Der Bau dieses Gegenstücks zu St-Étienne begann im Jahre 1062, also etwa gleichzeitig. 1083 wurde Königin Mathilde in „ihrer" Kirche begraben. Der Bau ist ganz romanisch, das Schiff wurde nachträglich gewölbt. Besonders die Krypta ist mit ihren niedrigen Pfeilern und den z.T. figural skulptierten Kapitellen ein Werk der Romanik. Im 19. Jahrhundert restaurierte man die Doppelturm-Fassade.

Blick auf Caen von der Burg aus

Wer Zeit hat, kann einen Bummel entlang des **Jachthafens** (6) mit einer Besichtigung der spätgotischen Kirche **St-Jean** (4; Flamboyant-Stil, 14./15. Jahrhundert) verbinden. Sie liegt inmitten eines im Krieg vollkommen zerstörten Viertels und hatte ebenfalls schwere Kriegsschäden erlitten. Durch eine Senkung des Untergrunds bestand außerdem von Anfang an die Gefahr, daß die Fassade kippen würde, und so konnte der Vierungsturm nie fertiggestellt werden.

Museen

Musée de Normandie

Öffnungszeiten
1. 10. bis 31. 3. tgl. außer dienstags 9.30-12.30 und 14-18 Uhr, 1. 4. bis 30. 9. mittwochs bis freitags 10-12.30 und 13.30-18 Uhr, samstags bis montags und feiertags 9.30-12.30 und 14-18 Uhr, dienstags geschlossen

Das Museum widmet sich der Geschichte der Normandie von der Vorzeit an: Ausgestellt werden Werkzeuge und Schmuck der steinzeitlichen Bewohner, dann Fundstücke aus keltischer Zeit bis hin zu Statuen und Keramik, die die Römer hinterließen. Einer der Höhepunkte ist das unter Glas ausgestellte Grab eines Schmieds, der zusammen mit seinen Werkzeugen beerdigt wurde (aus fränkischer Zeit, Anfang 6. Jahrhundert).

Im ersten Stockwerk des Gebäudes wird über die Zeit ab dem Mittelalter informiert: über Landwirtschaft, Käse- und Cidreherstellung, Industrie und Kunsthandwerk sowie typisch normannische Sitten und Gebräuche. Außerdem sind sehenswerte Trachten ausgestellt.

Musée des Beaux-Arts

Seit 1970 wird in dem modernen kubischen Bau aus den 60er Jahren dieses Jahrhunderts die Sammlung der Stadt der Öffentlichkeit zugänglich gemacht, nachdem im Zweiten Weltkrieg das alte Ausstellungsgebäude, das Hôtel de Ville, zerstört worden war.

Wie alle Provinzmuseen Frankreichs zeigt das Museum Teile der staatlichen Kunstsammlungen des Louvre, die im Jahre 1800 auf die 15 Provinzmuseen verteilt wurden.

Im Museum der Schönen Künste von Caen findet man vor allem italienische und französische Gemälde aus dem 17. Jahrhundert und Werke so bedeutender Maler des 16. Jahrhunderts wie Veronese, Tintoretto und Tiepolo neben französischen Vertretern des Rokoko wie François Boucher oder auch des Klassizismus wie Nicolas Poussin. Die flämische Malerei ist mit Werken Rogier van der Weydens (15. Jahrhundert) und Peter Paul Rubens' (17. Jahrhundert) vertreten.

Neben Malerei besitzt das Museum eine Fayence-Sammlung mit Stücken aus Rouen, Nevers, Delft und Straßburg.

Öffnungszeiten
tgl. außer dienstags 10-18 Uhr

Musée d'Initiation à la Nature

Das Naturkundemuseum in den ehemaligen Nebengebäuden des Mönchsklosters stellt die landschaftliche Vielfalt der Basse Normandie mit ihrer Flora und Fauna anhand moderner technischer Mittel vor.

Öffnungszeiten
tgl. 10-12 und 14-17 Uhr

Mémorial

Etwas außerhalb des Zentrums im Norden, direkt an der Stadtautobahn, befindet sich das Friedensmuseum (Mémorial – Musée pour la Paix). Das moderne, symbolisch konzipierte Gebäude erhebt sich über dem früheren Gefechtsstand des Generals Richter. Mit Hilfe modernster Kommunikationstechniken soll der Besucher zum Nachdenken über Ursachen und Hintergründe des Zweiten Weltkriegs angeregt werden.

Öffnungszeiten
13. 1. bis 31. 12. tgl. 9-18 Uhr, Juli/August bis 21 Uhr, erste Januarhälfte geschlossen

Öffnungszeiten
Ende Juni bis Anfang Oktober sonntags, montags und dienstags 14.30-17.30 Uhr

Umgebung

Ca. 6 km südwestlich von Caen (gut erreichbar von der N 175 Richtung Mont St-Michel) liegen die Reste des um 1470 erbauten Schlößchens **Fontaine-Étoupefour,** nicht weit vom gleichnamigen Ort an der D 147E. Während der heftigen Kämpfe in Caen im Juli 1944 wurde es sehr in Mitleidenschaft gezogen, heute ist nur noch das Gebäude des Eingangsportals intakt. Hinter der Zugbrücke über den Wassergraben erhebt sich das von Türmchen verzierte Eingangsgebäude. Die Wohngebäude dahinter werden teilweise restauriert.

Eingangsportal zum einstigen Schloß Fontaine-Étoupefour

Ausflug in die Suisse Normande

Caen – Falaise: ca. 100 km

Von Caen aus bietet sich ein Ausflug in die Suisse Normande an. Nach Süden geht es auf der D 562 Richtung Thury-Harcourt aus der Stadt. Dort befinden sich Reste des Schlosses Harcourt, das im Krieg schwer zerstört wurde. Nur noch die Eingangsfassade und die Kapelle sowie ein sehenswerter Garten existieren. Der 70 ha große Park im englischen Stil zieht sich entlang des Orne-Ufers und ist aufgeteilt in einen Sommer- und Frühjahrsgarten sowie ein Rosarium am Pavillon de Fantaisie. Der „Phantasie-Pavillon" aus der Mitte des 18. Jahrhunderts gab die Kulisse für einige der Gemälde des Rokokokünstlers Fragonard ab.

Südlich von Thury-Harcourt beginnt die leicht gewellte Landschaft der Suisse Normande, die sich rechts und links der Orne und ihrer Nebenflüsse erstreckt und an eine Mittelgebirgslandschaft erinnert. Die Flüsse haben tiefe Täler in das Granit- und Schiefergestein der östlichsten Ausläufer des Armorikanischen Massivs gegraben.

In St-Rémy führt die schmale D 133b (Route des Crêtes – „Kammstraße") links hinauf zu den Felsen, auf die Höhen des Pain du Sucre (258 m) und Rochers des Parcs. Von dort bietet sich ein Blick über die Orne-Schleifen. Setzt man dagegen die Fahrt auf der D 562 fort, ist man schnell in Clécy. Von Clécy aus erreicht man die Aussichtspunkte auch gut zu Fuß über den Wanderweg GR 36. Weitere Wanderwege erschließen den Berg l'Éminence (262 m) und den Aussichtspunkt am Croix de la Faverie.

Mit der alpinen Landschaft der Schweiz hat die Suisse normande auf den ersten Blick wenig gemein

Ein Abstecher von Clécy aus (nach Westen auf der D 133a vorbei an l'Éminence) führt zum 10 km entfernten Schloß Pontécoulant im Tal der Druance. Das von einem Park im englischen Stil umgebene Schlößchen stammt im wesentlichen aus dem 18. Jh., als ein früheres befestigtes Wohngebäude mit Türmen ausgebaut wurde. Das Innere des als Museum eingerichteten Schlosses kann besichtigt werden (Möbel).

Folgt man von Clécy weiter der D 562 und biegt nach 3,5 km links auf die D 1, gelangt man nach Pont d'Ouilly. Die Häuser aus dem grauen Granit der Gegend gruppieren sich um die Brücke über den Orne, die der Stadt den Namen gab. Im Ort hat sich eine der typischen offenen Markthallen erhalten.

Von Pont d'Ouilly kann man nach Falaise, schon am Rande der Suisse Normande gelegen, weiterfahren oder, im Orne-Tal bleibend, noch einen Abstecher zum Roche d'Oëtre hinter St-Philibert-sur-Orne machen, der atemberaubend 118 m über der Tiefe aufragt. Einige Kilometer weiter ist der Orne zum Stausee von Rabodanges aufgestaut, der Wassersportmöglichkeiten bietet. Von Putanges aus sind es auf der D 909 noch 17 km nach Falaise.

Cherbourg

Departement Manche
ca. 90 000 Einwohner im Großraum

Hafenrundfahrten
Von April bis Oktober ab dem Quai am Jachthafen Port de Chantereyne, Dauer 1 1/2 Std.

Information
Maison du Tourisme de Cherbourg, 2, Quai Alexandre III, 50100 Cherbourg, Tel. 02 33 93 52 02

Seine Bedeutung als einer der wichtigsten französischen Kriegshäfen verdankt Cherbourg der strategischen Lage an der Spitze der Halbinsel Cotentin. Der Fährhafen der Stadt ist von großer Bedeutung für den Verkehr nach Großbritannien und Irland. Hinzu kommt der ausgedehnte Jachthafen Chantereyne, nach der Anzahl der Besucher der zweitgrößte Frankreichs.

Geschichte

Der Bau eines sicheren Hafens an dieser stürmischen Küste war allerdings lange Zeit unmöglich. Schon 1776 versuchte man die Sicherung des Hafens, doch machten die heftigen Meeresströmungen immer wieder einen Strich durch die Rechnung. Erst unter Napoleon zu Beginn des 19. Jahrhunderts gelang es, nun unter Berücksichtigung der Strömungen, einen künstlichen Wall vor dem Hafen aufzubauen. Der Kriegshafen von Cherbourg wurde 1858 eingeweiht.

Heute ist die weitläufige Hafenanlage mit dem riesigen Arsenal nicht nur Hauptstützpunkt, sondern auch Produktionszentrum für französische Atom-Unterseeboote.

In der ersten Hälfte dieses Jahrhunderts spielte der Hafen eine große Rolle im Überseepassagierverkehr. Noch heute legt die Queen Elizabeth 2 auf ihrer Transatlantikroute in Cherbourg an.

Während des Zweiten Weltkriegs war die Einnahme Cherbourgs durch die Amerikaner am 26./27. Juni 1944 ein entscheidender Fortschritt. Ab August des Jahres versorgte eine von der Isle of Wight herüberführende unterseeische Pipeline die Alliierten mit Treibstoff.

Besichtigung

Bevor man in die Stadt hineinfährt, sollte man einen Abstecher zum **Fort du Roule** machen. Die nur über eine Serpentinenstraße erreichbare Festung auf dem 112 m hohen Berg, deren Gebäude im wesentlichen aus dem 19. Jahrhundert stammen, war 1944 Rückzugsort für die Deutschen, bevor die Amerikaner Cherbourg einnahmen. Von dort hat man einen weiten Blick über die Stadt und den Hafen. Ein im Fort eingerichtetes Museum gibt eine Übersicht der Alliiertenlandung des Jahres 1944 und zeigt u.a. Propagandamaterial der Deutschen und der Alliierten.

Öffnungszeiten
(Museé de la Libération) tgl. außer montags 9.30-12 und 14-17.30 Uhr, im Sommer durchgehend 10-18 Uhr

Auf der Westseite der Hafenanlagen des Bassin du Commerce und des Vorhafens liegt das restaurierte **Altstadtviertel** Cherbourgs. Dort reihen sich Restaurants, Bars und Einkaufsmöglichkeiten dicht aneinander. Nördlich dieses Viertels liegt der Strand der Stadt, und dahinter erstreckt sich der **Jachthafen.** An der Strandpromenade steht eine bronzene Reiterstatue Napoleons, die der Bildhauer Armand Le Veel (1821-1905) schuf. Die gegenüberliegende Kirche St-Trinité ist im gotischen Flamboyant-Stil des 14./15. Jahrhunderts entstanden.

Am Ende der Strandpromenade kann man über die rue de l'Onglet zum **Parc Emmanuel Liais** gelangen. Der Naturfor-

Cherbourg bei Nacht

scher und Astronom (1826-1900) ließ den Park mit verschiedenen tropischen und subtropischen Gewächsen anlegen. Er vermittelt einen Eindruck davon, wie mild die Winter dank des Einflusses des Golfstroms auf der Halbinsel sind. Ein Museum mit Ausstellungen zur Archäologie, Natur- und Völkerkunde ist dem Park angeschlossen.

Öffnungszeiten
Museum: tgl. außer montags und sonntagsvormittags 10-11.45 und 14-16.45 Uhr

Zurück zum Altstadtviertel und vorbei am Place de Général de Gaulle, kommt man zum Centre Culturel der Stadt, wo sich das Theater und das **Kunstmuseum Thomas-Henry** befindet. Ausgestellt werden Gemälde aus dem 15. bis 19. Jahrhundert, u.a. von Fra Angelico und Filippo Lippi. Am interessantesten sind aber sicher die Werke von Jean-François Millet, der in der Nähe, im Dorf Gréville, geboren wurde. Auch hat sich das Museum auf Ansichten der Stadt, Seestücke und regionale Künstler spezialisiert, wie den 1837 in Réville geborenen Guillaume Fouace und Armand Le Veel, dessen Bronzearbeiten in den Räumen den Museums zu sehen sind.

Öffnungszeiten
tgl. außer montags 9-12 und 14-18 Uhr

Coutances

Departement Manche
9700 Einwohner

Markt
Donnerstag (großer Markt)

Information
Office du Tourisme, Place Georges-Leclerc, 50200 Coutances, Tel. 02 33 45 17 79

Die Bischofsstadt Coutances ist zwar keine große, aber eine kulturell attraktive Stadt, die jeweils im Mai Schauplatz des Jazzfestivals „Jazz sous les Pommiers" ist.

Geschichte

Coutances war früher die Hauptstadt des Cotentin, mit dem es auch den Ursprung seines Namens teilt: Noch im 3. Jahrhundert hieß die Stadt, Hauptort des keltischen Stammes der Unelli, Cosedia, doch zu Ehren des römischen Kaisers Konstantin (291-303) nannte man sie Constantia (und die Region der Halbinsel „Ager Constantinus"). Schon früh Bischofssitz (430) und Marktstadt, wurde Coutances 866 von den Normannen belagert und eingenommen. Erst 1449 wurde die Stadt französisch.

Das Rathaus von Coutances

Besichtigung

Hauptsehenswürdigkeit von Coutances ist die imposante **Kathedrale Notre-Dame.** Der romanische Vorgängerbau wurde im 11. Jahrhundert durch die großzügigen Stiftungen der in Süditalien reich gewordenen Barone von Hauteville finanziert. Dieser wurde im 13. Jahrhundert in mehreren Bauphasen zu einer gotischen Kathedrale umgestaltet, nachdem ein Brand 1218 große Zerstörung angerichtet hatte. Vierung und Chor entstanden in rein gotischem Stil, während im Schiff und an der Fassade auf die romanischen Ursprünge – bei den Proportionen des Grundrisses vor allem – Rücksicht genommen wurde. Der Kapellenkranz um den Chorumgang und die Apsiskapelle stammen aus dem 14. Jahrhundert und besitzen herrliche Glasfenster.

Die Nachkommen des Tankred von Hauteville wurden Herrscher auf Sizilien: Robert Guiscard, 1015-1085, und Roger II., 1101-1154 König von Sizilien

Die Kathedrale von Coutances, Westfassade

Der achteckige Laternenturm über der Vierung – auch „Le Plomb" genannt, ist einer der schönsten der Normandie. Außen wird er durch vier Ecktürmchen flankiert. Im Innern erhebt er sich erst in einer beeindruckenden Höhe von fast 41 m und wird darüber innen durch zwei Geschosse gegliedert, von denen das erste eine begehbare Galerie besitzt. Die Gesamthöhe der Türme beträgt fast 78 m.

Sehenswert ist auch der **Jardin des Plantes** hinter dem Museum Quesnel-Morinière. Er entstand aus dem schloßparkähnlichen Garten des Stadtpalais, das Jean-Jacques Quesnel-Morinière 1852 der Stadt vererbte. Der Garten enthält in einem als Landschaftspark angelegten Teil zahlreiche seltene Baumarten. Daneben gibt es einen als italienischen Terrassengarten gestalteten Teil sowie einen französischen Garten.

Schon zu römischen Zeiten versorgte eine Wasserleitung die Bürger von Coutances, die die Normannen allerdings 866 zerstörten. Die heute sichtbaren Überreste des **Aquädukts** stammen aus mittelalterlicher Zeit (an der Ausfallstraße Richtung St-Malo).

Museum

Öffnungszeiten
16. 9. bis 30. 6. tgl außer sonntags vormittags und feiertags 10 - 12 und 14 - 17 Uhr, 1. 7. bis 15. 9. tgl außer feiertags 10 - 12 u. 14 - 18 Uhr

Musée Municipal (Quesnel-Morinière)

Das Museum ist im ehemaligen Stadtpalais des Königsberaters Jacques le Poupinel aus dem 17. Jahrhundert untergebracht. Be-nannt ist das Museum nach dem früheren Bürgermeister der Stadt. Es beherbergt Sammlungen regionaler normannischer Keramik, Skulpturen aus dem 18. und 19. Jahrhundert sowie Gemälde aus dem 17. bis 20. Jahrhundert, u.a. von Rubens, Le Sueur und Vernet.

Umgebung

Agon-Coutainville, 10 km von Coutances am Meer gelegen, ist ein vielbesuchter Badeort. Weitere Ferienorte, die nur im Sommer zum Leben erwachen, sind – nördlich der Sienne-Mündung – Gouville und Blainville. In **Regnéville** bietet das **Musée du Littoral et de la Chaux** Gelegenheit, mehr über das Leben an der Küste und der Bauern in früherer Zeit, besonders die traditionelle Technik der Kalkbrennerei zu erfahren. Es stehen noch die Reste mehrerer Kalkbrennöfen aus dem 19. Jahrhundert.

Sehenswert ist auch die ca. 20 km südöstlich gelegene **Abtei Hambye** (→ S.119).

Dieppe

Die Hafenstadt Dieppe hat neben ihrer heutigen Bedeutung als Fischerei-, Handels- und Fährhafen (nach Newhaven/ Großbritannien) seit dem 19. Jahrhundert eine große Vergangenheit als Badeort.

Departement Seine-Maritime
ca. 36 000 Einwohner

Markt
Dienstag, Mittwoch, Donnerstag

Information
Syndicat d'Initiative,
Pont Jean Ango,
Quai du Carénage,
76304 Dieppe
Cédex,
Tel. 02 35 84 11 77

Geschichte

Wahrscheinlich entstanden aus einer Siedlung der Wikinger im 6. Jahrhundert an der Mündung eines Flusses mit dem Namen „Deep“, wuchs Dieppes Bedeutung als Handelsstadt erst langsam ab dem 13. Jahrhundert. Die Seefahrt war im 14. Jahrhundert die wichtigste Einnahmequelle der Stadt, und schon 1364 sollen Kaufleute aus Dieppe erste Handelsniederlassungen an der westafrikanischen Küste gegründet haben. Besonders der Elfenbeinhandel spielte eine große Rolle.

Die Blütezeit dieser unternehmerischen Aktivitäten ist mit dem Namen Jean d'Ango verbunden. Die Reederfamilie Ango finanzierte die Entdeckungsfahrten normannischer Seefahrer in der Neuen Welt wie Jean Denis und Jean Parmentier. Auch bei der Kolonisierung Kanadas ab 1508 waren Schiffe der Reederfamilie aus Dieppe dabei. Zeugnis vom Reichtum der Angos legt der Landsitz der Familie ab, das Manoir d'Ango (→ S.176).

In den kriegerischen Auseinandersetzungen der folgenden Jahrhunderte wurde die Stadt mehrfach zerstört, 1694 fast völlig. Im 18. Jahrhundert begann der Wiederaufstieg der Stadt als Umschlagplatz für Produkte aus Übersee, besonders Tabak, und im 19. Jahrhundert belieferte der Fischereihafen zunehmend die Pariser Märkte. Von Paris aus ist Dieppe nicht nur der am nächsten gelegene Fischanlandeplatz, sondern auch das am nächsten gelegene Seebad. Nachdem das Baden im Meer Ende des vergangenen Jahrhunderts in Mode kam, traf sich die Pariser Gesellschaft, vor allem aber auch Gäste von der anderen Kanalseite auf der Promenade von Dieppe oder im Kasino.

Im Jahr 1942 waren Dieppe und die umliegenden Klippen Schauplatz eines erfolglosen Versuchs der Alliierten, an der Normandieküste zu landen. 7000 vor allem kanadische Soldaten starben am 19. August 1942 bei der Operation „Jubilee“.

Besichtigung

Das unverwechselbare Flair eines betriebsamen Fährhafens und die Arbeitsatmosphäre eines aktiven Fischerei- und Handelshafens machen einen Bummel über die Quais und durch die Gassen von Dieppe zu einem Erlebnis. Vom mondänen Seebadeort des letzten Jahrhunderts ist die Stadt allerdings weit entfernt. Entlang des Fischereihafens reihen sich dicht gedrängt die Restaurants und Cafés der verschiedensten Preisklassen, ebenso am Quai Duquesne. Entlang der Strandpromenade finden sich die besseren Hotels der Stadt – mit Blick aufs Meer.

Auf dem Fischmarkt am Quai in Dieppe

Biegt man vom Quai ab in das enge Gassengewirr dessen, was von den alten Stadtvierteln geblieben ist, kann man noch wirkliche Hafenstadtatmosphäre spüren. Die heutige „Altstadt" Dieppes geht allerdings auf die Neuanlage der Stadt im 18. Jahrhundert nach Plänen des Ingenieurs de Ventabren zurück. Nachdem im Jahre 1694 durch die Bombardements der englischen und niederländischen Flotte der größte Teil des alten Dieppe zerstört worden war, ließ er die Häuser nach einheitlichem Plan neu errichten – sehr zum Leidwesen der Bewohner. Der immer gleiche Aufbau der Geschosse sah ein als Warenlager oder Laden genutztes Erdgeschoß vor, überwölbt von halbrunden Bögen im Zwischengeschoß, und die erste Etage mit den Wohnräumen, darüber das Dachgeschoß mit Lukarnen. Später wurde das den Bewohnern zu niedrige und dunkle Zwischengeschoß aufgegeben und die Bögen durch große Fenster gefüllt. Viele dieser schönen alten Häuser sind inzwischen restauriert worden.

Die Kirche St-Jacques in Dieppe

Im Mittelalter war Dieppe wichtige Station für die Pilger von den Britischen Inseln auf dem Jakobsweg nach Santiago de Compostela. Davon legt der Name der **Kirche St-Jacques** Zeugnis ab. Ihre Bauzeit zog sich vom 13. bis zum 16. Jahrhundert hin. Die Seitenkapellen mit den schönen steinernen Gitterschranken wurden großteils von den Reedern der Stadt gestiftet.

Interessant ist die Heilig-Grab-Kapelle (St-Sépulcre) rechts neben dem Eingang (15. Jahrhundert) sowie die jetzige Sakristei links vom Altar und die Schatzkapelle (Chapelle du Trésor). Über ihrem durch reiche Schnitzereien verzierten Eingang befindet sich hoch oben ein Fries, der Szenen aus dem Leben brasilianischer Indianer zeigt. Diese Verzierungen stammen aus dem im 17. Jahrhundert zerstörten Stadtpalast der Reederfamilie Ango.

Im Innern des Schlosses ist eine Elfenbeinsammlung zu besichtigen

Das **Schloß,** auf der Anhöhe über der Stadt gelegen, ist eigentlich eher eine Festung und hatte früher die Aufgabe, die Stadt gegen die Engländer zu verteidigen, die sie im Jahr 1420 eingenommen hatten. Der älteste Teil ist der massige runde Turm aus dem 14. Jahrhundert. Der eckige Turm stammt dagegen ebenso wie die beiden Gebäudeflügel aus dem 17. Jahrhundert.

Etwas außerhalb der Stadt hoch auf Kreidefelsen über dem Meer steht die **Kapelle Notre-Dame de Bon Sécours,** von den auslaufenden und heimkehrenden Schiffen aus gut zu erkennen. Von dort hat man aber ebenso einen sehr guten Blick hinaus aufs Meer.

Museum

Öffnungszeiten
1.6.- 30.9.
tgl. 10 - 12
und 14 - 18 Uhr

Das **Städtische Museum** im Schloß zeigt eine reiche Elfenbeinsammlung, die geschnitzte Gegenstände aller Art umfaßt. Die Elfenbeinarbeiten aus Dieppe waren vor allem im 17. Jahrhundert berühmt. Die aus Afrika eingeschifften Stoßzähne afrikanischer Elefanten wurden gleich vor Ort in spezialisierten Handwerksbetrieben verarbeitet.

Umgebung

Einen Besuch lohnt das **Manoir d'Ango,** 8 km westlich von Dieppe. Auf seinem Landsitz empfing der Reeder Jean Ango mehrfach König Franz I., dessen Flotte er ausrüsten „durfte". Nach dessen Tod war sein Nachfolger auf dem Thron aber nicht mehr willens, die Schulden seines Vorgängers zu bezahlen. Der einst so reiche Reeder Jean Ango starb 1551 verarmt auf seinem Landsitz. Das zwischen 1532 und 1544 entstandene Gebäudeensemble zeigt deutlich italienische Einflüsse. Es heißt, die Baumeister habe Ango aus Florenz anreisen lassen. Im 18. Jahrhundert wurde ein Gutshof daraus, und einige der Obergeschosse wurden abgerissen. Inzwischen restauriert, kann es besichtigt werden. Um einen rechteckigen Innenhof gruppieren sich die einzelnen Gebäude. Der Eingang wird von zwei Türmen flankiert. Der Wohntrakt ist in typischer Frührenaissancemanier über einer eleganten Arkadengalerie errichtet. Unterhalb der Fensterzone füllt ein reiches in Stein geschnitztes Dekor die Fläche, u.a. Wappen und Medaillons. Baumaterialien sind hier Sandstein und Flint, die oft im Muster verwendet wurden. Das schönste Gebäude ist allerdings der runde Taubenturm mit seiner ungewöhnlichen Farbwirkung. Die Materialien, die das wechselnde Muster der Wände ausmachen, sind roter Backstein, schwarzer Flint und heller Stein.

Öffnungszeiten
Manoir d'Ango:
April bis Oktober
tgl. 10 - 12.30 und
14.30 - 18.30 Uhr

Von der N 27 geht es in St-Aubin-sur-Scie links zum **Schloß Miromesnil,** wo 1850 vermutlich Guy de Maupassant geboren wurde. Das Schloß mit einer üppigen Nordfassade in rosa Backstein und weißem Stein stammt aus dem 16./17. Jahrhundert und ist umgeben von gepflegten Blumenrabatten und einem Park.

Öffnungszeiten
Château de
Miromesnil:
1. 5 bis 15. 10.
tgl. außer dienstags
9 - 12 und 14 - 18 Uhr

Bei **Arques,** 6 km südöstlich Dieppes, befinden sich die Ruinen einer Festung, die hoch auf einem Felsen über der Stadt liegt. Wilhelm der Eroberer nahm die Burg 1053 ein, die einem seiner feindlich gesinnten Onkel gehörte. Heinrich I. baute sie im 12. Jahrhundert wieder auf. Im Jahr 1204 war dies die letzte normannische Burg, die in die Hände der französischen Krone fiel. Im 14. Jahrhundert wieder in englischem Besitz, wurde die Festung ausgebaut und im 16. Jahrhundert sogar mit weiteren Türmen und Aufbauten für Artillerie versehen. Seit dem 17. Jahrhundert ungenutzt, wurde die Burg zum Steinbruch und zur Ruine. Heute noch sichtbar sind die Reste der drei Burgtore und des mächtigen viereckigen Donjons am Rand des Burghofs.

Domfront

Domfront ist eine kleine Stadt und liegt reizvoll hoch über dem Varennetal auf einem schmalen Felskamm. Manche Häuser wurden in Reste der Befestigungsmauern hineingebaut.

Departement Orne
ca. 4400 Einwohner

Information
*Office du Tourisme,
rue St-Julien,
61700 Domfront,
Tel. 02 33 38 53 97*

Geschichte

Über 200 m hoch ragt das Plateau, auf dem sich der Großteil der Stadt Domfront heute befindet, aus der Bocage-Landschaft. Dort oben ließ der Graf von Bellême, dem das Land zunächst noch gehörte, etwa 1010 die erste Burganlage bauen. Der Normannenherzog und spätere englische Herrscher Wilhelm eroberte die Festung 1049 und gliederte sie seinem Reich ein. Sein Sohn Heinrich I. war es, der im 12. Jahrhundert den rechteckigen Donjon, dessen Ruinen heute noch als erstes von der Burg ins Auge fallen, und die Kapelle St-Symphorien bauen ließ. Die Burg wurde bewohnbar, und Königin Eleonore von Aquitanien hielt sich häufiger dort auf.

In den Religionskriegen wurde Domfront 1574 zum Schauplatz der Gefangennahme des Anführers der Hugenotten Gabriel von Montgomery, der später in Paris hingerichtet wurde. Mit 15 000 Mann hatte der katholische Marschall Matignon die Stadt belagert.

Besichtigung

Die Reste von **Burgruinen und Stadtmauern** sind an vielen Stellen in Domfront zu sehen. Rund um den viereckigen Burgturm erstrecken sich städtische Grünanlagen. Ein Aussichtspunkt mit Orientierungstafel gewährt einen Blick weithin über das grüne Land mit seinen von Baumreihen und Hecken eingefaßten Wiesen. Zu Füßen der Stadt erkennt man im Tal die romanische Kirche Notre-Dame-sur-l'Eau.

Etwas unterhalb des Vorsprungs mit den Überresten des Donjon ist die Ruine der Kapelle St-Symphorien (11. Jahrhundert) zu erkennen.

Verläßt man Domfront in Richtung Tinchebray, kann man (anstatt rechts abzubiegen) entlang der Rue des Fossés Plissons die Reste der Stadtmauer mit sieben der insgesamt 14 Türme bewundern.

Ruinen der Burg von Domfront

Ein Blick auf die Altstadt von Domfront und ...

Der moderne Bau der **Kirche St-Julien** lehnt sich an byzantinische Vorbilder an. Die 1924 errichtete Kirche aus grauem Beton mit farbigen Glasfenstern paßt nicht so ganz zu den zierlichen Fachwerkhäusern in den umgebenden Sträßchen.

Bevor man Domfront verläßt, sollte man der kleinen Kirche am Wasser, **Notre-Dame-sur-l'Eau,** noch einen Besuch abstatten. Die romanische Kirche (1020) wurde leider 1836 vier ihrer sechs Joche beraubt, damit die Straße daran vorbeigeführt werden konnte. Im Innern der Kirche hat man Fresken aus dem 12. Jahrhundert freigelegt. Zu den Besonderheiten der Kirche gehört außerdem die Skulptur eines liegenden Löwen.

... in das Gassengewirr hinein

Eu

Die alte Residenzstadt der Grafen von Eu liegt nicht weit vom Meer und nah an ausgedehnten Waldgebieten.

Departement Seine-Maritime
8000 Einwohner

Markt
Freitag

Information
Office du Tourisme,
41, rue Paul Bignon
B.P. 82, 76260 Eu,
Tel. 02 35 86 04 68

Geschichte

Ausgrabungen haben gezeigt, daß Eu wahrscheinlich schon in vorrömischer Zeit die Hauptstadt des keltischen Stammes der Catuslugi war. Seit der Normannenherrschaft war Eu Sitz verschiedener Adelsfamilien. Das Grafenschloß war 1050 Schauplatz der Hochzeit Wilhelms „des Bastards" mit Mathilde von Flandern. Später residierten im Schloß die Herzöge von Artois, von Guise und im 17. Jahrhundert die Cousine Ludwigs XIV. aus dem Hause Orléans, Herzogin von Montpensier (1627-1693), die als „Grande Mademoiselle" den Fronde-Aufstand in Paris unterstützt hatte. Louis-Philippe, der Bürgerkönig, traf 1843 und 1845 zweimal auf dem Schloß mit der englischen Königin Victoria zusammen, und so gilt Eu als die Geburtsstätte der „Entente cordiale" zwischen England und Frankreich.

Besichtigung

Bemerkenswert ist das imposante **Schloß** von Eu. Im Vorgängerbau heiratete Wilhelm der Eroberer 1050 Mathilde von Flandern. Das heutige Schloß entstand ab Ende des 16. Jahrhunderts, als Herzog Heinrich von Guise ein Lustschloß errichten ließ. In der Kapelle des Jesuitenkollegs kann man die Grabskulptur, die den Herzog halb liegend, halb aufgerichtet darstellt, sehen. Für das heutige Aussehen des Schlosses prägend waren aber die Umbauten, die der spätere König Louis- Philippe ab 1821 durchführen ließ. Das Gebäude und die Inneneinrichtung wurden Ende des 19. Jahrhunderts nochmals umgestaltet, als der Besitzer, der Graf von Paris, den Architekten Viollet-le-Duc damit beauftragte, das Schloß wohnlich zu gestalten. Heute ist im Schloß ein Museum über Louis-Philippe untergebracht.

Die Kirche **Notre-Dame-et-St-Laurent** gegenüber dem Schloß stammt aus dem 12./13. Jahrhundert. Sie ist Lawrence O'Toole gewidmet, dem Oberhaupt der irischen Kirche, der 1180 in Eu starb. Eine liegende Grabfigur (Gisant) aus dem 12. Jahrhundert, die den Erzbischof von Dublin darstellt, befindet sich in der Krypta der Kirche.

Einige Straßen weiter liegt die Kapelle des ehemaligen **Jesuitenkollegs,** in der die Marmorstatuen des Herzogs von Guise und seiner Witwe Katharina von Kleve zu sehen sind. Sie entstanden 1627. Herzog von Guise wurde 1588 auf Befehl König Heinrichs III. in Blois ermordet.

Museum

Musée Louis-Philippe

Neben dem „goldenen Zimmer" des Schlosses, das noch die Holztäfelungen aus dem 17. Jahrhundert bewahrt hat, sind weitere Räume, meist im Stil „Louis-Philippe" ausgestattet, zu besichtigen.

Öffnungszeiten
15. 3. bis 3. 11. tgl. außer dienstags 10-12 und 14-18 Uhr

Évreux

Departement Eure
52 000 Einwohner

Information
Office du Tourisme,
Place du Général
de Gaulle, 27000
Évreux,
Tel. 02 32 24 04 43

Évreux ist die Hauptstadt des Departements Eure und ein wichtiges Verwaltungs- und Wirtschaftszentrum mit Elektronik-, Druck- und Pharmaindustrie. Die Stadt ist Mittelpunkt und Umschlagplatz für landwirtschaftliche Produkte.

Geschichte

Schon eine keltische Gründung, war Évreux am Fluß Iton unter den Römern eine befestigte Stadt, was sie aber im 9. Jahrhundert nicht mehr vor Normanneneinfällen schützte. Da der Graf von Évreux Anfang des 12. Jahrhunderts auf Seiten der französischen Krone stand, erlebte Évreux wiederholt Zerstörungen durch die anglo-normannische Seite. Im Hundertjährigen Krieg hatte die Stadt dagegen genauso schwer (wenn nicht schwerer) unter französischen wie englischen Belagerungen zu leiden. Im Zweiten Weltkrieg kam es im Juni 1944 zu Bombardements durch die Alliierten, denen ein Teil der Stadt zum Opfer fiel.

Besichtigung

An der **Kathedrale Notre-Dame** von Évreux lassen sich die verschiedensten Stile und Bauperioden ablesen, angefangen von der schlichten Gotik des 12. Jahrhunderts über den Flamboyant-Stil des Nordportals (16. Jahrhundert) bis hin zum nördlichen Fassadenturm (17. Jahrhundert) im Stil der Renaissance. Bis zum Bau des Chors im späten 13. Jahrhundert war die Kathedrale noch weitgehend romanisch. Einzige Überreste dieser frühen Kirche sind die Arkaden des Mittelschiffs. Im Chorboden finden sich Spuren eines noch früheren Baus aus dem 10. Jahrhundert. Im 14. (und 15.) Jahrhundert kamen Seitenschiffkapellen und Chorumgang hinzu. Insgesamt besitzt die Kathedrale 23 Kapellen.

Die Kathedrale von Évreux weist schöne Flamboyantdetails auf

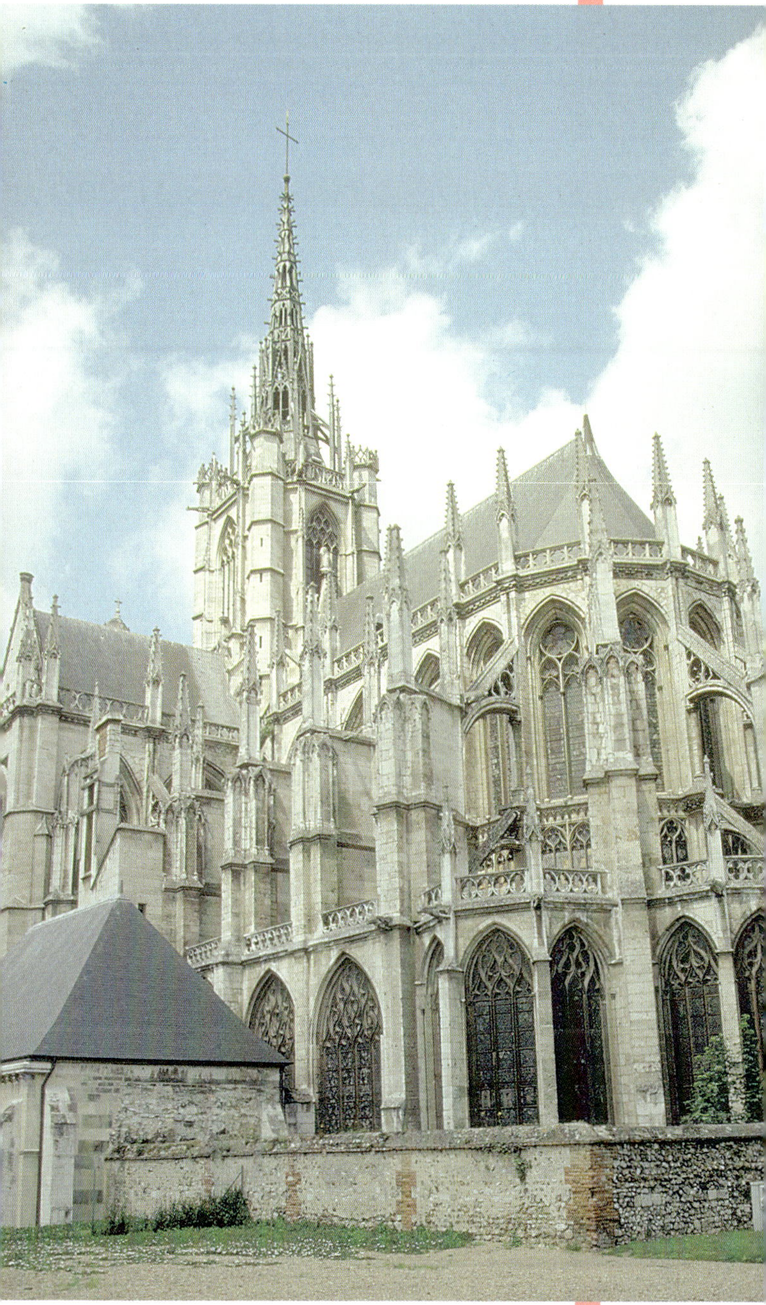

Vierung und Vierungsturm datieren aus dem frühen 15. Jahrhundert und verbinden den breiteren Chor mit dem schmaleren Schiff, ein Umstand, der durch den trapezförmigen Grundriß des ersten Chorjochs gelöst wird.

Höhepunkt dieser gotischen Kathedrale ist das Nordportal in seinem überaus fantasievollen Flamboyant-Schmuck: An den Fabeltieren und Dämonen, die als Wasserspeier ins Freie ragen, kann man sich kaum sattsehen. Strebepfeiler, Fialen und Fiälchen und Maßwerk geben dem Außenbau ein filigranes Aussehen.

Im Innern sind vor allem die Glasmalereien der Chorumgangskapellen (13. bis 16. Jahrhundert) und die kunstvollen Holzgitter aus der Zeit der Renaissance (16. Jahrhundert) bemerkenswert, die die Kapellen abtrennen.

Auf der Südseite der Kathedrale, durch den Kreuzgang mit ihr verbunden, ist der ehemalige **Bischofspalast** aus dem 15. Jahrhundert im Stil der Flamboyant-Gotik errichtet, in dem sich seit 1960 das Städtische Museum befindet. Er ruht auf den Fundamenten der römischen Stadtmauern.

Die **Kirche St-Taurin** ist benannt nach dem ersten Bischof der Stadt im 4./5. Jahrhundert und gehörte früher zu einer Abtei. Die Kirche stammt aus dem 14. und 15. Jahrhundert. Im Innern finden sich Glasmalereien aus dem 15. Jahrhundert, diejenigen in der Apsis zeigen das Leben des heiligen Taurin. Schmuckstück der Kirche ist aber der Schrein des Heiligen aus vergoldetem Silber: ein Meisterwerk der Goldschmiedekunst des 13. Jahrhunderts, das wahrscheinlich in der Abtei entstand.

Der kostbare Reliquienschrein des hl. Taurin befindet sich in einer Kapelle des nördlichen Querschiffarms

Der einzige Rest des mittelalterlichen Stadttors ist der 44 m hohe Bergfried **Tour de l'Horloge** aus dem 15. Jahrhundert, von dem aus man zu einem Gang entlang der alten Stadtmauern bis zur Kathedrale starten kann. Sie folgen dem Lauf des Flusses Iton. Der Turm trägt die 1406 gegossene Sturmglocke, die jede Stunde geläutet wird.

Museum

Musée Municipal (Städtisches Museum)

Das Museum im Bischofspalast zeigt im Erdgeschoß Ausstellungen über die lokalen Traditionen, die Geschichte des Departements Eure und die Stadt, außerdem werden Werke religiöser Kunst vom Mittelalter bis zur Renaissance ausgestellt.

Schwerpunkt des Museums sind die archäologischen Sammlungen. Sie reichen von der Altsteinzeit bis zur Merowingerzeit. Ein 60 m langes Originalstück der Stadtmauer aus römischer Zeit (3. Jahrhundert), auf der der Bischofspalast errichtet wurde, wird im Untergeschoß gezeigt.

Öffnungszeiten
tgl. außer montags und sonntags vormittags 1. 4. bis 30. 9. 10-12 und 14-18, 1. 10. bis 31. 3. 10-12 und 14-17 Uhr

Weiterhin gibt es im 1. Stock Gemälde, Möbel und Keramik aus dem 16. bis 18. Jahrhundert zu sehen. Hinzu kommt im 2. Stock eine Sammlung von Gemälden aus dem 19. Jahrhundert, u.a. von Boudin, Lebourg und Géricault.

Falaise

Ihren Namen erhielt die Stadt nach dem steil ins Flußtal des Ante abfallenden Sandsteinfelsen: Das französische Wort „falaise" (= Klippe, Felsen) ist übrigens etymologisch mit dem deutschen „Felsen" eng verwandt.

Departement Calvados
ca. 8000 Einwohner

Markt
Samstag

Information
Office de Tourisme, Le Forum, Boulevard de la Libération, 14700 Falaise, Tel. 02 31 90 17 26

Geschichte

Der Bau einer Festung auf dem Felsvorsprung bot sich an, und um das Jahr 1000 ließ Normannenherzog Richard II. eine Burg errichten. 1027 wurde hier Wilhelm der Eroberer geboren. Wilhelm verbrachte seine Kindheit in Falaise, fern seiner mißgünstigen Onkel und der anderen Verwandtschaft, die ihm nach dem Leben trachtete.

Nach seiner Glanzzeit unter den Normannenherzögen gelangte Falaise erst in diesem Jahrhundert wieder zu einer wenn auch traurigen Berühmtheit. Im Zuge der Landung der Alliierten in der Normandie im Zweiten Weltkrieg wurde die Stadt fast völlig zerstört. Nachdem ein Gegenfeldzug der Deutschen Richtung Avranches gescheitert war und die amerikanischen Truppen von Südwesten aus vorgedrungen waren, hatten englische Truppen am 16. August 1944 von Caen aus bis Falaise einen Vorstoß geschafft und so die deutschen Truppen nahezu eingekesselt. Sie versuchten, durch das enge Nadelöhr zwischen Argentan und Falaise zu entkommen. Zwischen Falaise und Chambois (25 km entfernt) schloß sich der Kreis um die deutschen Truppen am 19. August 1944.

Besichtigung

Hauptsehenswürdigkeit von Falaise ist zweifellos die mittelalterliche **Burg.** Das endgültige Aussehen der Burg bestimmte der Ausbau, den der Sohn Wilhelms des Eroberers, Heinrich I., durchführen ließ. Das Fenster, von dem aus der junge Robert die schöne Arlette am Brunnen gesehen haben soll, (→ S. 30), dürfte also in seiner damaligen Form wohl nicht mehr existieren. Der rechteckige Donjon – die 3,5 m dicken Mauern werden noch mit Strebepfeilern aus hellem Caener Sandstein verstärkt – entstand um 1123 unter Heinrich I. und besitzt eine Kapelle (zweigeschossig nach Art einer Palastka-

Die Burg (Château) von Falaise liegt auf einem schroffen Felsvorsprung

pelle) und das Zimmer, in dem Wilhelm der Eroberer geboren wurde. Der kleinere Turm neben dem Donjon wurde zur flankierenden Verteidigung ca. 1150 errichtet und im 15. Jahrhundert mit Fenstern und Schießscharten versehen. Der massige runde Turm, der sogenannte „Tour Talbot", wurde dagegen 1207 unter französischer Herrschaft hinzugefügt. Der über 30 m hohe Turm besteht im Innern aus fünf z.T. gewölbten Sälen übereinander.

Nach den Zerstörungen im Zweiten Weltkrieg kamen auch die Überreste der Burgmauern mit den insgesamt 16 Türmen zum Vorschein. Von den sechs Toren existieren noch drei. Eine davon ist die **Porte des Cordeliers,** benannt nach einem Franziskanerkonvent (cordelière = Franziskanerschnur), aus dem 14. Jahrhundert.

Die **Kirche Ste-Trinité** stammt aus dem 15. Jahrhundert; ihr Vorbau ist ein Beispiel der Flamboyant-Gotik, daneben zeigt die Kirche zahlreiche Renaissance-Elemente. Gänzlich romanisch konnte sich die Kirche Notre-Dame de Guibray im gleichnamigen Stadtteil erhalten. Im Mittelalter bekannt war der Markt von Guibray.

Die **Kirche St-Gervais** dagegen zeigt den Übergang von Romanik zu Gotik recht deutlich. Begonnen wurde sie im 12. Jahrhundert – aus dieser Bauphase stammen der Turm und die Nordseite des Schiffs – und vollendet im 15. Jahrhundert im Stil der Gotik.

Museum

Musée Août 1944

Öffnungszeiten
Palmsonntag bis 11. 11. tgl. außer dienstags 10-12 u. 14-18 Uhr, Juni bis August tgl.

Zu Füßen der Burg hat man in einem modernen Gebäude ein Museum über die Ereignisse des August 1944 eingerichtet. Es zeigt zahlreiche Dokumente, Modelle und Fotos von der Kesselschlacht.

Umgebung

Falaise ist gut geeignet für einen Ausflug in die **Suisse Normande** (→ S.167).

Eine Natur-Sehenswürdigkeit, die man ca. 8 km nördlich von Falaise aus besichtigen kann, ist die **Brèche au Diable,** eine tiefe Schlucht, die der Fluß Laizon in das Gestein gegraben hat. Von der N 158 rechts ab auf die schmale D 261 nach Soumont-St-Quentin, von der es links bis zu einer kleinen Kirche geht. Dort kann man parken und in die Schlucht hinabsteigen.

Fécamp

Fécamp liegt am Ende eines kleinen Tals zwischen steilen Felswänden im Pays de Caux. Die betriebsame Hafenstadt ist ein altes Zentrum der fischverarbeitenden Industrie und beliebter Badeort. Der Schriftsteller Guy de Maupassant lebte hier lange Zeit, die Stadt ist Schauplatz vieler seiner Geschichten.

Departement Seine-Maritime
rund 21000 Einwohner

Markt
Samstag

Feste
Im Juni Wallfahrt zum Heiligen Blut, Dreifaltigkeitsfest

Information
Office du Tourisme, 113, rue Alexandre Le Grand, 76400 Fécamp, Tel. 02 35 28 51 01

Geschichte

Noch bevor der Mont St-Michel Frankreichs Wallfahrtsziel Nummer Eins wurde, zog die Reliquie des heiligen Bluts Jahr für Jahr zahlreiche Pilger nach Fécamp. Der Legende nach war nämlich einer der Blutstropfen Christi, die Joseph von Arimathia aufgefangen hatte, in eine Bleihülle eingeschlossen und in einem Stück Feigenholz verborgen, genau an dieser Stelle der normannischen Küste angeschwemmt worden. Im Jahre 943 war dann ein als Pilger getarnter Engel erschienen, der die Bischofskonferenz davon überzeugte, daß die Abteikirche der Dreifaltigkeit zu weihen sei. Der Engel verschwand, nicht ohne einen Fußabdruck im Stein zu hinterlassen, den man noch in der Chapelle de la Dormition aufbewahrt.

Im 11. Jahrhundert ließ der Normannenherzog Richard II., begeistert von der Erneuerung des Benediktinerordens im burgundischen Cluny, Wilhelm von Volpiano eigens aus Dijon kommen und das Kloster der Hl. Dreifaltigkeit nach cluniazensischem Vorbild umgestalten.

Als 1510 einem der Mönche die Erfindung des Kräuterlikörs Bénédictine gelang, war der Abtei Ruhm gesichert – bis zum heutigen Tag wird das Rezept des 27-Kräuter-Likörs streng geheimgehalten.

Besichtigung

Die frühere **Abteikirche La Trinité,** auf Herzog Richards Wunsch im 11. Jahrhundert erbaut, fiel einem Brand zum Opfer. Der frühgotische Neubau stammt aus dem 12. und 13. Jahrhundert. In den an die Kirche anschließenden ehemaligen Abteigebäuden befindet sich jetzt das Rathaus der Stadt. Die Kirche mit ihren imposanten Ausmaßen (127 m Länge und 65 m hoher Turm) und zahlreichen Chorkapellen ist ein Beispiel der frühen normannischen Gotik.

Im südlichen Querschiffarm (Dormition de la Vierge, 15. Jahrhundert) befindet sich, in einem Reliquiar verborgen, der berühmte Fußabdruck des Engels. Gegenüber der den Chor verlängernden Chapelle de la Vierge wird das Tabernakel mit dem Heiligen Blut aufbewahrt, eingeschlossen in weißen Marmor. Die beiden nächsten Kapellen – entgegen dem Uhrzeigersinn – sind die einzigen Überbleibsel der romanischen Kirche aus dem 11. Jahrhundert.

In der nächstfolgenden Seitenkapelle des Chors, Chapelle de la Sacré Coeur, befindet sich das Grabmal Wilhelms von Volpiano (gestorben 1031), das aber erst im 17. Jahrhundert gefertigt wurde.

Gegenüber der Abteikirche sind die Ruinen des Herzogspalastes aus dem 10./11. Jahrhundert zu sehen.

Das **Altstadtviertel** von Fécamp erstreckt sich im Südosten der Abteikirche. Gegenüber dem Tour de la Maîtrise in der rue Arquaise steht in Nr. 10, rue des Forts das Maison à la Fleur de Lys aus dem 16. Jahrhundert. Weiter in Richtung Hafen liegt das imposante Gebäude des **Musée de la Bénédictine** in einer Stilmischung aus Gotik und Renaissance (19. Jahrhundert). Früher wurde dort der berühmte Likör hergestellt.

Museen

Öffnungszeiten 2. 1. bis 15. 3. und 12. 11. bis 31. 12. Führungen um 10.30 und 15.30 Uhr, 16. 3. bis 15. 5. und 2. 9. bis 11. 11. 10-12 und 14-17.30 Uhr, 16. 5. bis 1. 9. 9.30-18 Uhr

Musée de la Bénédictine

Das Museum in der ehemaligen Kräuterlikör-Destillerie (rund 120000 Besucher im Jahr) erinnert an die Geschichte dieses Likörs. Außerdem wird sakrale Kunst gezeigt, schöne Möbel, römische Lampen, Gold- und Kunstschmiedearbeiten.

Öffnungszeiten Musée des Terres-Neuvas und Centre-des-Arts tgl. außer dienstags 10-12 und 14-17.30 Uhr, Juli/August bis 18.30 Uhr

Musée des Terres-Neuvas et de la Pêche

Der Schwerpunkt des direkt am Hafen gelegenen Museums liegt auf der Geschichte der Hochseefischerei, besonders des Kabeljaufangs vor Neufundland, der von Fécamp aus betrieben wurde.

Musée Centre-des-Arts

Das Kunstmuseum in einem Gebäude des 18. Jahrhunderts beherbergt Gemälde, Keramik aus Rouen, Delft und anderes Kunsthandwerk wie fein geschnitzte Elfenbeingegenstände und Objekte aus Fernost.

Umgebung

11 km westlich Fécamp liegt **Valmont,** wo sich seit dem 10. Jahrhundert die Festung der Estoutevilles erhob, 1196 gründete die Familie auch die Abtei im Tal, die ihr als Grabstätte diente. Erhalten sind Ruinen der Abtei mit der im 16. Jahrhundert restaurierten Kapelle (Skulpturen) und die Abteigebäude (17. Jahrhundert). Das Schloß wirkt noch immer festungsartig. Dieser Eindruck entsteht durch den Donjon (11./15. Jahrhundert), an den sich ein aus roten Ziegeln und weißem Stein gebauter Flügel anschließt. Der Renaissanceflügel wurde im 19. Jahrhundert völlig umgestaltet. Wegen Umbauten ist die Anlage nicht immer zugänglich.

Schloß Angerville-Bailleul, 13 km südlich von Fécamp, stammt aus der Mitte des 16. Jahrhunderts. Dort soll sich die schottische Königin Maria Stuart 1561 auf ihrer Rückreise nach Frankreich aufgehalten haben. Nur der Park kann besichtigt werden.

Granville

Die Hafenstadt Granville ist Fährhafen zu den englischen Kanalinseln und den Chausey-Inseln. Die frühere Bedeutung der Fischerei ist im Hafen noch zu spüren, doch heute dominieren der moderne Jachthafen und das Wassersportzentrum (Centre nautisme). Oberhalb vom Strand, der bei Ebbe Sandflächen und ein abgeteiltes Meerwasserschwimmbecken bietet, befindet sich ein modernes Meerwasserheilzentrum (Centre thalassothérapique) mit Kureinrichtungen.

Departement Manche
ca. 12000 Einwohner

Markt
Samstag

Feste
Von Karnevalssamstag bis -dienstag wird in Granville überschwenglich gefeiert. Mitte Juli: Wallfahrt

Information
Office du Tourisme, 4, cours Jonville, 50400 Granville, Tel. 02 33 91 30 03

Geschichte

Die auf dem Pointe du Roc über dem Meer thronende Zitadelle von Granville spielte immer wieder eine Rolle in den Kriegen gegen England. Die Stadt verdankt die Festung, die 1437 hoch auf dem Fels gebaut wurde, allerdings einem Engländer. Im Jahr 1441 jedoch eroberten die französischen Truppen sie vom Mont St-Michel aus. In französischem Besitz wurde Granville weiter ausgebaut und wuchs beständig. 1695 hatte es unter Bombardements der englischen Flotte zu leiden. Ein Verteidigungsring um die heutige Oberstadt (Ville Haute) entstand 1720.

Der Hafen gewann zunehmend an Bedeutung als Zentrum des normannischen Eisenexports. Er diente als Einfuhrhafen für Kohle, Holz und Getreide. Hinzu kam die Hochseefischerei, die die Fischer aus Granville bis vor die Küsten von Neufundland führte.

Besichtigung

Die Stadt besteht aus einer in grauem Granit gebauten Oberstadt und der Unterstadt am Hafen, wo sich das Zentrum des Handels befindet. Dort bieten Restaurants frische Meeresfrüchte an. Die Haupteinkaufsstraße befindet sich Richtung Bahnhof, westlich vom eigentlichen Zentrum.

Im Jachthafen von Granville

Granville
1 Musée du Vieux Granville
2 Musée Richard Anacréon
3 Musée Christian Dior
4 Historial de Granville
5 Aquarium du Roc

Die durch eine Befestigungsmauer abgetrennte **Oberstadt** mit den etwas düster wirkenden grauen Granithäusern (16.-18. Jahrhundert) und ihren engen Gäßchen sollte man zu Fuß erkunden. Der Aufstieg ist über Treppen links vom Casino möglich. Vom Place de l'Isthme mit dem **Musée Richard Anacréon** bietet sich ein weiter Blick aufs Meer. Hier beginnt auch die „Tour des Remparts", ein Rundweg entlang der Stadtmauern, der immer wieder schöne Ausblicke ermöglicht; im Nordwesten sind die Chausey-Inseln, im Norden Jersey zu erkennen. Auf der Südseite betritt man die Festungsstadt, die zum großen Teil aus dem von den Chausey-Inseln herangeschafften Granit erbaut wurde, durch die Grand' Porte. In dem Tor mit Zugbrücke ist heute das Museum zur Stadtgeschichte, **Musée du Vieux Granville,** eingerichtet. Die **Kirche Notre-Dame** ganz im Westen des Rundwegs durch die Oberstadt stammt aus dem 16./17. Jahrhundert und wirkt durch den grauen Granit sehr trutzig.

Weitere Spaziergänge führen vom Hafen vorbei am Aquarium zum äußersten Felsvorsprung **Pointe du Roc** mit seinem Leuchtturm oder vom Strand über Treppen hinauf zu der als Museum eingerichteten **Villa der Familie Dior,** an die sich ein sehenswerter Garten mit Duft- und mediterranen Pflanzen anschließt.

Über der Hafenzeile erhebt sich die Oberstadt

Museen

Musée du Vieux Granville (1)
Das Museum zeigt Ausstellungen zur lokalen Geschichte, Kunst und Kunsthandwerk der Gegend.

Musée Richard Anacréon (2)
Wechselnden Ausstellungen zeitgenössischer Kunst.

Musée Christian Dior (3)
In der Villa Les Rhumbs hoch auf den Klippen widmen sich Wechselausstellungen dem Thema Mode, eine Erinnerung daran, daß der Modeschöpfer Christian Dior 1905 in diesem Haus geboren wurde.

Historial de Granville (4)
Ein Wachspuppenmuseum, in dem die Stadtgeschichte in Bild und Ton (kommentierte Führungen) sowie durch besondere Lichteffekte veranschaulicht wird.

Aquarium du Roc (5)
Im Aquarium werden Fische und andere Meerestiere aus der ganzen Welt gezeigt. Sehenswert im Muschel- und Korallenmuseum sind die bis zu 5 m hohen, ganz aus Muscheln und Korallen in Handarbeit nachgebauten Gegenstände und Miniatur-Bauten. Außerdem gibt es Mineralien und Schmetterlinge zu sehen.

Öffnungszeiten

(1) *1. 7. bis 30. 9. tgl. außer Di 10-12 und 14-18 Uhr, 1. 10. bis 31. 3. nur Mi., Sa. und So. nachmittags, 1. 4. bis 30. 6. tgl. außer Mo. und Di;*

(2) *Im Sommer tgl. außer Di 10-12 und 14-18 Uhr;*

(3) *April bis Oktober tgl. außer Mo, 10-12.30 und 14.30-19 Uhr; Garten: ganzjährig;*

(4) *April bis Juni Mi. bis So. 15-19 Uhr, Juli und Aug. tgl. 10-12 und 15-19 Uhr, Sept. tgl. 15-19 Uhr;*

(5) *Mitte Mai bis Mitte Sept. 9.30-12 und 14-18 Uhr, im Winter nur So nachm. und in den Weihnachtsferien*

„Stücke von Frankreich, die ins Meer gefallen sind...

... und von England aufgehoben wurden" – so beschrieb Victor Hugo die Îles anglo-normandes zwischen England und Frankreich am Ausgang des Ärmelkanals: die Kanalinseln. Mit Recht, denn eine gemeinsame Geschichte verbindet sie mit dem Herzogtum Normandie. Bis zum Jahre 1204, als der englische König und Herzog der Normandie Johann „ohne Land" nach einem Rechtsstreit alle Besitzungen auf dem Festland abtreten mußte, lagen sie im Zentrum des anglonormannischen Reiches. Johann behielt nur die Inseln: neben England auch den kleinen Archipel vor der Halbinsel Cotentin. Noch heute huldigen die selbstverwalteten Inselstaaten der englischen Queen in deren Eigenschaft als „Duke of Normandy" – die englische Regierung hat hier nichts zu sagen. Und sie sind mit jedem Festlands-Normannen einig, daß England von ihnen erobert worden sei, damals im Jahre 1066.

Nur 24 km von der Küste des Cotentin entfernt liegt die größte und südlichste Insel **Jersey,** *per Schiff von der normannischen Küste erreichbar in maximal 1 Std. 30 Minuten. Bei einem Tagesausflug – und sei es nur zum Shopping – in die quirlige Hauptstadt St Helier kann man die abwechslungsreichste der fünf bewohnten Inseln erkunden. Neben günstigen Einkaufsmöglichkeiten – mehrwertsteuerfrei, denn es gelten eigene Steuergesetze – findet man auf Jersey herrlich einsame Klippenpfade im rauhen Norden, sandige Badebuchten und grüne Täler, dazu gutes französisches Essen und viel englisches Flair. Zwar sprach man auf den Inseln noch bis zum Zweiten Weltkrieg einen normannischen Dialekt und sind Orts- und Straßennamen noch immer französisch, aber heute ist Englisch die Umgangssprache. Nur bei staatlichen Zeremonien und in der Rechtsprechung nach altem normannischen Brauch kommt noch Französisch zu Ehren.*

Wohnhaus von Victor Hugo auf Guernsey

Die Nähe zu Frankreich machte die Inseln auch zum Exil für Flüchtlinge. Der unter Napoleon III. politisch verfolgte Dichter Victor Hugo verbrachte 15 Jahre hier, die längste Zeit davon in **Guernsey,** *der zweitgrößten Insel. Sein Wohnhaus mit der Originaleinrichtung nach eigenen Entwürfen kann man besichtigen. Es liegt am Rand der malerischen Inselhauptstadt St Peter Port in herrlicher Lage hoch über den Klippen. Das milde Klima erlaubt hier mehr noch als auf dem normannischen Festland die Anlage exotischer Gärten: Uralte immergrüne Steineichen säumen die Straßen, Lorbeer und Palmen wachsen in den Gärten. Früher lebte man von der Tomaten- und Frühkartoffelzucht, heute sind die meisten Gewächshäuser gefüllt mit Nelken, Rosen und Freesien für den Blumenversand. Mit Abstand die wichtigste Einnahmequelle der Inseln ist allerdings mittlerweile nach dem Tourismus die Finanzwirtschaft – die günstigen Gesetze machen es möglich.*

Während des Zweiten Weltkriegs waren die Inseln der einzige von deutschen Truppen besetzte Teil unter britischer Krone – und die Besatzer pflasterten die strategisch wichtigen Punkte mit Geschützstellungen und Bunkern. Wie die Viktorianer vor ihnen, die aus Angst vor napoleonischen Invasionen eine ganze Kette zierlicher Türme und Forts bauten, die heute schon wieder malerisch wirken. Allein zwölf Forts säumen die mit 15 km² drittgrößte Insel **Alderney** (Aurigny), am nächsten vor der normannischen Küste gelegen und mit bloßem Auge vom Kap de la Hague erkennbar. Alderney beeindruckt durch den wilden Charme seiner Natur – die Klippen rundum sind ein Paradies für Seevögel. Die meisten der Einwohner leben in der Hauptstadt St Anne, ein hübscher Ort mit in freundlichen Farben getünchten Häuschen. Die Insel ist regulär nur mit kleinen Propellerflugzeugen erreichbar – jeder Flug ein unvergeßliches Erlebnis!

Sark schließlich ist eine natürliche Festung, ein 100 m aus dem Meer aufsteigendes Granitplateau, nur per Boot zu erreichen. Denn wie vor 400 Jahren, als die Insel kolonisiert wurde, herrscht nach feudalem Brauch und ausgestattet mit zahlreichen alten Privilegien, der Seigneur über rund 500 Einwohner. Er sorgt dafür, daß auch weiterhin außer Traktoren alle Motorfahrzeuge verbannt bleiben und ein Flugplatz gar nicht erst in Frage kommt. Pferdekutschen und Fahrräder sind die üblichen Verkehrsmittel. So gibt es auf der Insel vor allem eins: viel Ruhe und Beschaulichkeit.

Herrenhaus des Seigneurs von Sark

Umgebung

Ein Schiffsausflug (Fahrtdauer ca. 50 Min.) zu den etwa 16 km entfernten **Chausey-Inseln** von Granville aus ist ein Ausflug in eine amphibische Welt. Durch den hohen Gezeitenunterschied wechselt die Größe der Inseln ständig. Bei Ebbe gibt es einsame Buchten mit sandigen Stränden, bei Flut ragt nur noch nackter Fels aus dem Meer. Die größte der bei Ebbe einige hundert Inseln und Inselchen zählenden Inselgruppe, Grande-Île, mißt gerade 1200 mal 300 m – nicht viel Platz zum Siedeln, zumal der Boden keine Landwirtschaft erlaubt. Fischer und Naturfans kommen hier allerdings auf ihre Kosten. Zahlreiche Seevögel nisten auf den umliegenden Felsen. Auf der Grande-Île gibt es eine Hotel, das seinen Gästen verständlicherweise nur Halbpension anbietet. Die Inseln im Meer dienten in der Vergangenheit als Steinbruch für Pariser Straßenpflaster. Auch die Bauten auf dem Mont St-Michel entstanden teilweise aus Chausey-Granit. Anders als die übrigen Kanalinseln gehören sie zu Frankreich.

Bei einem Tagesausflug von Granville auf die englische Kanalinsel **Jersey** kann man zur Abwechslung einmal englisches Flair genießen; die nötigen Ausweispapiere und etwas englisches Geld sollte man dabeihaben.

Bouley Bay auf Jersey

Schiffsausflüge zu den Chausey-Inseln und nach Jersey: Passagierfähren von Mitte April bis Mitte September mit Schiffen der Emeraude Lines, Tel. 02 33 50 16 36. Ganzjähriger Service zu den Chausey-Inseln mit Compagnie Jolie France II, Reservierung erforderlich Tel. 02 33 50 31 81.

Anreise: per Fähre nach Jersey ab Granville, Carteret oder Portbail (→ S. 233); per Flugzeug nach Jersey und Guernsey ab Cherbourg-Maupertus.

Le Havre

Le Havre an der Nordseite der Seinemündung ist neben Rouen die größte Stadt der Normandie, in erster Linie Hafen und Industriestandort. Der zweitgrößte Hafen ganz Frankreichs (nach Marseille) ist auch eines der wichtigsten europäischen Verkehrszentren. Neben dem Seeverkehr über den Atlantik spielen Fährverbindungen nach Großbritannien (Portsmouth) und Irland eine Rolle.

Departement Seine-Maritime
rund 250 000 Einwohner
im Großraum

Feste
Segel-Regattas im Sommer

Information
Office du Tourisme,
Place de l'Hôtel de Ville,
76600 Le Havre,
Tel. 02 35 21 22 88

Geschichte

Le Havre ist keine sehr alte Stadt. Nachdem der Hafen von Harfleur an der Seinemündung unaufhaltsam im Sand zu versinken begann, gründete König Franz I. 1517 westlich davon einen neuen Hafen. Die neugegründete Stadt entstand nahe einer alten Fischersiedlung und hieß zunächst Françoiseville oder Franciscopolis. Aber dieser Name konnte sich bei der Bevölkerung nicht durchsetzen und man nannte sie „Havre de Grâce" (Hafen der Gnade) nach einer kleinen, Anfang des 16. Jahrhunderts der Notre-Dame de la Grâce (der gnädigen Jungfrau) geweihten Kapelle. Die Einwohnerzahl der Stadt wuchs rasch an, denn es gehörte zu ihren königlichen Privilegien, daß es keine Beschränkung des Zuzugs gab. Man baute bis dicht ans Wasser. Schon am 15. Januar 1525 kamen bei einer Sturmflut zahlreiche Einwohner um. Im selben Jahr kam der König nach Le Havre, das auch sein Wappen trägt (einen flammenumzüngelten Silbersalamander), um seine Flotte gegen England auslaufen zu sehen.

Während der Religionskriege blieb die Stadt nicht ungeschoren. 1562 bemächtigten sich die Hugenotten des Turms und der Befestigung, wurden aber schließlich wieder aus der Stadt vertrieben. Ein geschicktes Ablenkungsmanöver rettete Le Havre 1694 vor dem Schicksal Dieppes, das die Engländer durch ihre Kanonen zum großen Teil zerstörten. Die Bewohner der Stadt schleppten ihre Strohmatratzen aus den Häusern und brachten sie in die umliegenden Salzsümpfe. Als diese in Flammen aufgingen, richteten die Angreifer ihre Kanonen gegen die vermeintliche „Stadt".

Der Zweite Weltkrieg aber machte Le Havre nahezu dem Erdboden gleich. Während Paris schon befreit war, wurde die Stadt noch acht Tage lang bombardiert, und die letzten deutschen Truppen sprengten ihrerseits alle noch brauchbaren Hafeneinrichtungen. Vom Vorkriegs-Le Havre, Schauplatz von Marcel Carnés berühmtem Film „Quai de Brumes" (1938), blieb praktisch nichts.

Doch wie sein Wappentier, der silberne Salamander, sich im Feuer erneuert und unsterblich ist, erstand Le Havre nach dem Krieg neu. 150 Hektar Innenstadt waren zu planen und zu bebauen: Wohnhäuser und Geschäftsviertel, Straßen und Plätze. Das Quartier Moderne wurde unter der Leitung von Auguste Perret, dem führenden Architekten der französischen Eisenbeton-Baukunst, auch städteplanerisch völlig neu konzipiert. Die verwinkelten krummen Gassen des alten Hafenviertels verschwanden, es entstand ein rechtwinklig angelegtes Straßennetz mit breiten Boulevards – aus heutiger Sicht sicher nicht das Optimale.

Für die neuen Hafenanlagen des modernen Le Havre war genügend Platz: den Jachthafen, den riesigen Containerhafen, den Fährhafen, eines der größten Heizkraftwerke Europas (Kohle und Öl), den Petroleumhafen und die ausgedehnten Industrieanlagen.

Neue Impulse für die Wirtschaft erhofft sich der fünftgrößte Hafen Europas nach dem Bau der Pont de Normandie. Die verbesserte Verkehrsanbindung soll den Handel und das Geschäftsleben der Hafenstadt fördern – und mehr Besucher anlocken.

Stadtplan Le Havre
1 Rathaus und Touristeninformation
2 Espace Niemeyer mit dem Kulturzentrum
3 Bassin du Commerce
4 Kirche St.-Joseph
5 Musée des Beaux-Ars André Malraux
6 Musée de l'Ancien Havre
7 Museum d'Histoire Naturelle
8 Jachthafen
9 Fährterminal
10 Hauptpostamt

Besichtigung

Fährt man von Osten in die Stadt ein, wird man auf schnurgeraden vielspurigen Straßen geradewegs ins moderne Zentrum gelotst, mit dem Rathaus (Hôtel de Ville) auf der rechten, und der Kirche St-Joseph auf der linken Seite als Orientierungspunkte. Das **Rathaus** (1) mit seinem 72 m hohen Turm wurde ebenso wie die Kirche nach Plänen von Auguste Perret (1874 -1954) aus unverkleidetem Beton erbaut. Der Platz vor dem Rathaus ist einer der größten Europas. Jenseits befinden sich die öffentlichen Parkanlagen des Jardin public mit einem Denkmal für die Résistance. Durchquert man den Park Richtung Süden, gelangt man zum **Espace Niemeyer** (2), der von dem brasilianischen Architekten Oscar Niemeyer gestaltet wurde, mit dem Kulturzentrum der Stadt: Theater, Kino und Ausstellungsräumlichkeiten sind hier zu finden. Vom Espace Richtung Osten überblickt man das Bassin de Commerce mit dem Gebäude des Internationalen Handelszentrums dahinter. Wendet man sich Richtung Westen,

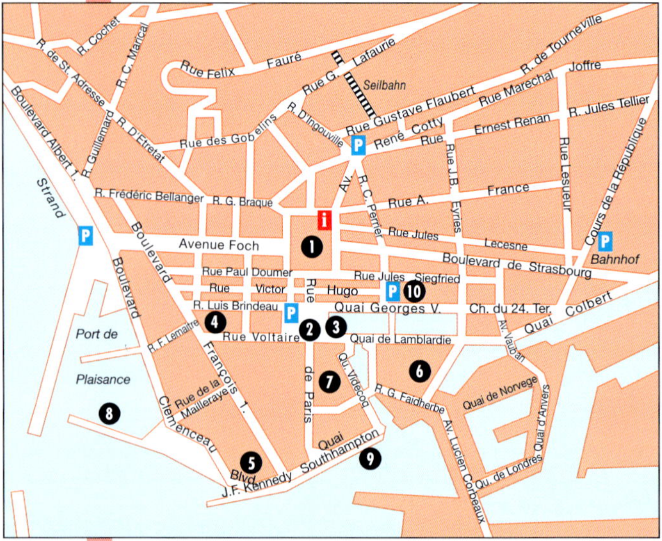

Le Havre – direkt am Hafen entstand eine neue moderne Stadt, nachdem sie im Zweiten Weltkrieg völlig zerstört wurde

kommt man zur **Kirche St-Joseph** (4), ein Meisterwerk nach Plänen des Betonarchitekten Perret aus den 50er Jahren. Der achteckige Glockenturm ist immerhin 109 m hoch. Im Innern tragen vier mal vier Pfeiler den Laternenturm. Nördlich gelangt man zur baumgesäumten Prachtstraße Avenue Foch, in die es links ab in Richtung Porte Océane geht. Dort ragen 14-stöckige Hochhäuser auf. Dahinter erstreckt sich der nur bei Ebbe sandige Strand Richtung Cap de la Hève bis nach Ste-Adresse. Von der Mole **Digue Nord** hat man einen Blick auf den Jachthafen (8), der über 1000 Booten Platz bietet, und den regen Schiffsverkehr.

Am Strand entlang kann man kilometerlang bis zum Badeort **Ste-Adresse** und zum Cap de la Hève spazieren, wo sich ein Aussichtspunkt befindet, von dem bei klarem Wetter sogar die Calvadosküste sichtbar ist.

Weitere Aussichtspunkte in der Stadt werden durch eine Seilbahn erschlossen, die die Rue Gustave Flaubert mit der Rue Felix Faure verbindet.

Museen

Musée des Beaux-Arts André Malraux (5)

Das „Museum der Schönen Künste" in Le Havre wurde 1961 von seinem Namensgeber, dem Schriftsteller und damaligen französischen Kultusminister André Malraux, eingeweiht und ist eines der wichtigsten Museen für die klassische Moderne. In dem modernen Glas- und-Betonbau direkt am Hafen neben dem mehr als 50 m hohen Signalmast liegt der

Öffnungszeiten voraussichtlich ab März 1999 11-18 Uhr

Raoul Dufy – Gemälde im Museum der Schönen Künste in Le Havre
Foto: Musée des Beaux-Arts, Rouen

Schwerpunkt auf den Werken von Raoul Dufy, der 1977 in Le Havre geboren wurde und einer der führenden Vertreter der Schule der „Fauves" war, der „Wilden", die ihren Namen aufgrund der intensiven Farbwirkung ihrer Bilder erhielten. Zu ihnen gehörten auch Kees Van Dongen und Othon Friesz, beide gleichfalls im Museum vertreten. Auch die impressionistischen Vorläufer der Fauves sind ausgestellt, u.a. Gemälde von Mitgliedern der Schule von Honfleur: Boudin, Jongkind, Monet, Pissarro, Sisley, Renoir.

Öffnungszeiten
tgl. außer montags und dienstags 10-12 u. 14-18 Uhr

Musée de l'Ancien Havre (6)

Das „Museum des alten Le Havre" widmet sich in erster Linie der Stadtgeschichte vom frühen 16. Jahrhundert an. Es ist in einem der wenigen erhaltenen Häuser aus dem 17. Jahrhundert neben der Kirche St-François untergebracht.

Öffnungszeiten
montags, donnerstags und freitags 14.30-17.30, mittwochs, samstags, sonntags 10-11.30 u. 14.30-17.30 Uhr

Musée d'Histoire Naturelle (7)

Das Naturhistorische Museum im ehemaligen Justizpalast aus dem 18. Jahrhundert zeigt Ausstellungen insbesondere zur Vogelwelt der Seinemündung und der umliegenden Salzwiesen.

Honfleur

Honfleur, auf der Le Havre gegenüberliegenden Seite der Seinemündung gelegen und der Großstadt durch die Eröffnung der Pont de Normandie 1995 erheblich näher gerückt, hat sein malerisches, altes Stadtbild noch bewahren können: der alte Hafen, die Holzkirche, die ehrwürdigen Wohnhäuser und die steilen Straßen. Seit 1974 ist der 37 ha große Stadtkern unter Denkmalschutz gestellt.

Departement Calvados
ca. 8000 Einwohner

Markt
Samstag

Feste
Fest der Seeleute an Pfingsten (Sonntag: Segnung des Meeres, Montag Wallfahrt der Seeleute zur Kapelle Notre-Dame de la Grâce)

Information
Office du Tourisme, place Arthur Boudin, 14600 Honfleur, Tel. 02 31 89 23 30

Geschichte

Es deutet einiges daraufhin, daß Honfleur eine Gründung der Wikinger war. Ihr Kerngebiet befand sich im 9. Jahrhundert am Mündungsgebiet der Seine, die sie immer wieder als „Straße" für ihre Raubzüge ins Landesinnere benutzten. Nicht zuletzt der Name ist dafür ein Beleg: Die Endung -fleur bedeutet „Bucht, Delta" und stammt vom altnordischen „flow", die Vorsilbe „Hon-" ist sicher ein skandinavischer Name. Seine Lage machte Honfleur schon immer zu einem idealen Platz für die Kontrolle der Seine-Mündung und gleichzeitig zum Ausgangspunkt für überseeische Unternehmungen. Im 12. Jahrhundert gehörte die Stadt neben Rouen zu den wichtigsten Häfen für den Handel mit England, lag gleichsam an der Nahtstelle des anglo-normannischen Reiches. Nachdem die Franzosen die Normandie übernommen hatten, hatte es im Hundertjährigen Krieg eine wichtige militärische Bedeutung. 1419 bis 1450 schließlich war Honfleur wieder englisch, bis 1453 die letzten englischen Stellungen in der Normandie geräumt wurden und das Ende des Hundertjährigen Krieges kam.

Der Aufstieg der Hafenstadt begann mit den Entdeckungen in Übersee. 1503 starteten die Expeditionen nach Brasilien, 1506 nach Kanada. Aber erst 1608 erhielt Samuel de Champlain, der von Honfleur aus in See stach, die Erlaubnis, in Quebec eine französische Kolonie zu errichten.

Im 17. Jahrhundert wurde der Hafen stark erweitert. Das heute so pittoresk anmutende alte Hafenbecken war bis dahin ausreichend gewesen. Doch nun begann der Handel mit den Kolonien zu blühen, und die Reeder schickten von Honfleur aus Schiffe in alle Welt: nach Kanada, zu den Antillen, der afrikanischen Küste, den Azoren. Auch die Bedeutung als Fischereihafen wuchs: drei große Salzspeicher durften als Ersatz für die kleineren gebaut werden, denn zur Konservierung der Fische war Salz notwendig.

Nach dem Siebenjährigen Krieg kam der Handel mit Kanada zwar zu einem Stillstand, aber der Antillenhandel nahm zu, bis die Revolutionskriege den Hafen zerstörten. Im 19. Jahrhundert war der Holzhandel mit Skandinavien ein wichtiger Faktor, später auch mit exotischen Hölzern.

Ab Mitte des 19. Jahrhunderts entdeckten die Künstler die malerische Hafenstadt Honfleur. Eugène Boudin, 1824 in der Stadt geboren, gehörte mit seiner Pastellmalerei zu den Vorläufern der Impressionisten und gründete die „Schule von Honfleur". Ein weiterer bedeutender Sohn der Stadt ist der Komponist Erik Satie.

Die pittoreske Hafenstadt Honfleur hat bis heute ihren Reiz

Besichtigung

Der **Vieux Bassin**, das **alte Hafenbecken** (1), gesäumt von schmalen hohen schieferverkleideten Häusern faszinierte schon die Maler des vergangenen Jahrhunderts. Die im engen Becken liegenden bunten Jachten und das Spiel des (in der Normandie so häufig wechselnden) Lichts auf dem silbrig bis schwarz glänzenden Schiefer hat zweifellos malerische Reize. Am Quai St-Étienne fällt gleich der ebenfalls schieferbedeckte Turm der ehemaligen **Kirche St-Étienne** (2) auf, die heute das Marinemuseum beherbergt. Sie ist die älteste Kirche der Stadt und stammt aus dem Jahre 1369, als sie Karl V. bauen ließ, die Engländer ließen sie 1432 erweitern. Nach der Revolution diente sie zunächst als Speicher, dann als Theater und Börse und schließlich 1802 bis 1809 als Fischhalle. Links vorn, am Ende des alten Hafenbeckens, sieht man das alte verwinkelte Steingebäude der **Lieuten-**

Honfleur
1 Altes Hafenbecken
2 Kirche St.-Étienne
3 Lieutenance
4 Église Ste-Cathérine
5 Musée d'art populaire
6 Salzspeicher
7 Musée Eugène Boudin

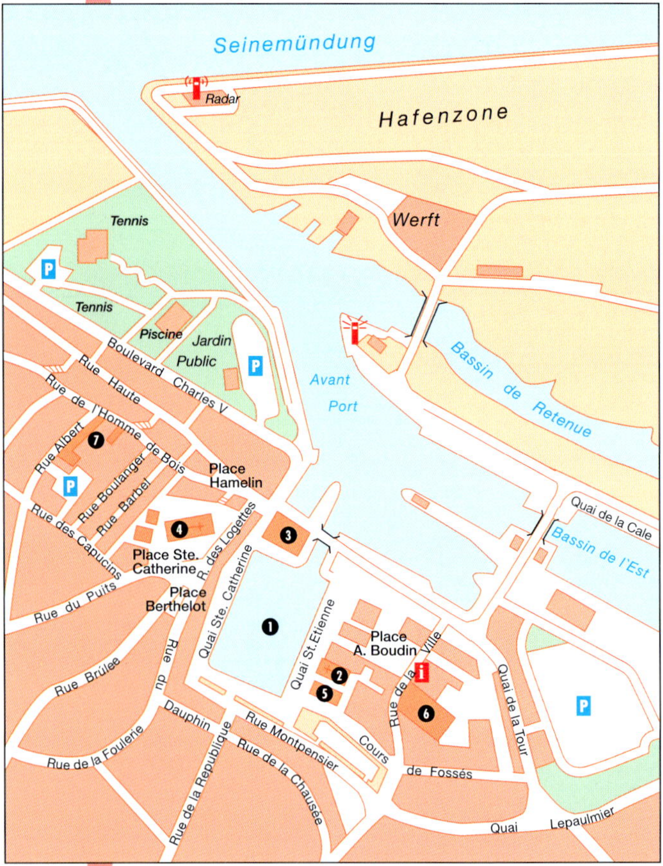

Blick über das Hafenbecken auf die ehemalige Kirche St-Étienne

ance (3), die im 16. Jahrhundert aus den Steinen der alten Befestigung erbaut wurde, die damals im Zuge der Erweiterung des Hafens abgerissen wurde. Das Gebäude war der Sitz des königlichen Gouverneurs in Honfleur.

Hinter dem Hafenbecken geht es hinauf ins alte Stadtviertel **Ste-Cathérine** (4). Wirklich bemerkenswert und eigentümlich ist die gleichnamige Kirche. Sie besteht aus zwei parallelen Schiffen, die – einer Hafenstadt durchaus angemes-

Die Lieutenance an der Hafeneinfahrt

Ganz aus Holz: Die Kirche Ste-Cathérine

sen – die Form zweier umgekehrter Schiffsrümpfe haben. Der größte Teil der Kirche besteht aus Holz, doch die Fundamente sowie die Außenseiten sind aus einem mit Backstein und Kalkmörtel gefüllten Fachwerk aufgebaut. Beim Bau der Kirche bediente man sich notgedrungen der vorhandenen Baustoffe – Holz war wegen des Schiffbaus verfügbar, die Bewohner des Orts konnten als geschickte Schiffsbauer mit diesem Material umgehen und hatten die entsprechenden Werkzeuge zur Hand. Das nördliche (vom Eingang links) der beiden Parallelschiffe entstand 1468, reichte aber schon bald nicht mehr aus für die wachsende Gemeinde, und so entstand 1496 das zweite. Im 16. Jahrhundert kamen die Seitenschiffe und die Vorhalle dazu. Auch die Pfeiler und Kapitelle sind gänzlich aus Holz und zeigen interessante Holzschnitzereien.

Die schieferverkleideten Fassaden sind das "Markenzeichen" von Honfleur

Der zur Kirche gehörende und wie sie mit Kastanienholzschindeln verkleidete **Glockenturm** steht getrennt von ihr und ist ebenfalls zum größten Teil aus Holz. Wer schon in Skandinavien war, wird sich daran erinnern, daß auch dort Glockenturm und Kirche in Holzbauweise meist getrennt nebeneinander stehen. Im steinernen Unterbau war die Wohnung des Glöckners.

Zurück zum Hafenbecken und entlang dem Quai Ste-Catherine vorbei an einladenden Cafés hat man das Hafenbecken nun umrundet und gelangt zum Musée d'Art populaire im ehemaligen Gefängnis. Am Place de la Porte de Rouen dahinter biegt man links in das Gassengewirr ein und findet in der Rue de la Ville auf der rechten Seite zwei der einstmals drei großen **Salzspeicher** (6) der Stadt, die, wie die Lieutenance, aus den Steinen der Befestigungsmauern errichtet wurden. Sie dienen heute als Veranstaltungsort.

Museen

Musée Eugène Boudin (7)

Das dem Maler aus Honfleur gewidmete Museum zeigt neben einer großen Auswahl der Werke von Boudin und den Malern der Schule von Honfleur vor allem lokales Kunsthandwerk wie Truhen, Kleiderschränke, Trachten, Spitzenhauben.

Öffnungszeiten
15. 3. bis 30. 9. tgl. 10-12 und 14-18 Uhr, 1. 10 bis 14. 3. montags bis freitags 14.30-17 Uhr, Wochenende zusätzlich 10-12 Uhr, dienstags geschlossen, 1. 1. bis 14. 2 und an Feiertagen geschlossen

Marinemuseum (2)

Das seit 1976 in der früheren Kirche St-Étienne eingerichtete Marinemuseum zeigt nicht nur zahlreiche Schiffsmodelle, sondern berichtet auch mit den ausgestellten Büsten und Porträts vom Schicksal vieler Seefahrer aus Honfleur, von Piraten bis zu Entdeckern der Neuen Welt, die von hier zu ihren Reisen aufbrachen.

Öffnungszeiten
Juli/August dienstags bis sonntags 10-13 u. 14.30-19 Uhr, übrige Zeit 14-18 Uhr, Mitte Nov. bis Mitte Febr. geschlossen

Musée d'Art populaire (5, *Volkskunstmuseum)*

Das Museum im früheren Gefängnis gleich neben dem Marinemuseum, mit dem zusammen es unter der Bezeichnung „Musée du Vieux Honfleur" firmiert, zeigt einige typisch normannische Inneneinrichtungen. Es werden Führungen veranstaltet.

Öffnungszeiten
wie Musée de la Marine

Eric Satie à l'honneur (Eric Satie Museum)

57 boulevard Charles V. Das 1998 eröffnete Museum zeigt auch weniger bekannte Seiten des 1866 in Honfleur geborenen Komponisten.

Öffnungszeiten
Sommer tgl. 10-19 Uhr, Winter 10.30-18 Uhr, Januar geschlossen

Umgebung

Eine hervorragende Aussicht auf die Seine-Mündung und die Stadt Le Havre hat man von der **Kapelle Notre-Dame de la Grâce** oberhalb der Stadt.

7 km westlich von Honfleur liegt die aus Travertin errichtete efeuüberwucherte Dorfkirche von **Cricqueboeuf,** die etliche skulptierte Kapitelle aus dem 12. Jahrhundert besitzt. Sie hatte ursprünglich drei Schiffe, von denen aber nur eines erhalten blieb.

Einen guten Blick auf die 1995 eingeweihte und als Meisterwerk der Brückenbaukunst gefeierte **Pont de Normandie** (→ S. 69) erhält man von ihrem Südende 4 km von Honfleur.

Lisieux

ca. 24 000 Einwohner
Departement Calvados

Markt
Samstag auf dem Place Thiers und Place de la République

Feste
Kirchweihfest der Basilika am Sonntag, der dem 15. Juli am nächsten liegt. Fest der lächelnden Jungfrau am 15. August (Prozession). Fest der heiligen Theresia am letzten Sonntag im September (Prozession und Zeigen der Reliquien).

Information
11, rue d'Alençon, 14107 Lisieux, Cédex, Tel. 02 31 62 08 41

Bereits zu Zeiten der Römer war Lisieux Zentrum der Region und Hauptstadt des keltischen Stammes der Lexovier. Schon im 6. Jahrhundert wurde die Stadt Bischofssitz. Lisieux ist heute das wirtschaftliche Zentrum des Pays d'Auge. Es ist außerdem Ziel von Wallfahrten zu der Grabstätte der heiligen Theresia vom Kinde Jesu (→ S. 142).

Die heilige Theresia

Der Geschichte von Thérèse Martin, die 1873 in Alençon geboren wurde und nach dem Tod der Mutter und dem Umzug des Vaters nach Lisieux eine frühe Entscheidung zum Klosterleben traf, wird sich der Besucher von Lisieux nur schwer entziehen können: Im Alter von nur neun Jahren entschloß sich die „kleine Theresia", in den Orden der Karmeliterinnen einzutreten. Der Vater gab seine Einwilligung erst, als das Mädchen vierzehn Jahre alt war, doch die Kirche befand Theresia noch für zu jung. So nahm sie eine Wallfahrt nach Rom zum Anlaß, sich gleich an die höchste Instanz zu wenden: an den Papst selbst. Im Alter von 15 Jahren durfte Theresia schließlich 1888 endgültig das Klosterleben im Karmeliterinnenkonvent aufnehmen. Sie starb im Alter von nur 24 Jahren. Bekannt und äußerst populär wurde ihre Autobiographie „Geschichte einer Seele" (1898), die nach ihrem Tode herausgegeben wurde.

Die zweitwichtigste Wallfahrtskirche Frankreichs wurde 1954 auf einem Hügel südlich des Stadtzentrums errichtet. Die Reliquien der hl. Theresia befinden sich in der Chapelle du Carmel.

1997 feierte man in Lisieux von Ostern bis Allerheiligen den 100. Todestag der heiligen Theresia vom Kinde Jesu. In der Abtei werden die Stationen des kurzen Lebens der Heiligen in mit Wachspuppen „belebten" Szenen nachgestellt.

Besichtigung

Über den Wallfahrtsrummel um die heilige Theresia wird oft vergessen, daß es noch einige Dinge mehr in der alten Bischofsstadt Lisieux zu sehen gibt, z.B. die gotische **Kathedrale St-Pierre** (1), die immerhin Schauplatz einer folgenschweren Eheschließung war. In Lisieux heiratete 1152 die ehemalige Gattin des französischen Königs Ludwig VII. (die Ehe war auf ihr Betreiben vom Papst wegen zu enger Verwandtschaft annulliert worden) seinen stärksten Konkurrenten, den damaligen Herzog der Normandie und späteren König von England, Heinrich II. Eleonore von Aquitanien verschob das Machtgefüge in Westeuropa dadurch ganz erheblich zugunsten Englands.

Das heutige Erscheinungsbild des Baus stammt allerdings aus einer späteren Zeit. Um 1170 ließ der Bischof einen gotischen Neubau der Kathedrale errichten, der sich an die frühesten Beispiele gotischer Baukunst in der Ile de France anlehnte. So entstanden Schiff, Vierung und die ersten Chor-

joche in einem Frühstil, der durch die massigen Formen der Rundpfeiler und die Wandgliederung in Arkaden sowie dem Triforium mit geschlossenem Laufgang gekennzeichnet ist. Die Gewölbe kamen erst im 16. Jahrhundert dazu.

Im 13. Jahrhundert wurde dann am Chor weitergebaut, der mit drei Kapellen versehen ist. In einer davon befindet sich

Lisieux
1 Cathédrale Saint-Pierre
2 Justizpalast, ehemaliger Bischofspalast
3 Eglise St. Jacques
4 Basilika Sainte-Thérèse
5 Chapelle du Carmel
6 Musée du Vieux Lisieux
7 Les Buissonnets

das Grab von Pierre Cauchon, des Bischofs, der Jeanne d'Arc den Prozeß machte. Diese Teile des Kirchenbaus zeigen hochgotische Formen. Spitzbogen weisen in die Höhe. Fassade und Vierungsturm kamen ebenfalls im 13. Jahrhundert hinzu. Das ungleiche Aussehen der beiden Fassadentürme hat andere Ursachen: Der linke Turm, mehrfach durch Brände heimgesucht, wurde nicht wieder mit einem Helm versehen, während der rechte, der Mitte des 16. Jahrhunderts eingestürzt war, in romanischem Stil bis aufgebaut wurde.

Links neben der Kathedrale erstreckt sich der heutige Justizpalast und **ehemalige Bischofspalast** (2) aus dem 17. Jahrhundert. Der Garten dahinter ist eine sehenswerte Anlage. Vom ehemals im strengen französischen Stil gehaltenen Garten des Bischofspalasts aus hat man einen schönen Blick ins Tal der Touques.

Alte Stadthäuser aus dem 15. bis 18. Jahrhundert, teils aus Fachwerk, finden sich in der Rue Henry Cheron, Rue du Docteur Degrenne und Rue Aristide Briand.

Nicht nur Wallfahrer zum Grab der heiligen Theresia können sich das schön restaurierte Wohnhaus der Familie, Les Buissonnets (7), ansehen (in einer kleinen Seitenstraße östlich des Boulevard Duchesne Fournet), in dem Erinnerungsstücke gezeigt werden.

Eines der Wallfahrtsziele in Lisieux ist die Basilika Ste-Thérèse

Auf dem Weg zur riesigen, auf einem Berg thronenden Basilika Ste-Thérèse kommt man an der spätgotischen **Kirche St-Jacques** (3) im Flamiboyant-Stil vorbei, die aus dem 15. Jahrhundert stammt.

Die **Basilika Ste-Thérèse** (4) ist eine der größten Kirchen des 20. Jahrhunderts. Die Kuppel ragt über 90 m auf. Schnurgerade führt die Pilgerstraße – vom brandenden Verkehr der Lastwagen keinesfalls verschont – hinauf zur Kirche.

Während der Hauptsaison von Mai bis Oktober kann man mit einem der kleinen Touristen-Züge eine bequeme Stadtrundfahrt zu den Hauptsehenswürdigkeiten von Lisieux unternehmen.

Museum

Musée d'Art et d'Histoire (6, Musée du Vieux Lisieux)
Das Museum ist in einem alten Fachwerkhaus am Boulevard Pasteur untergebracht und zeigt Exponate aus dem gesamten Pays d'Auge (traditionelles Kunsthandwerk). Daneben gibt es eine Sammlung von Rouener Porzellan, Zinngegenständen sowie Keramik aus der Region.

Öffnungszeiten
tgl. außer dienstags
14 - 18 Uhr

Umgebung

Ein Ausflug zu dem hübschen Manoir von **St-Germain-de-Livet** ca. 8 km südlich von Lisieux lohnt sich. Das Schlößchen befindet sich im Besitz der Stadt und kann auch innen besichtigt werden. Der größte Teil der Anlage entstammt der Renaissance und kombiniert einen Fachwerkbau mit typisch normannischer Backsteinarchitektur. 1462 begannen Pierre de Tournebu und Jeanne Louvet mit dem Fachwerk-Ausbau einer Burg aus dem 12. Jahrhundert, die auf einem mit Wassergräben umgebenen Hügel stand. Ende des 16. Jahrhunderts entstanden dann der Eingangspavillon, der Rundturm und der linke Flügel in der typischen Renaissance-Manoir-Manier: ein Schachbrettmuster aus den verschiedenfarbigen Baumaterialien der Region. Der von zwei Türmchen flankierte Eingang führt in einen Innenhof mit Arkaden im italienischen Stil. Das Wohngebäude aus Fachwerk ist der einzige aus dem 15. Jahrhundert erhaltene Trakt. Die letzten Bewohner des Schlosses, die es der Stadt vermachten, waren Verwandte der Familie Oeben-Riesener, im 18. und 19. Jahrhundert geschätzte Möbeltischler des Königs und weitläufig verwandt mit dem Maler Eugène Delacroix. In einem der Säle befinden sich Fresken, die Schlachtszenen sowie Szenen aus Mythologie und Bibel zeigen. Sie werden ins späte 16. Jahrhundert datiert. Außerdem kann man Möbel aus dem 18. und 19. Jahrhundert und Erinnerungsstücke an Delacroix sehen.

Öffnungszeiten
1. 4. bis 30. 9.
tgl. außer dienstags
10 - 12 und
14 - 19 Uhr,
2. 2. bis 30. 3. und
16. 10. bis 30. 11.
10 - 12 und
14 - 17 Uhr; erste Oktoberhälfte und Dezember/Januar geschlossen

Mont St-Michel

Departement Manche
70 Einwohner

Information
50116 Mont St-Michel (in der Bürgerwache), Tel. 0233 601430

Wie eine überirdische Traumarchitektur schimmert der Felsen in der Bucht, auf dem sich die Bauten des festungsartig wirkenden Klosters kunstvoll in Form einer Pyramide türmen. Er besitzt geradezu magische Anziehungskraft, wenn er wie eine Fata Morgana über dem Sand der Bucht zu schweben scheint. Jährlich zieht das einzigartige mittelalterliche Ensemble – von nur 70 Menschen ständig bewohnt – rund 1,8 Millionen Besucher an. (→ auch S. 122 f.)

Geschichte

Anlaß für den Bau einer ersten Kapelle auf dem Mont Tombe, wie der Fels in der Bucht von St-Michel damals noch hieß, war der Legende nach ein Traum des Bischofs Aubert von Avranches im Jahre 708 (→ S. 147). Dreimal hintereinander erschien ihm der Erzengel Michael, und Bischof Aubert ließ eine kleine Betkapelle bauen, die noch heute im Nordwesten nah am Wasser steht. Dann nahm sich ein Normannenherzog der Sache an: 966 stiftete Richard I. eine Benediktinerabtei auf dem Berg. Der Bau der noch vorromanischen Abteikirche war um das Jahr 1000 fertiggestellt. Sie überlebte als Krypta Notre-Dame-sous-Terre, als im 11. Jahrhundert auf dem eigentlichen Felsgipfel, 78 m ü.M., mit dem Bau der romanischen Abteikirche begonnen wurde. Im 13. Jahrhundert schließlich war die Bautätigkeit auf dem Höhepunkt. Nachdem die Normandie nun zur französischen Krone gehörte, ermöglichte König Philippe-Auguste durch Schenkungen den Bau des prächtigen gotischen Klostergebäudes der dreistöckigen Merveille, wo Pilger aller Gesellschaftsschichten – freilich streng getrennt – bewirtet werden konnten.

Die Abteimauern können ihren Festungscharakter nicht verleugnen

Um sich vor den Überfällen der Engländer im Hundertjährigen Krieg zu schützen, bauten die Bewohner des Mont – um das Kloster hatte sich eine Siedlung geschart – eine Befestigung, die sie tatsächlich 30 Jahre lang wirksam vor Zerstörungen bewahrte. Im 15. Jahrhundert stieg die Zahl der Pilger weiter an, und in relativ friedlicher Zeit konnte der Chor der Abteikirche im Flamboyant-Stil der Gotik errichtet werden. Doch schon mit dem Ende des Mittelalters begann der Niedergang des Klosters. Die Revolution schließlich machte aus der Abtei ein Zuchthaus, und erst 1874 wurden die Gebäude originalgetreu wiederhergestellt.

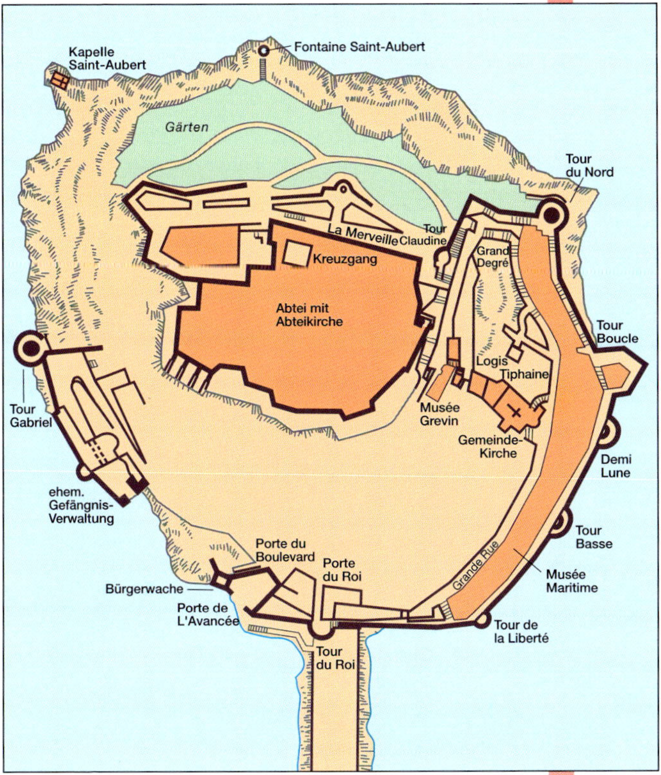

Besichtigung

Bei der Besichtigung des Klosterbergs durchquert man zunächst das früher einzige Eingangsportal in der Befestigungsmauer rings um den Berg **(Porte d'Avancée)** und gelangt in einen befestigten Hof mit dem Gebäude der Bürgerwache aus dem 16. Jahrhundert. In diesem Hof erinnern Kanonen und Kanonenkugeln an den englischen Angriff vom 17. Juni 1434. Es folgt als zweites Tor das wappengeschmückte Königstor **(Porte du Roi)** aus dem 15. Jahrhundert, und man befindet sich in den engen Gassen der Stadt mit Häusern aus dem 15. und 16. Jahrhundert, die schon seit Jahrhunderten in der Mehrzahl Andenkenläden beherbergen. Auch die Pilger früherer Zeiten (die Vorgänger heutiger Touristen) wollten schließlich ein Mitbringsel von ihrer weiten Reise mit nach Hause nehmen. Die steile enge Grand'Rue führt hinauf zur Abtei, die im wesentlichen aus drei Elementen besteht: dem dreistöckigen Gebäude der Merveille (Wunder) auf der dem Meer zugewandten Seite, an die sich der Garten anschließt; in der Mitte auf dem höchsten

Den Höhepunkt des Klosterberges bildet die Kirchturmspitze mit der Figur des Erzengels

Punkt des Felsens die Abteikirche; auf der dem Land zugewandten Seite die Wohngebäude der Benediktinermönche.

Der **Merveille** genannte Gebäudetrakt – im 13. Jahrhundert im gotischen Stil erbaut – ist in einen Ost- und Westteil unterteilt und jeweils dreistöckig. Jedes Stockwerk enthält gewölbte Säle. Das unterste Stockwerk des Ostteils diente den einfachen Pilgern als Aufenthaltsraum: der **Almosensaal** (Aumônerie). Nebenan liegt der Vorratskeller. Darüber erstreckt sich der großartige **Gästesaal** (Salle des Hôtes), wo höhergestellte Pilger, wichtige Persönlichkeiten wie Könige, Adlige und Geistliche zusammen mit dem Abt speisten. Im Mönchssaal nebenan, auch **Rittersaal** (Salle des Chevaliers) genannt, arbeiteten Mönche an den Manuskripten. Hier wurden die Handschriften illustriert, für die die Abtei berühmt ist und von denen einige in Avranches zu sehen sind. Geheizt wurde der Saal im Winter durch zwei große Kamine. Im Refektorium, als drittes Stockwerk noch über dem Gästesaal gelegen, speisten die Mönche. Über dem Mönchs- oder Rittersaal, auf gleicher Ebene mit dem Refektorium, liegt der wunderschöne **Kreuzgang** mit seinen fein skulptierten Doppelarkaden (mehr als 200 Säulen), von dem aus man aufs Meer sehen kann.

Die jetzige **Abteikirche** entstand 1017 bis 1144 oberhalb einer früheren Klosterkirche aus karolingischer Zeit, die in der Folge als Krypta diente: Notre-Dame-sous-Terre. Die Abteikirche besteht aus dem romanischen Schiff und dem gotischen Chor. Unter der Kirche befinden sich drei Krypten: die Crypte des Gros Piliers, Crypte St-Martin und Crypte des Trente Cierges. Auf der Westseite der Kirche erstreckt sich eine Plattform, die Ende des 18. Jahrhundert dadurch gewonnen wurde, daß die romanische Fassade und ein Teil des Schiffs abgerissen wurden.

Öffnungszeiten
Abtei: 9. 5. bis 30. 9. tgl. 9-17.30 Uhr, 1. 10. bis 30. 4. 9.30-16.30 Uhr, an Feiertagen geschlossen

Die Wohngebäude der seit 1969 wieder von wenigen Mönchen bewohnten Abtei stammen aus dem 13. bis 15. Jahrhundert und können nicht besichtigt werden.

Auf dem Rückweg lohnt sich ein Rundgang entlang der **Befestigungsmauern** des Mont mit ihren verschiedenen Türmen. Sie entstanden als Verteidigungsmaßnahme der Bürger im Hundertjährigen Krieg, als der Klosterberg häufig Angriffen ausgesetzt war und auch die Mönche zu den Waffen greifen mußten. Vom runden Nordturm hat man einen besonders schönen Blick und sieht auch den vorgelagerten Vogelfelsen Tombelaine.

Auf den Befestigungsmauern überquert man das Eingangstor und kann noch weiter im Uhrzeigersinn um den Mont spazieren, bis zum Tour Gabriel. Anschließend zurück und vorbei am Gebäude der ehemaligen Gefängnisverwaltung.

Museen

Im **Musée Historique** wird an die Geschichte des Klosterbergs erinnert, die Entstehung der Abtei und das Leben der Mönche geschildert.

Das **Archéoscope** stellt in einer Multi-Media-Show die Geschichte und Legenden rund um den Mont St-Michel dar.

Das **Musée Maritime** befaßt sich mit der besonderen Lage des Mont in der versandenden Bucht.

Ein weiteres Museum ist in der **Logis Tiphaine** eingerichtet, dem Wohnhaus, das der berühmte Feldherr Bertrand Du Guesclin (1320-1380) für seine Frau Tiphaine de Raguenel 1365 bauen ließ. Im Innern sind das Eßzimmer sowie das Zimmer Du Guesclins und seiner Frau aus dem 14. Jahrhundert zu besichtigen.

Öffnungszeiten
Musée Historique: Feb. bis Dez. tgl. 9-17 Uhr, Juli/Aug. bis 22 Uhr
Archéoscope: 5. 2.. bis 11.11. und Weihnachtsferien tgl. 9-18 Uhr;
Musée Maritime: wie Musée Historique,
Museum Tiphaine: Febr. bis Nov. 9.30-17.30 Uhr,

Mortagne-au-Perche

Departement Orne
ca. 4800 Einwohner

Markt
Samstag

Feste
Blutwurst-Markt
Mitte März

Information
Office de Tourisme,
Place du Général
de Gaulle,
61400 Mortagne-au-Perche,
Tel. 02 33 85 11 18

Die frühere Hauptstadt des Grafengeschlechts von Perche liegt 225m hoch auf einem der Hügel, die diese Landschaft so reizvoll machen. Ursprünglich gehörte der dicht bewaldete und hügelige Perche nicht zur Normandie, sondern zur Provinz Maine. Mortagne ist heute ein regionales Zentrum mit vielen Einkaufsmöglichkeiten und Versorgungseinrichtungen. Berühmt bei Gourmets ist die Stadt für ihre Blutwurst, Boudin noir.

Geschichte

Die Geschichte von Mortagne reicht weit zurück. Der römische Name „Mauritania" bezog sich auf die schon von Galliern gegründete Siedlung. Im 7. Jahrhundert wurde eine Abtei gegründet, und in karolingischer Zeit entstand eine Burg, die ab dem 12. Jahrhundert den Namen Fort Toussaint trug, als sie erweitert und ausgebaut wurde. Im 14. Jahrhundert wurde in weitem Umkreis um diese Festung eine Stadtmauer gezogen, deren Verlauf noch heute in etwa den Stadtgrenzen entspricht. Nach dem Ende des Hundertjährigen Krieges erlebte die Stadt ab Ende des 15. Jahrhunderts eine Blüte – bis zu den Religionskriegen, als die Bewohner allein 22 Belagerungen erdulden mußten. Die Befestigungsanlagen und die Kirche Notre-Dame wurden schwer zerstört. Die Truppen König Heinrichs IV. beendeten schließlich die Belagerung der Stadt. Im 17. und 18. Jahrhundert war Mortagne die Hauptstadt des Perche, einer nicht gerade durch Fruchtbarkeit seiner Böden gesegnete Region. So ging im 17. Jahrhundert, nachdem in Kanada eine französische Kolonie entstanden war, eine große Auswanderungswelle durchs Land, und viele Bewohner des Perche suchten ihr Glück in Übersee.

Besichtigung

Beim Rundgang durch die Stadt findet man die wichtigsten Sehenswürdigkeiten des alten Mortagne eng beisammen. Die **Kirche Notre-Dame** entstand ab 1492 auf Betreiben der damaligen Herzogin von Alençon und Gräfin von Perche, Margarete von Lothringen, die den Wiederaufbau des Landes nach dem Hundertjährigen Krieg betrieb. Die Apsis der Kirche wurde auf den Grundmauern der Kapelle der Festung Toussaint errichtet, der zweiten Burg der Stadt. Das reich verzierte „Grafen-Portal" auf der Nordseite zeigt sowohl spätgotische Formen als auch frühe Renaissanceeinflüsse. Im Innern der Kirche sind das Chorgestühl und die Holztäfelungen aus dem 18. Jahrhundert bemerkenswert, die aus dem ehemaligen Kartäuserkloster Val-Dieu im nahegelegenen Wald von Reno-Valdieu stammen.

Am Chor der Kirche vorbei gelangt man zum Rest der alten Stadtmauer, dem **Portal St-Denis** aus dem 15. Jahrhundert. In dem darüber im 16. Jahrhundert errichteten zweistöckigen Bau mit der mit Wappenreliefs verzierten Fassade befindet sich das kleine Musée Percheron. Hat man das Tor durchschritten, kommt man rechts zum **Haus der Grafen von Perche** (17. Jahrhundert), heute Bibliothek und Gedenk-

Öffnungszeiten
Musée Percheron: nur Juli/August tgl. außer montags 15-18 Uhr; Mémorial Alain: tgl. außer montags, sonn- und feiertags 15-18 Uhr

Markttag in Mortagne auf dem Platz vor der Kirche Notre-Dame

Portal St-Denis

stätte für Alain, den berühmtesten Sohn des Ortes. Der Philosoph Émile Chartier (1868-1951) ist auch bei uns wegen seiner geistreichen Aphorismen unter dem Namen Alain bekannt.

Man biegt links durch ein Gäßchen auf den Place du Palais mit vielen alten restaurierten Häusern. Der Justizpalast erhebt sich auf den Ruinen des früheren Collégiale de Toussaint über der Krypta der Kirche St-André. Überquert man den Platz, führt auf der anderen Seite die enge Rue du Toussaint zum **Maison Henri IV.**, so benannt, weil sich der König hier während der Religionskriege einmal aufgehalten haben soll. Auf der Gartenseite des im 16. Jahrhundert erbauten Hauses sieht man die schönen in den Stein geschnitzten Girlanden über den Fenstern. Man biegt links in die Venelle du Vert Gallant ein und gelangt nach Überqueren der Rue P. Boucher in die Rue de la Comédie, wo sich das Geburtshaus von Alain befindet.

Maison Henri IV. in Mortagne-au-Perche

Rouen

Der Großraum Rouen ist das bevölkerungsreichste städtische Zentrum der Normandie. Es ist die Hauptstadt der Region Haute-Normandie und zugleich des Departements Seine-Maritime.

Die Stadt hat große wirtschaftliche Bedeutung. Neben der Auto-, Flugzeug- und Metallindustrie ist der Hafen von Rouen größter Wirtschaftsfaktor. Er ist der fünftgrößte Seehafen Frankreichs; die Hafenanlagen erstrecken sich weit entlang der Seine. Rouen besitzt den größten Hafen Europas für Getreideausfuhr und steht an erster Stelle in Frankreich als Exporthafen für landwirtschaftliche Produkte.

Departement Seine-Maritime
380 000 Einwohner im Großraum

Feste
Fest der Jeanne d'Arc am Sonntag, der dem 30. Mai am nächsten liegt (Ausnahme: Pfingstsonntag); Hafenrundfahrten: April bis Ende September

Information
Office de Tourisme,
25, Place de la Cathédrale,
76008 Rouen Cédex,
Tel. 02 32 08 32 40

Geschichte

Zu Römerzeiten war Rotomagus (so der römische Name der Stadt) bereits Erzbischofssitz, und die Normannen bauten die verkehrstechnisch günstig in einem Seine-Knie gelegene Stadt zum wichtigsten Hafen an der Seine aus. Die im Strom gelegenen Inseln wurden z.T. mit dem Festland verbunden, Sumpfbereiche aufgeschüttet und das Flußbett vertieft.

Der erste Normannenherzog Rollo machte Rouen zur Hauptstadt seines Reichs, dessen eigentlichen Kern das untere Seinetal bildete. Erst Wilhelm der Eroberer verlagerte im 11. Jahrhundert den Schwerpunkt weiter nach Westen, als er Caen zu seiner Residenz erhob.

Nachdem die Stadt schon 1204 an die französische Krone gelangt war, konnten die Engländer unter Heinrich V. Rouen zurückerobern. Während der Auseinandersetzungen im Hundertjährigen Krieg erreichte der Bischofssitz Rouen traurige Berühmtheit als Schauplatz des Prozesses gegen Jeanne d'Arc (→ S. 35).

Nach dem Ende des Hundertjährigen Krieges erlebte die Stadt einen großen wirtschaftlichen Aufschwung. Der Handel blühte, und zahlreiche Bürgerhäuser, die im 15. und 16. Jahrhundert entstanden, legen Zeugnis ab vom Reichtum jener Epoche. Darunter sind viele Fachwerkhäuser im Stil der Renaissance mit überaus reichen Holzschnitzereien. Die Häuser der Adligen waren dagegen in der Regel aus Stein. Georges d'Amboise, seit 1494 Erzbischof von Rouen, später Kardinal und Minister König Ludwigs XII., gehörte zu den großen Förderern von Bauten im Renaissance-Stil, den er auf den Italien-Feldzügen kennengelernt hatte.

Obwohl von zahlreichen Protestanten bewohnt, schloß sich Rouen schließlich der „Heiligen Liga“ der Katholiken an. Mehr als die Hälfte der Bewohner verließen die Stadt später, nach dem Widerruf des Edikts von Nantes 1685 durch König Ludwig XIV. Der Verlust seiner hugenottischen Bevölkerung brachte Rouen große Einbußen.

Doch durch den florierenden Handel mit den Kolonien in Übersee wurde es zur führenden Hafenstadt Frankreichs und gilt bis heute als „Vorhafen von Paris“.

Aber nicht nur der Handel, auch die Industrie bestimmt die Stadt. Bis zu Beginn unseres Jahrhunderts war die Textilindustrie von großer Bedeutung. Seit Beginn des 18. Jahrhunderts wurde in Rouen Rohbaumwolle weiterverarbeitet, Baumwollspinnereien, -webereien, -färbereien usw. entstanden. Im Viertel St-Maclou findet man restaurierte Färbergassen wie die Rue Eau de Robec, deren Wasser damals nicht so klar wie heute, sondern blau oder tiefschwarz gefärbt dahinfloß. Auch Keramik- und Glasindustrie brachten schon früh eine starke Industrialisierung der Region. Berühmt ist Fayence aus Rouen, und im 17. Jahrhundert befand sich dort sogar eine Porzellanmanufaktur.

Im Zweiten Weltkrieg blieb auch Rouen nicht von den Bomben verschont. Doch ist die Altstadt Rouens in den letzten Jahrzehnten mit viel Aufwand restauriert worden und lädt heute wieder ein zum Bummel zwischen malerischen Fachwerkhäuschen und durch mittelalterliche Gassen.

Besichtigung

Stadtplan Rouen
1 Kathedrale Notre-Dame
2 Kirche St-Maclou
3 Aître St.-Maclou
4 Kirche St-Ouen
5 Justizpalast
6 Musée Jeanne d'Arc
7 Hôtel Bourgtheroulde
8 Gros-Horloge
9 Musée des Beaux-Arts
10 Musée le Secq des Tournelles
11 Bahnhof
12 Hauptpostamt
13 Musée des Antiquités

Das Gebiet zwischen den großen gotischen Kirchen Notre-Dame, St-Ouen und St-Maclou bis hin zum Place du Vieux Marché bietet zahlreiche Sehenswürdigkeiten aus der reichen Geschichte der Stadt.

Die **Kathedrale Notre-Dame** (1) gehört zu den imposantesten gotischen Kathedralen Frankreichs und ist die größte der Normandie. Die Länge des Mittelschiffs beträgt 135 m, seine Höhe 28 m.

Zunächst lohnt eine Betrachtung von außen: Der älteste gotische Teil entstand Ende des 12. Jahrhunderts: der **Turm St-Romain,** der linke Fassadenturm, zeigt noch die schlichte frühe Gotik. 300 Jahre später entstand der sogenannte **„Butterturm"**, der rechte Fassadenturm, der als Höhepunkt der verspielten Spätphase der Gotik, des Flamboyant-Stils gilt. Begonnen wurde er vom Baumeister Guillaume de Pontifs im 15. Jahrhundert. Im 16. Jahrhundert setzte Roulland le Roux seine Arbeit fort. Den seltsamen Namen hat der Turm

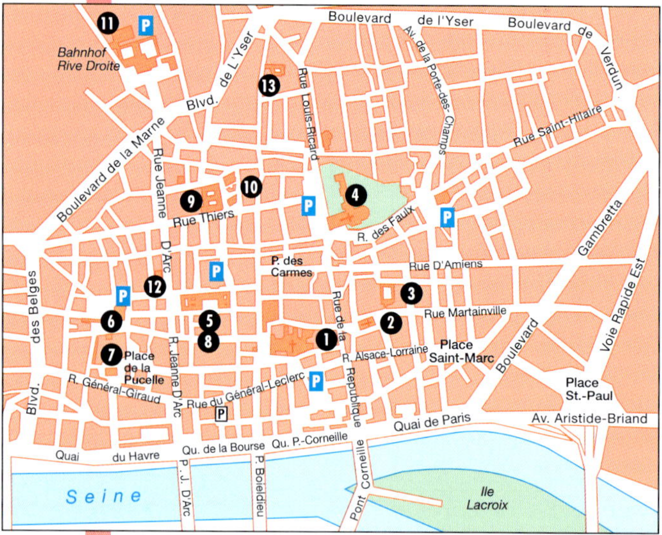

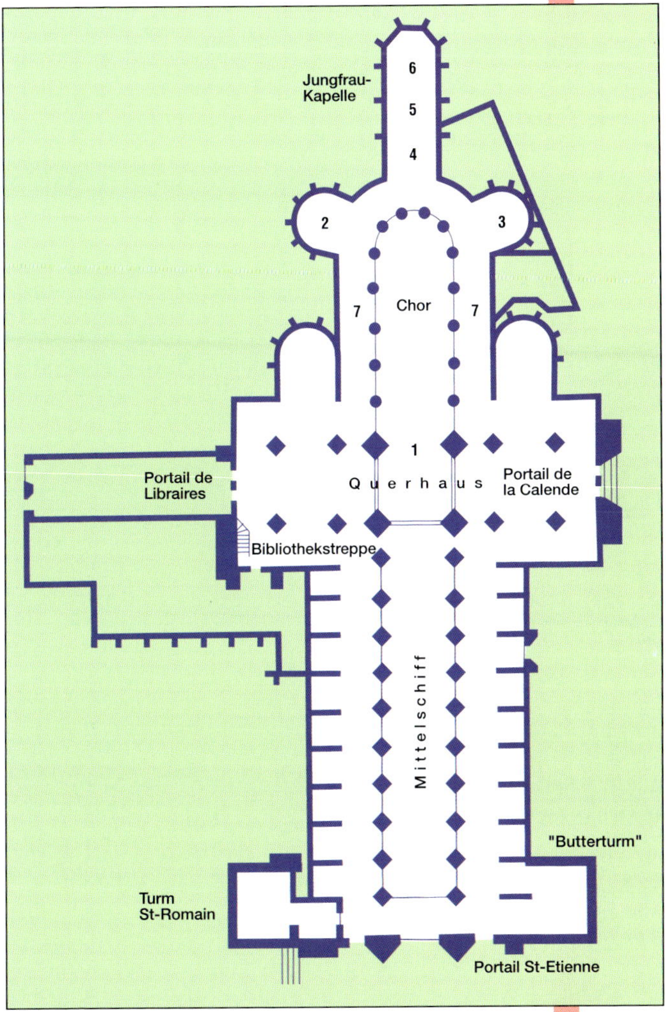

Grundriß der Kathedrale Notre-Dame

1 Vierungsturm
2, 3, 4 Kapellen
5 Grabstätten der Kardinäle von Amboise
6 Grabstätte von Louis de Brézé
7 Chorumgang

der Tatsache zu verdanken, daß die Bürger der Stadt ihn durch einen zusätzlich auf den Butterpreis erhobenen „Butterpfennig“ finanzierten.

Die drei **Portale der Fassade** gehören zu den Schmuckstücken der Kathedrale. Das mittlere (16. Jahrhundert) zeigt im Tympanon den Stammbaum Christi (Jessebaum) und ist ein Werk des Roulland le Roux. Das rechte Portal gibt u.a. die Geschichte des heiligen Stephan wieder, nach dem das Tor auch Portail St-Étienne heißt, und das linke zeigt Johannes den Evangelisten sowie Johannes den Täufer auf dem Gastmahl des Herodes (die tanzende Salome).

Der **Vierungsturm** steht den beiden Fassadentürmen an Bedeutung nicht nach: Mit 151 m ist er der höchste Kirchturm Frankreichs. Die ersten zwei Turmgeschosse stammen ursprünglich aus dem 13. Jahrhundert, im 16. Jahrhundert wurde er erhöht, die heutige gußeiserne Spitze stammt aus dem letzten Jahrhundert.

Im südlichen Querschiffarm öffnet sich das **Portail de la Calende.** Es entstammt dem Ende des 13. Jahrhunderts, als es von dem Künstler Jean Davy mit reichem Figurenschmuck versehen wurde.

Auf der gegenüberliegenden Seite des Querschiffs öffnet sich ein weiteres Portal, das **Portail des Libraires,** in den „Hof der Buchhändler", die früher dort ihre Läden hatten. Es ist mit phantasievoll dargestellten Fabelwesen reich dekoriert, die ebenfalls von Jean Davy stammen. Im Tympanon findet man eine Darstellung des Jüngsten Gerichts mit der Auferstehung der Toten und der Trennung in Gute und Böse.

Kathedrale Notre Dame

Im Innern der Kathedrale ist zunächst das Mittelschiff mit seinen vier Geschossen bemerkenswert (die sich von den drei Geschossen des Chors deutlich unterscheiden): über den Arkaden erheben sich zunächst ein falsches (nicht begehbares) Triforium, dann ein echtes Triforium, und eine Reihe hoher Fenster schließt nach oben ab. Über der Vierung erhebt sich ab einer Höhe von 51 m der mächtige Turm. Die Pfeiler in der Vierung müssen ein immenses Gewicht abstützen. Die **Bibliothekstreppe** neben dem Portail des Libraires ist im unteren Teil ein bemerkenswertes Werk des Baumeisters Guillaume de Pontifs (15. Jahrhundert), der obere Teil stammt aus dem 18. Jahrhundert.

Schließlich steht man vor dem **Chor** mit dem Chorumgang aus dem 13. Jahrhundert. Er ist nur in drei Geschosse unterteilt: hohe Spitzbogenarkaden, Triforium und hohe Fenster. Im Chorumgang sind die ersten Normannenherzöge als liegende Figuren (Gisants, 13. und 14. Jahrhundert) dargestellt: Rollo, Richard Löwenherz und Wilhelm Langschwert. Außerdem kann man interessante Glasmalereien aus dem 13. Jahrhundert bewundern. Vom Chorumgang zweigen drei Kapellen ab: In der Verlängerung des Chors die größte, die Jungfrauenkapelle (Chapelle de la Vierge). Dort befinden sich die **Renaissance-Grabstätten** der Kardinäle von Amboise, die der Stadt mit ihrem Reichtum so viele Bauten bescherten, (entstanden 1515-1525, von Roulland le Roux) und des Louis de Brézé aus der Zeit zwischen 1536-1544.

Von der Kathedrale aus gelangt man über die von Fachwerkhäusern aus dem 15. bis 18. Jahrhundert gesäumte Rue St-Romain weiter zur Kirche **St-Maclou** (2). Sie ist eine der schönsten Werke der Spätgotik. Das filigrane Zierwerk der Kirche mußte nach dem Krieg stark restauriert werden und erstrahlt heute in neuer Pracht. Es lohnt sich an der Kirche vorbei durch das Viertel zu bummeln, in dem sich zahlreiche Bücherantiquariate und hervorragend restaurierte Fachwerkhäuschen befinden, z.B. die Rue Eau de Robec, die ehemalige Färbergasse. Hinter der Kirche geht es von der Straße links ab durch einen unauffälligen Durchgang in den **Aître de St-Maclou** (3). Fachwerkhäuser umgeben einen Innenhof, den ehemaligen Friedhof. Zu Pestzeiten im 16. Jahrhundert entstanden, wurden die Galerien der Gebäude als Beinhaus genutzt. Sie sind mit Holzschnitzereien geschmückt, die alle nur ein Thema haben: den Tod.

Zurück bis vor die Fassade der Kirche St-Maclou, biegt man in die schmale Rue Damiette und nähert sich der **Kirche St-Ouen** (4). Das 1318 begonnene Werk der Gotik wird von einem hohen Vierungsturm, flankiert von Türmchen mit

Der Aître St-Maclou erinnert mit makabren Schnitzereien an die Zeiten der Pest

Rouens Kirchen St-Maclou und St-Ouen (rechts)

Herzogskronen an jeder Ecke, überragt. Bemerkenswert ist auch das Südportal, das **Portail des Marmousets,** mit seinen leicht und schwerelos wirkenden Verzierungen. Die Ruinen des Kreuzgangs der Abtei St-Ouen, die sich früher dort befand, können auf der Nordseite besichtigt werden.

Über die Rue de l'Hopital und Rue des Carmes biegt man rechts in die Rue aux Juifs und steht vor dem **Justizpalast** (5), einem Meisterwerk der Flamboyant-Gotik und Renaissance. Der im 15. Jahrhundert begonnene Palast beherbergte zunächst den Échiquier, diese typisch normannische eigenständige Einrichtung des Justizwesens, die erst unter französischer Herrschaft abgeschafft wurde. 1944 zerstört, wurde der Justizpalast originalgetreu restauriert. Bei den Ausgrabungen im Ehrenhof (Cour d'Honneur) vor dem Gebäude fand man Reste einer Synagoge aus dem 12. Jahrhundert.

Über die Rue Rollon gelangt man weiter bis zum **Place du Vieux-Marché.** Auf diesem Platz wurden im Mittelalter die Todesurteile vollzogen. Dort starb 1431 auch Jeanne d'Arc. In dem modernen Kirchenbau Ste-Jeanne d'Arc werden die Glasfenster (13. Jahrhundert) der im Krieg zerstörten Kirche St-Vincent gezeigt. Auf dem Platz erinnert ein Denkmal an die Nationalheilige Frankreichs. Im privaten **Musée Jeanne d'Arc** (6), der Kirche gegenüber gelegen, werden Rüstung und Standarte der Jungfrau von Orléans ausgestellt und ihr Lebensweg nachgezeichnet.

Ein Abstecher führt zum **Hôtel de Bourgtheroulde** (7). Bauherr dieses großen Stadtpalasts aus dem 16. Jahrhundert war Guillaume Le Roux, Herr von Bourgtheroulde und Berater im Échiquier. Das Bauwerk vereinigt Spätgotik und Renaissance. Die Giebel, Türmchen und der sechseckige Treppenturm sind gotisch, während die Reliefs und Friese weitgehend Themen der Renaissance zeigen.

Der Weg zurück zur Kathedrale führt über die Rue du Gros-Horloge durch den berühmten Renaissance-Torbogen mit der **Gros-Horloge** (8). Auf beiden Seiten des mit zahlreichen Skulpturen und Reliefs verzierten Bogens ist je eine große Uhr angebracht. Sie sollten zunächst den danebenstehenden gotischen Turm zieren, erhielten ihren Platz dann aber an dem 1527 errichteten Bogen. Den **Turm** (Beffroi), der Ende des 14. Jahrhunderts gebaut wurde, kann man besteigen. Von der Spitze hat man eine wunderbare Aussicht über die Stadt. Er beherbergt eine Sammlung von Glocken sowie Uhren

In den Antiquitätengeschäften der Altstadt läßt sich vielleicht ein Souvenir ergattern

aus dem 15., 16. und 17. Jahrhundert.

Museen

Tour Jeanne d'Arc

Öffnungszeiten wie Musée des Beaux-Arts

Im Donjon der ehemaligen Burg von Rouen, dem einzigen Überrest der Festung, die der französische König Philippe Auguste im 13. Jahrhundert errichtet hatte, wurde Jeanne d'Arc verhört. Eine Ausstellung zeigt die handschriftlichen Aufzeichnungen von ihrem Prozeß, die zwei oberen Turmgeschosse widmen sich der Geschichte der Burg und dem Leben der Jungfrau von Orléans.

Musée des Beaux-Arts (9)

Öffnungszeiten tgl. außer dienstags und feiertags 10 - 12 und 14 - 17 Uhr

Das Museum der Schönen Künste von Rouen beherbergt eine große Gemäldesammlung mit Werken flämischer, italienischer, spanischer und französischer Maler. Zu nennen sind Perugino, Caravaggio und Veronese, Velázquez sowie aus Flandern Gérard David, Rubens und Martin de Vos. Die französische Malerei des 17. Jahrhunderts ist u.a. mit Poussin und Le Brun vertreten, die des 19. Jahrhunderts mit Jean-Louis David, Ingres, Delacroix und Géricault. Besonders sehenswert ist die Sammlung impressionistischer Malerei: Werke von Sisley, Renoir und Monet (zu dessen Hauptwerken die Serie mit den Bildern der Kathedralfassade zu verschiedenen Tageszeiten gehört).

Musée de la céramique

Öffnungszeiten wie Musée des Beaux-Arts

Das Keramikmuseum besitzt eine umfangreiche Sammlung hochwertiger Fayence aus Rouen. Alle Epochen der Produktion, angefangen vom 16. Jahrhundert bis zum Ende des 18. Jahrhunderts, sind vertreten.Außerdem: Delfter Fayence sowie Keramik aus anderen französischen Regionen wie Nevers, Moustiers und Haguenau.

Musée le Secq-des-Tournelles (10)

Öffnungszeiten wie Musée des Beaux-Arts

Das in der ehemaligen Kirche St-Laurent untergebrachte Museum hat sich auf Gegenstände der Eisenschmiedekunst spezialisiert. Über 12 000 Exponate sind zu sehen, neben Schlössern aller Art auch andere Eisenwaren von der Nähnadel bis zum Balkongitter.

Musée Départemental des Antiquités (13)

Öffnungszeiten tgl. außer dienstags und feiertags 10 - 12.30 und 13.30 - 17.30 Uhr, sonntags nur 14 - 18 Uhr

Sammlungen mit Stücken aus frühgeschichtlicher Zeit bis zum ausgehenden Mittelalter. Das römische Mosaik aus der Stadt Lillebonne ist hier ausgestellt. Es stammt aus dem 4. Jahrhundert und zeigt eine Hirschjagd. Weiterhin sehenswert sind die Ausstellungen von Emaillearbeiten aus dem 12. und 13. Jahrhundert sowie von Elfenbeinschnitzereien, angefangen von Stücken des 5. bis zum 16. Jahrhundert. Eine gute Einstimmung für den Bummel durch die Altstadt von Rouen geben Holzschnitzereien aus Gotik und Renaissance, die von Häusern aus Rouen stammen. Eines der Glanzstücke des Museums ist ein Wandteppich aus dem 15. Jahrhundert mit der Darstellung geflügelter Hirsche.

In der rue Eau de Robec, der ehemaligen Färbergasse

Musée Flaubert et d'Histoire de la Médecine

Das Geburtshaus des Romanciers Gustave Flaubert in der rue de Lecat 51 ist ein Nebengebäude des ehemaligen Krankenhauses (Hôtel Dieu). Flauberts Vater war Chirurg, und so enthält das Museum neben Erinnerungsstücken an den Autor der „Madame Bovary" auch eine Ausstellung historischer chirurgischer Instrumente und Dokumente zur Medizingeschichte.

Öffnungszeiten
tgl. außer sonntags, montags und feiertags 10-12 und 14-18 Uhr

Musée Corneille

Das Haus, in dem Pierre Corneille 1606 zur Welt kam, der als bedeutendster Vertreter des klassischen französischen Dramas in die Literaturgeschichte einging, befindet sich in der Rue de la Pie Nr. 4. Das Arbeitszimmer und die Bibliothek mit zeitgenössischem Mobiliar sind sehenswert.

Öffnungszeiten
tgl. außer dienstags und mittwochs vormittags 10-12 und 14-18 Uhr

St-Lô

Departement
Manche
21000 Einwohner

Markt
Samstag

Information
Office du Tourisme,
place du Général
de Gaulle,
50000 St-Lô,
Tel. 02 33 05 02 09

Die Hauptstadt des Departements Manche ist ein wichtiges Zentrum der Milchwirtschaft. Nach den schweren Zerstörungen des Zweiten Weltkriegs, als St-Lô wichtiger Verkehrsknotenpunkt war, ist nicht viel von der alten Vorkriegsbebauung erhalten geblieben.

Geschichte

Schon die Gallier hatten eine Siedlung am Fluß Vire gegründet. Im 6. Jahrhundert gehörte die Stadt dem Bischof von Coutances, dessen Namen Saint-Lô sie auch übernahm. Das sagenhafte Einhorn im Wappen der Stadt geht allerdings auf frühere Ursprünge zurück.

Im frühen 19. Jahrhundert ließ Napoleon ein staatliches Gestüt einrichten, das noch heute besteht.

Während der Landung der Alliierten im Sommer 1944 wurde die Stadt wegen ihrer strategisch außerordentlich wichtigen Lage stark umkämpft und fast völlig vernichtet. Vom 6. bis zum 18. Juli war der Verkehrsknotenpunkt St-Lô Ziel der Bombenangriffe. Als die Stadt am 18. Juli eingenommen wurde, waren nur Reste der Kirche Notre-Dame und der Stadtmauer erhalten geblieben.

Besichtigung

Die Stadt liegt auf einem Felsen über dem Vire-Tal. Den besten Blick über das Tal und die umgebende Landschaft des Bocage hat man von einem Aussichtspunkt nahe dem Turm hinter dem modernen Gebäude der Präfektur. Der Turm ist einer der Reste der alten **Stadtbefestigung** aus hellem Schiefergestein, die die Stadt noch immer dominiert und entlang derer man einen schönen Spaziergang machen kann.

Die **Kirche Notre-Dame** (1), die nach dem Krieg wieder gänzlich restauriert werden konnte, stammt ursprünglich aus dem 13. und 14. Jahrhundert. Bemerkenswert ist die

1 Kirche Notre-Dame
2 Kirche Ste-Croix
3 Staatsgestüt
4 Musée des Beaux-Arts

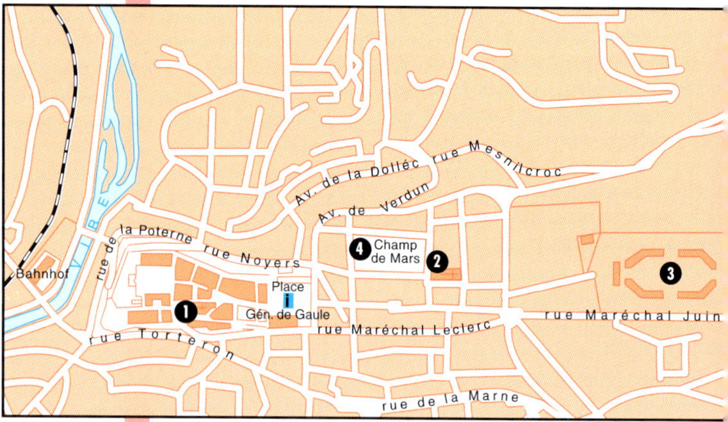

Außenkanzel an der Nordmauer des Chorumgangs, die im 15. Jahrhundert angebracht wurde. Die **Kirche Ste-Croix** (2), ehemals zu einer Abtei gehörig, besitzt noch einen romanische Vorbau und im Inneren einige sehr schöne Kapitelle.

Das **Gestüt** (3, Haras) liegt etwas außerhalb im Osten der Stadt an der Ausfallstraße nach Bayeux. Napoleon ließ es 1806 als Staatsgestüt einrichten. Wie in den anderen Gestüten der Normandie auch werden dort Warmblutpferde vom normannischen Typ gezüchtet, die Ende des 19. Jahrhunderts als die besten Zugpferde für Gespanne und Kutschen galten. Heute gibt es in St-Lô etwa 120 Hengste verschiedener Rassen, und die Zucht konzentriert sich auf Reit-, Galopp- und Trabrennpferde und sogenannte „cobs normands" sowie die Rasse des Percheron (→ S. 17).

Von Ende Juli bis Anfang September finden jeweils donnerstags um 15 Uhr sehenswerte Vorführungen der Pferdegespanne statt, außerdem täglich zwischen 14 und 17 Uhr Führungen durch die Stallungen.

Museen

Musée des Beaux-Arts (4, im Centre Culturel)

Höhepunkt des Museums sind eine Reihe wertvoller Wandteppiche aus dem späten 16./frühen 17. Jahrhundert. Daneben gibt es französische Malerei aus dem 18. und 19. Jahrhundert zu sehen: Gemälde von Camille Corot, François Millet, von Baron Gros und Eugène Boudin.

Öffnungszeiten
tgl. außer dienstags 10-12 und 14-18 Uhr

Musée du Bocage Normand

Das Landwirtschaftsmuseum ist auf einem ehemaligen Hof eingerichtet (Domaine du Bois Jugan). In diesem Museum beschäftigt man sich vor allem mit dem Landleben vergangener Zeiten in der westlichen Normandie: u.a. sind die Ausstattung einer Schuhmacher-Werkstatt und eine Lokomobile zu sehen, eine fahrbare Dampfmaschine, wie sie noch zu Beginn dieses Jahrhunderts in der Landwirtschaft (statt der heutigen Traktoren) benutzt wurde.

Öffnungszeiten
im Sommer tgl. außer dienstags 14-19 Uhr, übrige Zeit nur am Wochenende 14-18 Uhr

Umgebung

Etwa 10 km südlich von St-Lô, das man auf der D 86 verläßt, gelangt man zu den **Roches de Ham,** Schieferfelsen hoch über dem Vire-Tal. Vom Aussichtspunkt hat man einen hervorragenden Blick über das tiefeingeschnittene Flußtal.

Leicht von St-Lô über die N 174 zu erreichen ist der Ort Torigni-sur-Vire (15 km) mit dem **Château des Matignon,** dessen Bau im 16. Jahrhundert begonnen und unter Ludwig XIV. vollendet wurde. Es ist nur ein Gebäudeflügel aus dieser Zeit geblieben, da das Gebäude schon Anfang des 19. Jahrhunderts zu zwei Dritteln abgerissen und im Zweiten Weltkrieg teilweise durch Brände weiter zerstört wurde. Im Innern sind jedoch neben einer schönen Treppe aus dem 18. Jahrhundert in den seit dem letzten Krieg restaurierten Sälen Mobiliar und Wandteppiche aus dem 17. Jahrhundert zu besichtigen. Der in Torigni geborene Bildhauer Arthur Le Duc (1848-1918) wird durch eine Ausstellung seiner Werke gewürdigt.

Öffnungszeiten
15. 6. bis 30. 6. und 1. bis 15. 9. nur am Wochenende, Juli /August tgl. 14 - 18 Uhr

Sées

Departement Orne
4800 Einwohner

Markt
Samstag

Feste
Son-et-Lumière (Ton-und-Licht-Schau) in der Kathedrale von Juni bis September. Mitte Dezember: Puten-Markt

Information
Office de Tourisme, Place du Général de Gaulle, 61500 Sées (links neben der Kathedrale), Tel. 02 33 28 74 79

Sées ist heute eine ruhige, verschlafen wirkende Kleinstadt. Aber schon angesichts der Kathedrale ahnt man, daß die Stadt am Orne einmal größere Bedeutung hatte.

Geschichte

Schon in vorchristlicher Zeit an einem wichtigen Handelsweg gelegen, wurde das römische „Sagium" zu einer befestigten Siedlung. Um 400 wurde die Gegend christianisiert und Sées zum Bischofssitz, um den sich weitere Gebäude scharten. Daneben etablierte sich gleichzeitig eine von germanischen Einwanderern bewohnte Siedlung um eine Festung, Sitz des Feudalherrn. Südöstlich davon entstand wenig später eine dem hl. Martin geweihte Abtei, um die ebenfalls ein Dorf wuchs. Erst im 17. Jahrhundert wuchsen die drei Siedlungen zu einer zusammen. Seit dieser Zeit ist die Stadt ein wichtiges religiöses Zentrum.

Besichtigung

Hauptattraktion ist sicher die gotische **Kathedrale** von Sées. Man sieht sie schon von weitem, und ihre Silhouette bestimmt noch immer das Stadtbild. Ihr Bau begann im 13. Jahrhundert, nachdem die verschiedenen romanischen Vorgängerbauten der Bischofskirche an gleicher Stelle durch Brände zerstört wurden: Über Bischof Yves de Bellême wird berichtet, daß er die Banditen, die sich in der Kathedrale niedergelassen hatten, durch ein Feuer in der Nachbarschaft ausräuchern wollte, dabei aber versehentlich das Gotteshaus selbst in Brand steckte. Nur 50 Jahre nach deren Wiederaufbau belagerte Heinrich II. die Stadt, und der letzte romanische Bau ging in Flammen auf.

Ab 1210 baute man dann an dem Neubau im gotischen Stil. Zunächst – bis 1230 – wurde das Schiff errichtet, erst Ende des 13. Jahrhunderts Vierung und Chor. 1310 wurde die Kathedrale geweiht. Doch bald zeigte sich, daß sie auf unsicherem Boden errichtet worden war, und die Angst vor einem Einsturz wuchs. So kam es besonders an der Fassade zu immer neuen Anbauten: Strebepfeiler und -mauern sollten die Mauern sichern.

Anders als im Schiff, wo im Innern von Rundpfeilern getragene wuchtige Arkaden, ein Triforium und über einem Fries ein Fenstergeschoß die Wand gliedern, zeigen die in der zweiten Bauphase entstandenen Vierung und Chor die Einflüsse der Gotik der Ile de France. Sehr schön sind die Glasmalereien in Querschiffen und Chor.

Die weiteren Zerstörungen während des Hundertjährigen Krieges und der Religionskriege im 16. Jahrhundert machten die Kathedrale immer wieder zur Ruine. Der Chor in seiner heutigen Form ist im wesentlichen ein getreuer Wiederaufbau des hochgotischen Baus.

Die Kathedrale beherrscht das Stadtbild von Sées

An der Südostseite der Kathedrale befindet sich die **Bischofsresidenz,** die der damalige Bischof Jean-Baptiste du Plessis d'Argentré 1778 errichten ließ, der zu den Erziehern König Ludwigs XIV. gehört hatte.

Auf dem jenseitigen Orne-Ufer befindet sich die ehemalige **Abtei St-Martin,** die jedoch nur von außen besichtigt werden kann. Die Kirche **Notre-Dame de la Place** besitzt zwölf Reliefs aus dem 16. Jahrhundert mit Szenen aus dem Neuen Testament. Folgt man der Rue St-Martin in westlicher Richtung, gelangt man auf einen Platz mit den Ruinen der **Kirche St-Pierre:** Nur der Glockenturm und einige Bögen sind von der Kirche erhalten, ein Überrest der ehemaligen Siedlung um die Festung.

Vom Place de St-Pierre kann man weitergehen zu der ehemaligen **Getreidehalle,** einem Rundbau des 19. Jahrhunderts.

Umgebung

Nur wenige Kilometer entfernt befindet sich das hübsche Wasserschloß **Château d'O.** Von Sées aus kann man zu einer Schlösser-Tour starten, die an anderer Stelle beschrieben ist (→ S. 130).

Verneuil-sur-Avre

Departement Orne
6500 Einwohner

Information
Office du Tourisme, Place de la Madeleine, 27130 Verneuil-sur-Avre (links vor der Kirche am Platz), Tel. 02 32 32 17 17

Das Städtchen Verneuil am Fluß Avre ist zwar nicht groß, besitzt aber einen der schönsten Kirchtürme der Normandie im Flamboyant-Stil und in seinen engen Gäßchen sehr hübsche Fachwerkhäuser aus dem 16. und 17. Jahrhundert sowie einige repräsentative Wohnhäuser aus dem 15. Jahrhundert.

Besichtigung

Zentrum der Stadt ist der Marktplatz (wo man außer an Markttagen gut parken kann) mit der **Kirche La Madeleine.** Der auffallende 52 m hohe Turm ist ein Meisterwerk der Spätgotik und stammt aus dem 15./16. Jahrhundert. Die vier Geschosse sind zum Teil mit Statuen geschmückt. So entdeckt man beispielsweise an einer der Ecken links Eva, rechts Adam, der Sündenfall wird komplett durch die dekorativ um einen Baum gewickelte Schlange im Zentrum. Die im Vergleich zum Turm unscheinbar und niedrig wirkenden Mauern der Kirchenschiffe sind aus Grison, dem regional vorkommenden eisenhaltigen Gestein erbaut. Im Innern der Kirche kann man Glasfenster aus dem 15. und 16. Jahrhundert bewundern. Die Innenausstattung der Kirche stammt zum größten Teil aus derselben Zeit.

Südlich der Kirche gelangt man jenseits der rue de la Madeleine in das **Altstadtviertel** mit engen Straßen. An der Ecke zur rue du Canon steht ein schlößchenartiges Haus aus dem 15. Jahrhundert, dessen überhängendes Erker-

Verneuil-sur-Avre: abwechslungsreich gestaltete Fassaden in Stein und Fachwerk

türmchen und farblich reizvoll im Schachbrettmuster aus roten Ziegeln, weißem Kalkstein und schwarzem Flint zusammengesetzte Fassade an die Manoirs auf dem Land erinnern. Von der rue du Canon rechts ab findet man in der parallel zur rue de la Madeleine verlaufenden Gasse rue des Tanneries an einem Wohnhaus (Hausnummer 136) eine schöne Fachwerkfassade mit geschnitzten Holzfiguren.

Holzgeschnitzter Eingang in der rue des Tanneries

Nach Überqueren der rue Gambetta geht es rechts zur Ruine der **Kirche St-Jean.** Nur der Turm aus dem 15. Jahrhundert und das Portal stehen noch, an dem es einige verwitterte Reste gotischer Bildhauerkunst zu erahnen gibt.

Der einzige Rest einer Burg im Süden der Stadt ist der **Graue Turm** (Tour Grise) aus dem 13. Jahrhundert, der aus dem eisenhaltigen Baumaterial der Region, dem Grison, erbaut wurde (der eher rot als grau erscheint).

Reisevorbereitung

Adressen

Bei den Französischen Fremdenverkehrsämtern in Frankfurt/Main, Berlin, Wien und Zürich erhält man Informationsmaterialien über die Normandie:

Zentralen in Deutschland
Westendstr. 47
60325 Frankfurt/Main
Internet: http//www:france guide.com

Keithstr. 2-4, 10787 Berlin
oder:

Frankreich-Information
Prospektversand
Servicetelefon 01 90/57 00 25
(Kosten: 1,20 DM pro Minute)

Zentrale in der Schweiz
CH-8023 Zürich, Postfach 7226
Löwenstr. 59, Tel. 01/2 11 30 85,
Fax 2121644

Zentrale in Österreich
Argentinierstr. 41, A-1040 Wien
Tel 1/503 28 90, Fax 5 03 28 71

Detailliertere Auskünfte erteilt:
Comité Régional de Tourisme de Normandie
Le Doyenné,
14, rue Charles Corbeau
F-27000 Évreux
Tel. 02 32 33 79 00
Fax 02 32 31 19 04
oder im Internet:
http://www.normandy-tourism.org

oder die für die Departements zuständigen Auskunftsstellen:

Eure
Comité Départemental du Tourisme de l'Eure
Hôtel du Département
Boulevard Georges Chauvin
B.P. 367, F-27003 Évreux Cédex
Tel. 02 32 31 51 51
Fax 02 32 31 05 98

Calvados
Comité Départemental du Tourisme de Calvados
Place du Canada
F-14000 Caen
Tel. 02 31 27 90 30
Fax 02 31 27 90 35

Orne
Comité Départemental du Tourisme de l'Orne
88, rue St.-Blaise, B.P. 50
F-61002 Alençon Cédex
Tel. 02 33 28 88 71
Fax 02 33 29 81 60

Seine-Maritime
Comité Départemental du Tourisme de Seine-Maritime
6, rue Couronné
B. P. 60, F-76420 Bihorel
Tel. 02 35 12 10 10
Fax 02 35 59 86 04

Manche
Office Départemental du Tourisme de la Manche
Maison du Département
Route de Villedieu
F-50008 Saint-Lô Cédex
Tel. 02 33 05 98 70
Fax 02 33 56 07 03

Einreisebestimmungen, Zoll

Für die Einreise nach Frankreich genügt bei Bürgern der Europäischen Union der Personalausweis. Haustiere (Hund und Katze) können nur mitreisen, wenn sie älter als drei Monate sind und eine nur fünf Tage vor der Abreise ausgestellte amtstierärztliche Bescheinigung vorliegt, daß das Tier tollwutfrei ist, außerdem ein Tollwut-Impfzeugnis, das vor mehr als einem Monat und weniger als einem Jahr ausgestellt wurde.

Reist man mit dem Auto ein, braucht man den Kraftfahrzeugschein und der Fahrer seinen nationalen Führerschein. Das Nationalitätskennzeichen muß am Auto angebracht sein. Die „Grüne Versicherungskarte" Ihrer Versicherungsgesellschaft ist nicht vorgeschrieben, kann jedoch bei einem Unfall von Nutzen sein. Ist man nicht selbst Eigentümer des Fahrzeugs, benötigt der Fahrer eine Benutzungsgenehmigung. Wenn man länger als 6 Monate im Land bleibt, gelten besondere Bestimmungen.

Seit dem 1.1.1993 gelten innerhalb der EU für den privaten Bedarf keine Warenein- oder -ausfuhrbeschränkungen mehr. Über den Privatbedarf dürfen hinausgehen etwa 90 l Wein, 1 kg Tabak oder 800 Zigaretten, 10 l Spirituosen.

Klima und Reisezeit

Das maritime Klima der Normandie läßt im Sommer selten Temperaturen über 25 Grad Celsius zu, und der frische Wind vom Meer her sorgt dafür, daß drückende Wetterlagen erst gar nicht aufkommen. Das Wetter wechselt häufiger an der Küste als im Landesinnern; begann der Morgen noch wenig vielversprechend mit Schauern, kann es gut sein, daß man am Nachmittag ein Sonnenbad am Strand nehmen kann. Das ständig wechselnde Licht auf der grünen Landschaft ist kennzeichnend für die Normandie. Besonders im Herbst gibt es oft noch wunderbar warme und sonnige Tage, wenn sich der vom Meer aufsteigende Morgennebel aufgelöst hat und die Sonne durchkommt. Aber auch im Winter kann die Normandie wegen des milden Klimas ein reizvolles

Ziel für einen Kurzurlaub sein. Vielleicht die schönste Jahreszeit für einen Besuch ist die Zeit der Apfelbaumblüte im April/Mai, die das Land in ein weißes Blütenmeer taucht. Während der französischen Ferienmonate Juli und August ist an der Küste Hochbetrieb. Aber wegen der Nähe zu Paris ist auch außerhalb der Saison generell am Wochenende bei schönem Wetter mit Ausflüglern zu rechnen – bei der Quartiersuche sollte man daran denken.

Anreise

Mit dem Auto

Wer rasch ans Ziel gelangen möchte, kann die sehr gut ausgebauten, aber gebührenpflichtigen Autobahnen benutzen. In der Umgebung von Großstädten sind sie in der Regel gebührenfrei.

Direkt führt die *Autoroute de Normandie* von Paris nach Rouen und weiter bis Caen mit einer Abzweigung nach Deauville.

Vom Südwesten Deutschlands aus kann man durchgängig Autobahnen benutzen und schnell die Normandie erreichen: Straßburg – Metz – Reims – Paris – Rouen.

Vom „Mittelwesten" Deutschlands (Köln, Ruhrgebiet) aus empfiehlt sich die Einreise über Belgien: Aachen – Lüttich (Liège) – Lille. Das nördliche französische Autobahnstück *(Autoroute du Nord)* von Lille nach Arras ist kostenfrei. Von dort gelangt man über gut ausgebaute Nationalstraßen durch die Picardie Richtung Südwesten nach Abbeville (N 25, D 926) und von dort weiter auf der neuen A 28 direkt nach Rouen. Von Abbeville sind es aber auch nur noch 30 km bis Le Tréport, wo die Alabasterküste beginnt. Von Norddeutschland aus kommt man am schnellsten über das niederländische Autobahnnetz, anschließend über Gent nach Lille auf die *Autoroute du Nord* (weiter wie oben).

Mit der Bahn

Die Eisenbahn in Frankreich (SNCF) verfügt über ein gut ausgebautes Streckennetz, wie fast alles in diesem Land orientieren sich auch diese Strecken nach Paris. Von drei Pariser Bahnhöfen fahren Züge in die verschiedenen Teile der Normandie:

Vom Bahnhof St.-Lazare gibt es Verbindungen nach Rouen und weiter nach Dieppe, Le Havre oder Fécamp.

Eine zweite Linie verbindet St.-Lazare mit Évreux und führt weiter nach Lisieux und Deauville oder Caen, Bayeux und Cherbourg oder nach St-Lô und Coutances oder über Vernon nach Rouen und Le Havre.

Vom Bahnhof Paris-Montparnasse führt die Strecke über Dreux nach Argentan und Granville oder (vom Bahnhof Montparnasse/ Vaugirard) über Le Mans nach Alençon.

Vom Gare du Nord gelangt man über Beauvais nach Le Tréport.

In Versailles hält der Hochgeschwindigkeitszug TGV Lyon – Rouen (Fahrtzeit: 1 Stunde 15 Minuten).

Unterwegs in der Normandie

Mit der Bahn

Das Eisenbahnnetz in der Normandie ist sehr gut, wenn auch viele Linien von Bussen bedient werden. Viermal täglich befahren wird die Strecke Paris – Dreux – Granville, die sich quer von Osten nach Westen durch das Land zieht. Von der Strecke Évreux – Lisieux – Caen – Cherbourg führen Stichlinien (meist per Bus) in die Küstenorte. Eine Bahnstrecke verbindet immer noch Paris über Lisieux mit Trouville/Deauville – die Linie, mit der der Seebadtourismus dort im 19. Jahrhundert begann.

Wenn man eine Erkundungsreise durch die Region plant, empfiehlt es sich, schon in Deutschland einen Euro-Domino-Pass für Frankreich zu kaufen., denn er bietet bereits bei der Anreise bis zur Grenze 25 % Ermäßigung. Den Euro-Domino gibt es für 3, 5 oder 10 Tage innerhalb eines Zeitraums von 1 Monat (290, 400 bzw. 610 DM). Die Tage sind frei wählbar.

Fährt man in Frankreich mindestens 1000 km Bahn und beginnt die Rückreise frühestens am Montag nach der Einreise, ist die Fahrt mit dem „Billet de Séjour" 2 Monate lang um 25 % ermäßigt. Über weitere attraktive Angebote für bestimmte Altersgruppen und sonstige Reisemöglichkeiten mit der Eisenbahn informieren **Reisebüros** und:

Französische Eisenbahnen (SNCF)
Lindenstraße 5
60325 Frankfurt/Main
Tel. 069/97 58 46-0 oder -41
Fax 97 58 46 35

Mit Schiff und Fähre

Von Granville aus gibt es von Mai bis September einmal täglich eine Fährverbindung (nur für Passagiere) zu den **Chausey-Inseln.** Die Abfahrtszeiten richten sich nach den Gezeiten.

In den Sommermonaten empfehlen sich die vor der normannischen Küste gelegenen **Kanalinseln** Jersey, Guernsey, Sark und Alderney für ein- oder mehrtägige Ausflüge.

Die selbstverwalteten Inselstaaten mit britischem Flair sind von Granville, Carteret und Diélette aus per Passagierfähre zu erreichen. Eine Autofähre verkehrt nur von St-Malo (Bretagne).

Reedereien

Emeraude Lines,
rue Lecampion, 50400 Granville,
Tel. 02 33 50 16 36, Fax 02 33 50 87 80

Kreuzfahrten auf der Seine bieten eine besonders geruhsame Gelegenheit, das schöne Seine-Tal kennenzulernen. Für Einzelreisende werden $2^1/_2$ stündige Fahrten von Duclair nach Villequier und Le Havre nach Villequier und zurück ebenso angeboten wie eine Tagesreise Rouen–Le Havre.

Reedereien

La Salamandre
B.P. 1086
76062 Le Havre Cédex
Tel. 02 35 42 01 31, Fax 02 35 41 77 29
(Hafenrundfahrten, Strecke Le Havre–Rouen, Jumièges, Caudebec)

Rives de Seine Croisières
72, rue Scheurer Kestner
76320 Caudebec-les-Elbeuf
Tel. 02 35 78 31 70
Fax 02 35 81 13 76
(Kreuzfahrten ab Poses nach Vernon und Giverny)

Fleuves et Loisirs,
29, av. Claude Monet
B.P. 4
95510 Vetheuil
Tel. 01 34 78 16 32
Fax 01 34 78 23 96
(Fahrten ab Vernon und Les Andelys)

Hafenrundfahrten werden in Rouen und Le Havre angeboten.

Mit dem Auto

Brücken und Flußfähren (Bacs)

Da es zwischen Rouen und Le Havre nur drei gebührenpflichtige Brücken über die Seine gibt – Pont de Brotonne und Pont de Tancarville (ca. 12-15 FF) sowie die neue Pont de Normandie (33 FF) – sind die *Bacs,* die Seine-Fähren, immer noch eine auch erlebnisreiche Alternative für das Vorankommen. Zwischen Rouen und dem Meer verbinden Bacs die Seine-Ufer in Petit Couronne, La Bouille, Duclair, Le Mesnil-sous-Jumièges, Jumièges und Yainville.

Karten

Auf verläßliches Kartenmaterial sollte man nicht verzichten. Bewährt haben sich die Michelin-Karten im Maßstab 1:200000. Die gesamte Normandie ist auf Nr. 231 abgebildet. Handlicher im Auto, aber wegen starker Überschneidung leider wenig günstig, ist die kleine Kartenserie, die die Normandie auf fünf Blättern abbildet: Nr. 59 (südliche Manche mit Mont St.-Michel und nördliche Bretagne), Nr. 54 (nördliche Manche und gesamte Calvadosküste), Nr. 52 (unteres Seine-Tal bis Rouen und Alabasterküste), Nr. 55 (oberes Seine-Tal, Ostteil der Calvadosküste), Nr. 60 (südliche Normandie: Pays d'Ouche und Perche).

Als Übersichts- und Anreisekarte empfiehlt sich die Frankreich-Karte des RV-Verlages 1:800000. Empfehlenswert sind auch die Euro-Regionalkarten Frankreich (Blatt 1 und Blatt 2) des RV-Verlages im Maßstab 1:300000.

Verkehrsregeln

Obwohl es in Frankreich Geschwindigkeitsbeschränkungen gibt, fahren viele Franzosen sportlich und schnell. Diese Fahrweise sollte man nicht nachahmen und verantwortungslose Überholmanöver vermeiden, obwohl auf französischen Nationalstraßen gestrichelte Linien zum Überholen einladen. Von links nach rechts weisende dicke Pfeile ordnen an, sich wieder nach rechts einzufädeln, weil der Gegenverkehr Vorrecht zum Überholen hat. Beim Überholen also aufgepaßt!

Im allgemeinen sind französische Verkehrsvorschriften mit deutschen identisch, einige Besonderheiten gibt es dennoch. So wird die Vorschrift „rechts vor links" im Straßenverkehr rigoros eingehalten und gilt auch für den kleinsten Landweg, im Stadtverkehr ohnehin, Ausnahme: der Kreisverkehr. Hier hat der in den Kreis einfahrende Verkehr keine Vorfahrt. Schilder mit der Aufschrift „Vous n'avez pas la priorité" („Sie haben keine Vorfahrt") weisen extra darauf hin.

Wenden durch Rückwärtsfahren auf Kreuzungen ist verboten.

Höchstgeschwindigkeiten: Auf Autobahnen ist die Geschwindigkeit auf 130 km/h begrenzt, auf autobahnähnlichen Straßen 110 km/h, und auf der Landstraße (N oder D) beträgt sie 90 km/h. Wer den Führerschein erst ein Jahr lang hat, darf in Frankreich nicht schneller als 90 km/h fahren.

Im Ort war bis vor kurzem noch 60 km/h die Regel. Doch immer mehr Gemeinden schreiben im Ort 50 km/h vor. Wenn am Ortseingang ein entsprechendes Schild steht, sollte man sich daran halten. Polizeikontrollen sind häufig und die Strafen für überhöhte Geschwindigkeit sehr hoch. Kassiert wird gleich vor Ort.

Parken: Innerhalb der Stadt wechseln die Parkstellen oft halbmonatlich oder ändern sich bezüglich der Straßenseite im Wechsel der geraden und ungeraden Datumszahlen. Der Wechsel findet von 20 bis 21.30 Uhr statt.

Geparkt werden darf nicht an mit gelber Farbe markierten Randsteinen. Parkverbot besteht vor Postämtern, Feuerwachen und in weniger als 15 m Entfernung von Bushaltestellen. Parken vor Toreinfahrten ist nur gestattet, wenn der Fahrer das Auto nicht verläßt.

Blau-weiße Schilder zeigen die sog. *Zone Bleue* (Blaue Zone) an: Innerhalb dieser Zone darf nur geparkt werden, wenn man eine Parkscheibe sichtbar im Wagenfenster anbringt (Parkdauer 1 bis 4 Stunden werktags von 9 bis 18 Uhr). Wer noch keine *Disque Bleue* (Parkscheibe) besitzt, erhält sie an Tankstellen, bei Polizeidienststellen, Touristenbüros und – gegen Bezahlung – im Papiergeschäft.

In den meisten Städten gibt es in der Innenstadt nur noch Parkplätze mit *horodateur,* also mit Parkschein aus dem Automaten.

Ortsdurchfahrten: Hat man auf der Strecke vor, größere Orte oder Städte zu durchfahren, sollte man dies möglichst in der Mittagszeit tun. Um Punkt 12 Uhr drängt alles aus der Stadt, weg vom Arbeitsplatz, hin an den Mittagstisch. Um Viertel vor drei drängt alles zurück an den Arbeitsplatz, natürlich mit Verspätung und umso eiliger, d.h. mit rasanter Fahrweise. Um 17 Uhr, wenn die Schule aus ist, gibt es noch einmal einen Stau. Wenn man diese Zeiten meidet, kann man einigermaßen zügig in einem Ort vorankommen.

Eine besonders maliziöse Einrichtung sind die sog. *Ralentisseurs,* Schwellen auf der Straße, die zum Langsamfahren zwingen sollen. Vor Kreuzungen, Ortseinfahrten oder anderen Gefahrenpunkten muß man immer auf solche dem Wagen nicht sehr zuträglichen Überraschungen gefaßt sein – am besten also sowieso langsam fahren und Geschwindigkeitsbegrenzungen einhalten.

Alkoholkontrolle: Die Promillegrenze liegt bei 0,5. Besonders gern führt die Polizei zwischen ca. 18 und 19 Uhr – zur Zeit des Aperitifs vor dem Abendessen – Alkoholkontrollen durch. Ein Blasgerät mißt den Alkoholgehalt im Atem.

Tanken: Tankstellen mit bleifreiem Benzin *(essence sans plomb)* sind in Frankreich überall verbreitet, Treibstoff ist weit teurer als in Deutschland. Dieseltreibstoff heißt auf französisch *„gazole"*. Ein paar Centimes billiger ist das Benzin oft bei den großen Supermärkten am Rand der Städte.

Unfälle: Die Polizei kümmert sich um Unfälle nur, wenn Personenschaden vorliegt. Deshalb ist es wichtig, daß Sie einen „huissier" (sprich: üsjé) kommen lassen, einen Gerichtsvollzugsbeamten, der bei Schadensersatzansprüchen für Sie tätig wird. Man kann ihn per Telefon und gegen Bezahlung ordern. Selbst wenn Sie den Unfall nicht verschuldet haben, müssen Anwaltskosten bezahlt werden. Es empfiehlt sich also der Abschluß einer Rechtsschutzversicherung, die man gegebenenfalls mit einem Auslandsschutzbrief koppeln kann.

Unterkunft

Hotel

Französische Hotels werden nach Sternen unterteilt: Luxusbetriebe, die mit einem L und 4 Sternen gekennzeichnet sind, erstklassige Häuser mit 4 Sternen, sehr gute Hotels mit 3 Sternen, gute Beherbergungsbetriebe mit annehmbarem Komfort mit 2 Sternen und einfache Häuser mit einem Stern. Diese „Hôtels de Tourisme" werden durch das Commissariat Général du Tourisme überwacht und durch blau-weiß-rote Schilder mit einem großen H gekennzeichnet. Die Zimmerpreise sind meist von außen sichtbar auf einer Tafel angegeben, so daß man sich selbst ein Bild machen kann. Die Preise gelten immer für die Übernachtung ohne Frühstück.

Die einzelnen Departements und das Comité Régional de Tourisme in Évreux verschicken auf Anfrage unkommentierte Hotellisten mit Preisangaben. In besonders schön gelegenen historischen Gebäuden, oft Schlössern, logiert man bei den Häusern, die sich zu den „Hotels-Restaurants de Charme" zusammengeschlossen haben (Verzeichnis beim Maison de France in Frankfurt/Main erhältlich).

Eine Reihe von Hotel-Restaurants sind in der Organisation „Logis de France" zusammengefaßt. Es handelt sich um Familienbetriebe, die in ihrer Küche landestypische Spezialitäten zu akzeptablen Preisen anbieten. Man erkennt diese Hotels an einem auffälligen Schild:: gelber Kamin auf grünem Grund. Ein (französischsprachiges) Verzeichnis ist auch im deutschen Buchhandel erhältlich, ebenso wie der rote „Guide Michelin", der neben Hotel- vor allem die bekannten Restaurantempfehlungen enthält.

Hotels – eine Auswahl

In Klammern hinter dem Ort ist die Postleitzahl angegeben.

* ca 100-250 FF
** ca. 150-300 FF
*** ca. 200-350 FF
**** ca. 400-700 FF

Die Preise gelten für „normale" Orte, sind jedoch z. B. in Nobelseebädern wie Deauville höher, dort kosten Zimmer im Zweisternehotel z. B. ab 200/250 FF

Argentan (61150)
** *Hotel de France*
8 boulevard Carnot,
Tel. 02 33 67 03 65,
Fax 02 33 36 62 24,
am Kreisel Richtung Alençon, nur 13 Zimmer, schöner Garten

*** *Pavillon de Gouffern*
10 km außerhalb in
61310 Silly-en-Gouffern,
Tel. 02 33 36 64 26,
Fax 02 33 36 53 81,
Ehemaliges Jagdschlößchen in einem großen Park

Avranches (50300)
** *Jardin des plantes*
10 place Carnot,
Tel. 02 33 58 03 68,
Fax 02 33 60 01 72,
angenehme Lage direkt am Park

Bagnoles-sur-l'Orne (61140)
*** *Lutetia*
Boulevard Paul Chalvet,
Tel. 02 33 37 94 77,
Fax 02 33 30 09 87,
34 Zimmer, sehr ruhig und dennoch zentral

** *Les Camelias*
6 avenue du Château de Couterne,
Tel. 02 33 37 93 11,
Fax 02 33 37 48 32,
ruhige Lage am Park

Bayeux (14400)
*** *Lion d'Or*
71 rue St-Jean,
Tel. 02 31 92 06 90,
Fax 02 31 22 15 64,
ruhige Zimmer in der ehemaligen Postkutschenstation

** *Reine Mathilde*
23 rue Larcher,
Tel. 02 31 92 08 13,
Fax 02 31 92 09 93,
kleines, preiswertes Hotel im Zentrum

Bricquebec (50260),
*** *Vieux Château*
4 cours du Château,
Tel. 02 33 52 24 49,
Fax 02 33 52 62 71,
19 komfortable Zimmer in einem alten Granitgemäuer

Caen (14300)
*** *Le Dauphin*
29 rue Gemare,
Tel. 02 31 86 22 26,
Fax 02 31 85 35 14,
22 Zimmer mit Gourmetrestaurant

** *Quatrans*
17 rue Gemare,
Tel. 02 31 86 25 57,
Fax 02 31 85 27 80,
relativ preiswert und zentral gelegen, 32 Zimmer, ohne Restaurant

Cherbourg (50100)
** *Le Louvre*
2, rue Henri Dunant u. 28, rue de la Paix
Tel. 02 33 53 02 28,
Fax 02 33 53 43 88,
42-Zimmer-Hotel im Zentrum, ohne Restaurant

Clécy (14570)
*** *Le Moulin du Vey*
Tel. 02 31 69 71 08,
Fax 02 31 69 14 14,
reizende ehemalige Mühle am Orne-Ufer, sehr ruhig

Deauville (14800),
** *Helios*
10 rue Fossorier,
Tel 02 31 14 46 46,
Fax 02 31 88 53 57
recht zentrale Lage, mit Schwimmbad

Dieppe (76200)
* *Tourist Hotel*
16 rue de la Halle au Blé,
Tel. 02 35 06 10 10,
Fax 02 35 84 15 87,
preiswert, in Strandnähe, ohne Restaurant

Domfront (61700)
** *Relais Saint-Michel*
rue du Mont St-Michel,
Tel. 02 33 38 64 99,
Fax 02 33 37 37 96

Etretat (76790)
* * * *Dormy House*
Route du Havre, B.P. 2,
Tel. 02 35 27 07 88,
Fax 02 35 29 86 19,
schöne Lage im Günen, mit Meer- und Klippenblick

* * *Les Falaises*
1 boulevard du Président Coty,
Tel. 02 35 27 02 77,
zentral und nett

Évreux (27000)
* * Hotel de France
29, rue Saint-Thomas,
Tel. 02 32 39 09 25,
Fax 02 32 38 38 56,
16 Zimmer, im Zentrum, sehr gutes Restaurant

Falaise (14700)
* * *Poste*
38 rue Georges Clemenceau,
Tel. 02 31 90 13 14,
Fax 02 31 90 01 81,

Château du Tertre
siehe unter Restaurants

Fécamp (76400),
* * *Hotel Normandy*
4, avenue Gambetta,
Tel. 02 35 29 55 11,
Fax 02 35 27 48 74,
1998 neu eröffnetes Hotel im Stadtzentrum mit Restaurant, deutschsprachiges Personal

Granville (50400)
* * *Le Michelet*
5bis rue Jules Michelet,
Tel. 02 33 50 06 55,
Fax 02 33 50 12 25,
kleines gemütliches Hotel hoch über dem Hafen

Le Havre (76600)
* * *L'Angleterre*
1 rue Louis-Philippe,
Tel. 02 3542 48 42,
Fax. 02 35 22 70 69,
27 Zimmer, ohne Restaurant

* *Suisse*
3 rue Racine,
Tel. 02 35 42 37 05,
sehr zentral, mit Blick auf den Espace Niemeyer, 13 Zimmer, ohne Restaurant

Honfleur (14600)
* * *Le Belvedère*
36 rue Emile Rénouf,
Tel. 02 31 89 08 13,
Fax 02 31 89 51 40,
am Rand des Zentrums

* * * *L'Ecrin*
19, rue Eugène Boudin
Tel. 02 31 14 43 45
Fax 02 31 89 24 41
Nobles Haus mit stilvoller Ausstattung vergangener Epochen

Ferme Saint-Siméon
siehe unter Restaurants

Lisieux (14100)
* * *L'Europe*
34, rue de la Gare,
Tel. 02 31 31 01 43
Fax 02 31 31 27 27
Deutschsprachiges Personal

Mont St-Michel (50116)
* * * *Auberge Saint-Pierre*
Intra Muros,
Tel. 02 33 60 14 03,
Fax 02 33 48 59 82,
stilvolle Unterkunft auf dem Abteiberg

* * * *Croix Blanche*
Intra Muros, BP 16,
Tel. 02 33 60 14 04
Fax 02 33 48 59 82,
nur 9 Zimmer, viele mit Blick auf die Bucht

Pont-Audemer (27500)
* * *Auberge du Vieux Puits*
6 rue Notre-Dame du Pré,
Tel. 02 32 41 01 48,
Fax 02 32 42 37 28,
normannisches Haus aus dem 17. Jh., vorzügliches Restaurant, 12 Zimmer

Pont-d'Ouilly (14690)
* * *Auberge St-Christophe*
Tel. 02 31 69 81 23,
Fax 02 31 69 26 58,
gutes Restaurant mit einigen Zimmern, ruhig

Rouen (76000)
* * *Bordeaux*
9 place de la République,
Tel. 02 35 71 93 58,
Fax 02 35 71 92 15,
zentrale Lage

* * *Cardinal*
1 place de la Cathédrale,
Tel. 02 35 70 24 42,
Fax 02 35 89 75 14,
neben der Kathedrale, ohne Restaurant

Sassetot-le-Mauconduit (76540)
****Château de Sassetot*
Tel. 02 35 28 00 11,
Fax 02 35 28 50 00,
Übernachten im Schloß, wo einst Sissi nächtigte, heute Hotel

Sées (61500)
***Le Dauphin*
31, place des Halles,
Tel. 02 33 27 80 07,
Fax 02 33 28 80 33,
Kleines Hotel mit 7 Zimmern, gutes Restaurant

Le Tréport (76470)
Le St-Yves
Place Pierre Sémart
Tel. 02 35 86 34 66
Fax 02 35 86 53 73

Trouville (14360),
***Carmen*
24 rue Carnot,
Tel. 02 31 88 35 43,
Fax 02 31 88 08 03,
gutes Restaurant, recht zentral

Varengeville-sur-Mer (76119)
***De la Terrasse*
Tel. 02 35 85 12 54,
Fax 02 35 85 11 70,
schöne Lage oberhalb der Klippen

Gästezimmer (Chambre d'Hôte)

Immer mehr Franzosen bieten Feriengästen Unterkunft in Privathäusern. Diese Gästezimmer werden nicht in Städten, sondern nur auf dem Land angeboten, oft auf dem Bauernhof. Sie sind preiswerter als ein Hotelzimmer (ca. 200-450 FF pro Doppelzimmer), und der Preis schließt immer das Frühstück mit ein. Es werden oft nicht mehr als drei oder vier Zimmer vermietet. Eine Liste der Vermieter, die der Organisation *Gîtes de France* angeschlossen sind, verschickt auf Anfrage und gegen Übernahme der Portokosten (5 internationaln Antwortscheine beilegen) das Comité Régional de Tourisme in Évreux (Adresse → S. 230). Die inzwischen in ganz Frankreich anzutreffende *Chambre d'Hôte*-„Bewegung" nahm ihren Anfang übrigens in der Normandie: Vor rund 20 Jahren begann man im Departement Manche mit der organisierten Vermietung von Zimmern auf dem Lande. Die *Gîtes de France*-Gästezimmer werden durch ein grün-gelbes Schild angezeigt. Hinweise (auch unorganisierter Zimmervermieter) sieht man oft an der Straße, besser ist es aber, aus der Liste etwas Passendes auszusuchen und sich telefonisch anzumelden. In den Monaten Juli und August ist die Reservierung unerläßlich.

Manchmal wird auch *Table d'Hôte*, ein einfaches Abendessen mit der Familie und den anderen Gästen, angeboten. Eine bessere Möglichkeit, Land und Leute kennenzulernen, gibt es für den Touristen kaum, aber etwas Französischkenntnisse sollte man schon haben.

Ferienappartements

In den Seebädern an der Küste gibt es eine große Auswahl an Ferienwohnungen für Selbstversorger. Rechtzeitige Buchung ist allerdings angeraten. Informationen erhält man bei der Touristenzentrale des Departements oder des jeweiligen Orts.

Ferienhäuser auf dem Land

Das für Ferienwohnungen Gesagte gilt auch für Häuser. Abgesehen von den Agenturen vor Ort in Frankreich gibt es eine Reihe von Ferienhausanbietern in Deutschland, die Häuser in den Seebadeorten der Normandie vermitteln.
Wenn man den Urlaub nicht unbedingt in einem Haus am Meer verbringen will, kann man auch über *Gîtes de France* ein Haus in der ländlichen Normandie mieten. Informationsbroschüre bei:

Gîtes de France
Maison du Département
Route de Villedieu
F-50008 Saint-Lô
Cédex
Tel. 02 33 05 98 70
Fax 02 33 56 07 03

Wer beim Departement in der Normandie selbst mieten möchte, sollte etwas Französisch sprechen. Die Kataloge sind erhältlich bei folgenden Adressen:

Eure
Relais des Gîtes de l'Eure
9, rue de la Petite Cité
B.P. 882
F-27008 Évreux Cédex
Tel. 02 32 39 53 38
Fax 02 32 33 78 13

Calvados
Gîtes de France
Chambre de l'Agriculture
6, Promenade Madame de Sévigné
F-14050 Caen Cédex
Tel. 02 31 82 71 65
Fax 02 31 83 57 64

Orne
Comité Départemental du Tourisme
– Relais de Gîtes de France
88, rue St.-Blaise
B.P. 50
F-61008 Alençon Cédex
Tel. 02 33 28 07 00
Fax 02 33 29 01 01

Seine-Maritime
Gites de France
Chemin de la Bretèque
B. P. 59
F-76232 Bois-Guillaume
Tel. 02 35 60 73 34
Fax 02 35 61 69 20

Campingplätze

Es gibt eine Reihe gut ausgestatteter Campingplätze an der normannischen Küste, aber auch in schönen Regionen des Hinterlands. Sehr empfehlenswert sind die äußerst günstigen, aber einfacheren kleinen Campingplätze auf dem Land. Am besten fordert man eine Liste der Plätze in der gewünschten Region beim Comité Régional in Évreux oder bei der Zentrale im jeweiligen Departement an.

Essen und Trinken

So vielfältig wie die Landschaft der Normandie ist auch ihre Küche: Während am Meer frischer Fisch und Meeresfrüchte vorherrschen, gehören im Landesinnern deftige Wurstwaren, Fleischgerichte, u.a. von Kalb und Geflügel und Gerichte aus Innereien zu den Spezialitäten. In der Bucht von Mont St-Michel ist besonders das Fleisch der Lämmer von den *Pré-Salé*-Wiesen hoch geschätzt. Diese Landesprodukte werden häufig auf typisch normannische Art – unter Verwendung von Butter, Sahne, Calvados, Cidre, Äpfeln und auch Zwiebeln zubereitet.

Meeresfrüchte und Fisch

In den Küstenorten wird eine ganze Palette von Spezialitäten aus dem Meer in den Restaurants angeboten. Zu einem „Plateau des Fruits de Mer" wird das notwendige Besteck in Form von kleinen Zangen und Gabeln gleich mitgeliefert. Um das verwirrende Angebot an Muscheln, Schnecken, Krabben usw., die als Vorspeisen auf der Speisekarte stehen, etwas besser zu durchschauen, zunächst eine Liste:

Ungekochte, oft roh verzehrte Schalentiere

clames, praires	– Venusmuscheln
huitres	– Austern
palourdes	– Herzmuscheln

Gekochte Schnecken, Muscheln und Schalentiere

araignes de mer	– große Krabben, „Meerspinnen"
bigorneaux	– kleine schwarze Strandschnecken mit pfeffrigem Geschmack
bulots	– Wellhorn-schnecken
coquilles St-Jacques	– Jakobsmuscheln: eine Delikatesse
crevettes	– kleine (Nordsee-Krabben)
homard	– Hummer
moules	– Miesmuscheln
tourteau	– große Krabbe, Taschenkrebs

Die meisten dieser Spezialitäten stammen aus den Gewässern vor Ort, die wegen der starken Meeresströmungen

und Gezeiten noch sauber sind. Austernbänke gibt es überall an der Küste: z.B. in Courseulles und Luc-sur-Mer. Das berühmteste Austernzuchtgebiet der Normandie liegt bei St-Vaast-la-Hogue. Die dort gezüchteten Austern sind ausgezeichnet und ziemlich teuer.

Typisch für die Küstenorte des Pays de Caux sind **Miesmuschelgerichte:** „Moules marinières", gedämpfte Miesmuscheln mit Petersilie, Schalotten und Butter (von dem Sud wird meist ein Teil als „Suppe" mitserviert). „Moules à la Crème" ist eine Variante des Gerichts mit Sahnesoße. „Moules Bernevalaises" sind in einer angedickten Cidre-Soße mit Schalotten gedämpft. Solche Muschelgerichte können zusammen mit einer Portion Pommes Frites schon eine vollständige Mittagsmahlzeit ausmachen.

Bei den **Fischgerichten** besteht die typisch normannische Zubereitungsart darin, den gedünsteten Fisch, oft Scholle oder andere Plattfische sowie Schellfisch, in einer Sahnesoße zu servieren. Die Sahnesoße ist manchmal mit einem Schuß Calvados abgeschmeckt und in der Variante „à la Dieppoise" mit gekochtem Krabben- und Muschelfleisch angereichert, z.B. „Sole dieppoise" (Seezunge) oder „Turbot dieppois" (Steinbutt). „Crustades normandes" sind Pastetchen, die auch oft à la Dieppoise serviert werden.

Eine Besonderheit von Honfleur ist **Matelote** (Fischragout), in Cidre und Calvados gedünsteter Seefisch in dicker Sahnesoße, mit Pilzen, Muscheln, Austern und Krebsen.

Meeresfische

bar	– Barsch
barbue	– Glattbutt
dorade	– Goldbrasse
hareng	– Hering
limande	– Scholle
maquereau	– Makrele
merlan	– Wittling
morue	– Kabeljau
raie	– Rochen
saumon	– Lachs
sole	– Seezunge
thon	– Thunfisch
turbot	– Steinbutt

Fécamp ist bekannt als Herings- und Makrelenhafen. Aber auch im Binnenland schätzt man Fisch, besonders Forelle *(truite)* und Aal *(aiguille)*.

Fleischgerichte

An Fleischgerichten bietet die Normandie eine große Auswahl. Berühmt sind beispielsweise **Kalbsschnitzel** in normannischer Soße. Sie wird aus Sahne mit reichlich Cidre zubereitet.

Eine Besonderheit ist **Lammfleisch** *pré-salé*. Das Fleisch stammt von Schafen, die auf den Salzwiesen in der Bucht des Mont St.-Michel grasen. Die dort wachsenden aromatischen Kräuter geben ihrem Fleisch einen speziellen

Geschmack. Im Restaurant bekommt man häufig *Gigot* (Lammkeule), z.B. auf Granville-Art geröstet, begleitet von einer mit Minze abgeschmeckten Cidre-Sahne-Soße.

Auch **Wild und Geflügel** wird gern gegessen: „Perdreau du Pays de Caux" (Rebhuhn) wird auf einem Bett von Apfelscheiben in Sahne geschmort und mit Calvados flambiert. Die berühmte „Canard à la Rouennaise" (Ente auf Rouoner Art) ist geröstete Ente, die mit einer Soße aus Entenblut, Rotwein und Cognac serviert wird.

Die Normandie ist eine Hochburg der **Tripes** (Kutteln). Jede Gegend entwickelte eine andere Zubereitungsart. Berühmt sind die „Tripes à la mode de Caen", mit Gemüse (Mohrrüben) und einem Schuß Calvados verfeinerter Kutteln-Eintopf. Auch Ferté-Macé ist bekannt für die Kutteln-Zubereitung.

Andouillette- und **Blutwurst**herstellung sind weitere Spezialitäten. Die hervorragend gewürzten Blutwürste *(boudin noir)* aus Mortagne-au-Perche sind – frisch und noch dampfend aus dem Kessel – eine Delikatesse. Auf manchen großen Märkten (Aigle) kann man sie

frisch kaufen. Es gibt sie mit gerösteten Zwiebeln und auch exotisch auf Antillenart gewürzt. Im Restaurant bekommt man sie manchmal zusammen mit Apfelringen serviert.

Andouillette ist eine in Frankreich sehr geschätzte Wurstart, die zum großen Teil aus gewickelten Schweinedärmen besteht. Sie ist sehr pikant gewürzt und recht teuer, aber eine echte Spezialität, besonders schmackhafte stellt die Abtei von Briquebec her. Gebratene oder gegrillte Andouillette stehen auf der Speisekarte vieler normannischer Restaurants. Dazu reicht man eine pikante Soße oder scharfen Senf.

Geräucherte **Andouille**, eine kalte Wurst aus Schweine- und Kalbsinnereien, sehr fein gewickelt und gerollt, kann man beim Metzger erstehen. Für diese Spezialität ist die Stadt Vire berühmt.

Die **Weißwurst** *(boudin blanc)* aus Avranches wird aus Geflügelfleisch, Eiern und Sahne hergestellt und gegrillt gegessen.

In der westlichen Normandie – Richtung Bretagne – bekommt man als leichte Zwischenmahlzeit vielfältige Varianten von **Crêpes** und *Galettes* (Pfannkuchen).

Das Restaurant „Mère Poulard" auf dem Mont St.-Michel ist berühmt für seine erstklassigen Omeletts.

Käse

(→ S. 100) Nicht die einzige, aber die berühmteste Käsesorte aus der Normandie ist der **Camembert.** Der Weichkäse wird in kleinen runden Laiben verkauft. Unter der weißen Schimmelschicht, Produkt des Pilzes Penicillium camemberti, verbirgt sich ein cremiger, hellgelber Käseteig. Zwar erhielt der Camembert seinen Namen nach einem kleinen normannischen Dorf in der Nähe von Vimoutiers, aber die Bezeichnung ist nicht geschützt, und so gibt es heute Camembert auch aus anderen Teilen Frankreichs (und sogar aus Deutschland). Aber die Herkunft muß immer angegeben sein. Der beste Camembert wird aus *lait cru* (Rohmilch) gemacht. Für viele Franzosen ist ein Camembert aus pasteurisierter Milch kein richtiger Käse: Er lebt nicht. Im Laufe seiner Reife ändert sich der Geschmack des lebendigen Camembert: Der mit weißem wohlriechendem Schimmelflaum umgebene junge Käse schmeckt noch sehr mild. Zu jung ist er, wenn das Innere noch bröckelig ist. In gereiftem Zustand entwickelt der Käse bräunliche Flecken am Rand. Dann schmeckt er erst richtig pikant.

Weitaus pikanter und würziger als der Camembert schmeckt der ebenfalls in runden Schachteln verkaufte **Livarot.**

Seine rote Rinde umhüllt einen weichen Kern, der, einmal angeschnitten, schnell davonfließt.

Pont-l'Evêque schließlich gilt als König der normannischen Käse. Der in viereckigen Schachteln angebotene Rotschmierkäse schmeckt erdig-pikant. Die schrumpelige Rinde hat eine grau-gelbe Farbe, der Käseteig ist sehr weich – auch ein Pont-l'Evêque muß schnell gegessen werden.

Ein anderer Weichkäse - wie alle normannischen Käsesorten aus Kuhmilch - ist der **Neufchâtel.** Der milde Käse aus dem Pays de Bray hat eine weiße Schimmelrinde und ist im Innern sahnig-cremig. Er wird in Block- oder Herzform verkauft.

Süßspeisen und Gebäck

Gebäck mit reichlich Butter-Anteil hat in der Normandie Tradition:

Brioches (süße Brötchen), *Croissants pur beurre* (Hörnchen mit Butter gebacken) sind außer den Keksen aus Lonlay-L'Abbaye und Coutances besonders erwähnenswert.

„Mirlitons" sind Blätterteigkuchen (Spezialität von Pont-Audemer, Rouen und Cherbourg). Eine Besonderheit sind auch *Douillons,* Birnen im Teigmantel. *Bourdelots* nennt man mit Butter, Zucker und Zimt gefüllte Äpfel im Teig. Als süßen Abschluß einer Mahlzeit bekommt man im Restaurant oft Apfelkuchen *(tarte aux pommes)* serviert.

Getränke

In jedem normannischen Restaurant kann man eine Flasche **Cidre** (→ S. 108) statt Wein zum Essen bestellen. Am besten schmeckt er natürlich *brut,* trocken.

Manchmal (in der Crêperie) bekommt man statt Gläsern rustikale Tonschalen voll prickelnden Cidres.

Kleines Cidre-Lexikon:

brut	– trocken
doux	– süß
bouché	– mit Korken
fermier	– mit natürlicher Hefe abgefüllt, mit Flaschengärung wie ein Champagner aus Apfelsaft

Aber nicht nur Apfel-, auch Birnenwein bzw. -most wird in der Normandie hergestellt, besonders in der Basse Normandie, in den Departements Manche und Calvados. Dieser trägt die Bezeichnung *„Poiré"* und schmeckt oftmals noch besser als der Cidre aus Äpfeln.

Ein Gläschen **Calvados** zum Kaffee rundet eine normannische Mahlzeit sehr passend ab. Ein Gläschen als Appetitanreger in der Mitte einer Mahlzeit genossen, wird als „trou normand" (normannisches Loch) bezeichnet.

Der einfache *Calvados* wird nur einmal gebrannt. Calvados mit der Bezeichnung „Pays d'Auge" wird dagegen, wie der Cognac, zweimal destilliert. Beide werden nach unterschiedlich langer Reife in Eichenholzfässern verkauft: drei

Sterne-Calvados ist mindestens zwei Jahre, „Vieux“ oder „Reserve“ drei Jahre, „Vieille Reserve“ oder „VSOP“ vier Jahre und „Hors d'Age“ sechs Jahre alt – oder noch viel älter (→ S. 109).

Außerdem gibt es noch ein Mischprodukt aus Calvados und Apfelsaft, den **Pommeau**, der besonders als Aperitif geschätzt wird. Er besteht zu einem Drittel aus Calvados und zu zwei Dritteln aus Apfelsaft, ist dadurch süßer und enthält natürlich auch weniger Alkohol als der Calvados, kann aber vielleicht gerade deswegen um so gefährlicher werden, weil man seine Wirkung unterschätzt . . .

Ein hervorragender Digestif ist der in Fécamp hergestellte Kräuterlikör **Bénédictine**, den man „zur Verdauung“ nach dem Essen trinken kann.

Restaurants

Die folgende Restaurantliste ist keineswegs vollständig. Besonders auf dem Land läßt sich auch in den **fermes-auberges** hervorragend und zudem preiswert speisen, ca. 70-170 FF pro Person und Menü. Der Schwerpunkt dort liegt auf Produkten der Region, die Zutaten stammen meist sogar aus eigener Herstellung. Einige *fermes-auberges* vermieten auch Zimmer. Ein Verzeichnis findet man im Chambre-d'hôte-Führer (→ S. 238), telefonische Anmeldung ist ratsam.

Alençon
Le Bistrot
21 rue Sarthe,
Tel. 02 33 26 51 69,
preiswert

Les Andelys
La Chaine d'Or
27 rue Grande,
Tel. 02 32 54 00 31,
nobles Restaurant, Spezialitäten: Zanderfrikassee, Wildschweinragout

Avranches
Le Gué du Holme
5 km südlich in St-Quentin-sur-le-Homme (an der D 78),
Tel. 02 33 60 63 76,
Gourmetrestaurant, *die* Spezialität in Sichtweite der Bucht von Mont St-Michel ist natürlich: Meeresfrüchte, 10 komfortable Zimmer

Le Littre
8 rue du Dr Gilbert,
Tel. 02 33 58 01 66,
preiswert

Bayeux
L'Amaryllis
32 rue St-Patrice,
Tel. 02 31 22 47 94,
gutes Preis-Leistungs-Verhältnis

Château d'Audrieu
13 km südöstlich in Richtung Caen,
Tel. 02 31 80 21 52,
Mo geschlossen,
Gourmetrestaurant mit Schloßhotel

Brionne
Auberge du Vieux Donjon
rue de la Soie,
Tel. 02 32 44 80 62,
gute Küche in einem normannischen Haus des 18. Jh., Spezialitäten u.a. Meeresfrüchte, Foie Gras

Caen
Daniel Tuboeuf
8 rue Buquet,
Tel. 02 31 43 64 48,
der Michelinsterninhaber glänzt mit normannisch angehauchten Kreationen

La Poêle d'Or
7 rue Laplace
Tel. 02 31 85 39 86,
relativ preiswert und gut

Le Gastronome
43 rue St-Sauveur,
Tel. 02 31 86 57 75,
gutes Preis-Leistungs-Verhältnis

Creully
Hostellerie St-Martin
6 place Paillaud, Tel. 02 31 80 10 11,
gute regionale Küche, erschwinglich

Dieppe
Au Grand Duquesne
15 place St-Jacques,
gut und erschwinglich, auch 12 Zimmer in zentraler Lage

Évreux
Brasserie le Pic Assiette
57, boulevard de la Bouffardière,
Tel. 02 32 33 51 50,
sehr preiswert, u.a. Muscheln in Cidre, Kalbssülze

Falaise
Poste
38 rue Clemenceau,
Tel. 02 31 90 13 14,
gute Küche zu angemessenen Preisen, auch Hotel mit 21 Zimmern

Château du Tertre
5 km außerhalb an der D 44 nach Südwesten bei St-Martin-de-Mieux,
route de Fourneaux-le-Val,
Tel. 02 31 90 01 04,
ein Michelinstern ziert das exquisite Restaurant in einem Schloß (18. Jh.)

Le Havre
La Réserve
98 rue Président Wilson,
Tel. 02 35 21 31 73,
hier speist man gut bei moderaten Preisen

Honfleur
Ferme St-Siméon
Rue Adolphe Marais,
Tel. 02 31 89 23 61,
klassische normannische Küche zu gesalzenen Preisen, 34 Zimmer (teurer als ****)

Houlgate
Mon Castel
1 boulevard Belges,
Tel. 02 31 24 83 47,
nicht zu teuer

Mont St-Michel
De la Mère Poulard,
Grand' Rue,
Tel. 02 33 60 14 01,
das Restaurant mit den legendären Pfannkuchen der Mère Poulard, doch überhöhte Preise

Rouen
L'Ecaille
26 rampe Cauchoise,
Tel. 02 35 70 95 52,
köstliche Fischspezialitäten im sterngekrönten Nobelrestaurant

Le Beffroy
15 rue Beffry,
Tel. 02 35 71 55 27,
bei Madame Engel gibt es unter anderem die berühmte Ente Rouener Art (canard à la rouennaise) in traditionellem normannischen Ambiente

Verneuil-sur-Avre
Le Saumon
89 place de la Madeleine,
Tel. 02 32 37 55 80,
Spezialitäten: Hummer, Lachs und Meeresfrüchte,
zu moderaten Preisen

Ärztliche Versorgung

Bei Arztbesuchen muß man sich darauf einrichten, die Kosten selbst zu tragen; Quittungen aufbewahren und der heimischen Krankenversicherung vorlegen.

Französische Apotheken sind sehr gut sortiert. Da viele Arzneimittel, z. B. Aspirin erheblich preiswerter sind als in Deutschland, kann sich der Gang zur Apotheke auch aus Prophylaxegründen lohnen.

Diplomatische Vertretungen

Deutschland
Deutsche Botschaft in Frankreich
13, avenue Franklin-D. Roosevelt
75008 Paris
Paßangelegenheiten: Avenue d' Iéna
Tel. 01 42 99 78 00
Fax 01 42 20 01 60

Österreich
Österreichische Botschaft
6, rue Fabert, 75007 Paris
Tel. 01 45 55 95 66

Schweiz
Schweizerische Botschaft
142, rue de Grenelle, 75007 Paris
Tel. 01 49 55 67 00

Schweizerisches Konsulat
rue Pierre Brossolette
76600 Le Havre Cédex
Tel. 02 35 42 27 09

Einkaufen

Antiquitäten

Wer für Altertümchen nicht allzuviel ausgeben möchte, sollte Hinweisschilder auf **Brocante** (Trödler) am Straßenrand beachten. Auch bei Dorffesten läßt sich gelegentlich ein Schnäppchen machen, wenn ein Kleinst-Flohmarkt (vide-grenier) angeschlossen ist. **Braderie** bezeichnet dagegen einen Ramschmarkt großen Stils in der Stadt. Ab Mitte Juni finden solche mehrtägigen Märkte unter freiem Himmel in allen normannischen Städten statt, wobei neben modernen Billigwaren gelegentlich auch Antiquarisches angeboten wird.

Seine-Maritime

Die *antiquaires* sind hier auf allerlei Möbel spezialisiert und beliefern zum Teil den Raum um Paris. Dazu zählen Standuhren, normannische Schränke, Buffets, Bauerntische etc. Kleinere, als Mitbringsel gedachte Sachen sind ältere Cidre-Krüge, alte dekorative Gegenstände aus der Schifffahrt und Fayencen, besonders aus der Gegend um Rouen.

Orne

Neben Möbeln werden vor allem Töpferwaren angeboten sowie Schmucksachen und besonders schöne Spitzen aus Alençon.

Calvados

Neben Möbeln der Region vor allem dekorative Gebrauchsgegenstände wie Modeln, Porzellan – vor allem aus Bayeux –, Fayencen, Spitzen. In Caen wird man vor allem in der Rue Ecuyère fündig, der Straße der Antiquitätenhändler.

Manche

Die Antiquitätenläden in der Manche werden hauptsächlich wegen der geschnitzten Eichenmöbel, der Pfannen und Krüge aus Kupfer (Villedieu-les-Poêles) sowie der kunstvollen Spitzenarbeiten besucht.

Wochenmärkte

Sehenswert sind fast alle Märkte in der Normandie. Besonders auf den großen Wochenmärkten herrscht immer Betrieb. Dann findet man Fleischer und Fischhändler mit ihrem Angebot, Gemüse und Milchprodukte in reicher Auswahl neben kleinen Ständen, an denen Bauern ihre Produkte direkt an den Kunden bringen: z.B. frisch geschlachtete Hühner und ein paar Dutzend Eier oder die ganze Palette Ziegenkäse – eine Fundgrube für Gourmets. Alle Märkte finden nur vormittags statt.

Die wichtigsten Märkte:

montags	Pont-Audemer, St.-Pierre-sur-Dives (in den Hallen)
dienstags	L'Aigle, Argentan Dives-sur-Mer (Hallen)
mittwochs	Flers, Trouville, Yvetot
donnerstags	Alençon, Coutances, Lyons-la-Forêt, Étretat
freitags	Caen (place St.-Sauveur), Eu, Vire
samstags	Avranches, Dieppe, Flers, Louviers, St.-Lô
sonntags	Caen (place St-Pierre), Brionne, Trouville

Feiertage und Ferien

An folgenden Feiertagen sind in Frankreich Geschäfte und Behörden geschlossen:

1. Januar	(Neujahr)
Ostermontag (Ostern: Pâques),	
1. Mai	Maifeiertag
8. Mai	(Tag des Waffenstillstands 1945)
Himmelfahrt	(Ascension)
Pfingstmontag	(Pfingsten: Pentecôte),
14. Juli	(Nationalfeiertag, Tag der Erstürmung der Bastille)
15. August	(Mariä Himmelfahrt: Assomption)
1. November	(Allerheiligen: Toussaint)
11. November	(Tag des Waffenstillstands 1918)
25. Dezember	(Weihnachten: Noël)

Die **Sommer-Schulferien** versetzen alljährlich ganz Frankreich in Bewegung: Erhöhtes Verkehrsaufkommen, ausgebuchte Quartiere und gut gefüllte Strände sind von der 2. Juliwoche bis zur 2. Septemberwoche zu erwarten.

Festkalender

Besonders in den Sommermonaten locken vielerorts in der Normandie Feste und Folkloremärkte Scharen von Besuchern an. Aber auch Konzerte und Musikwochen sowie andere interessante Veranstanstaltungen lohnen den Besuch. Die genauen Daten für das jeweilige Jahr erfährt man bei den Touristenämtern.

Granville
Karnevalswochenende
Großer Karnevalsumzug

Mortagne-au-Perche
letztes Märzwochenende
Foire au Boudin

Deauville, Trouville
Osterfest

Rouen
Ende April/Anfang. Mai
Internationales 24-Stunden-Motorbootrennen

Coutances
Mai (Woche nach Himmelfahrt)
Jazzfestival „Sous les Pommiers"

Beuvron-en-Auge
Anfang Mai
Geranienausstellung, Place de la Halle

Lisieux
Anfang Mai
Landwirtschaftlicher Markt

Rouen
Ende Mai
Jeanne d'Arc Festival

Aigle
Mai (nach Himmelfahrt)
Die vier Tage von Aigle

Vernon
letztes Wochenende im Mai/ Anfang Juni
Foire aux Cerises (Kirschmarkt)

Honfleur
Pfingstsonntag und -montag
Fest der Seeleute (Segnung der See)

Ste-Marie-du-Mont, Ste-Mère-Église und überall an der Calvados-Küste
5. und 6. Juni
Gedenktag zum D-Day (Landung der alliierten Truppen)

Le Havre
Ende Juni
Großes Seefest und Trödelmarkt (Braderie)

Lisieux
Juli und August
Folkloremarkt im Cour Matignon (Les Mercredis de l'Été) mittwochs ab 17 Uhr

Fécamp
erstes Juli-Wochenende
Wallfahrt zum Hl. Blut, Dreifaltigkeitsfest und **Bayeux**
Fête mediéval (Folklorefest) an der Kathedrale

Camembert
letzter Sonntag im Juli
Fête du Camembert (Camembert-Fest)

La-Haye-de-Routot
16. Juli
Saint Clair-Feuerwerk

Granville
letzter Sonntag im Juli
Heilige Messe der Seeleute unter freiem Himmel mit Fackelprozession

Livarot
Anfang August
Käsemarkt

Deauville
August
Grand Prix, Pferderennen, Polo-Weltmeisterschaft

Trouville
August
Fête de la Mer

Lessay
4 Tage in der 1. Septemberhälfte
Foire Ste. Croix, traditionsreicher Heilig-Kreuz-Jahrmarkt

Caen
Ende September
Landwirtschaftlicher Markt

Caudebec-en-Caux
letzter Sonntag im September,
alle zwei Jahre Cidre-Fest

Alençon
Ende September, Anfang Oktober
Viehmarkt

Deauville
Ende August/Anfang September
Festival des Amerikanisches Films

Beuvron-en-Auge
September
Großer Markt

Vire
Ende Oktober
Foie gras-Markt,
place du Champs Foire

Vimoutiers
2. Oktoberhälfte
Apfelmarkt

Dieppe
erstes Novemberwochenende
Foire aux Harengs
(Heringsmarkt)

Deauville
Mitte November, Anfang Dezember
Pferdeauktion (Jährlinge)

Évreux
6. Dezember
Foire Saint-Nicolas
(Nikolausmarkt)

Freizeitaktivitäten

Angeln

Es gibt in Frankreich Angelgewässer der 1. und 2. Kategorie. In den Gewässern 1. Kategorie (Edelfische wie Forelle und Lachs) ist das Angeln begrenzt auf die Zeit von Ende März bis Anfang Oktober. In den Seen und Flüssen 2. Kategorie fängt man hauptsächlich Karpfen, Barsche und Rotaugen. Dort kann das ganze Jahr geangelt werden. Die Flüsse der Normandie sind großteils als 1. Kategorie eingestuft. Die Seine ist allerdings nur 2. Kategorie.

Die Preise für eine Angelkarte sind je nach Region unterschiedlich. Sie wird für eine ganze Saison, einen Monat oder auch pro Tag ausgestellt. Oft sind sie im Bar-Tabac vor Ort erhältlich, sonst bei den Angelvereinen. Manche Hotels, Ferienhäuser und Campingplätze mit Angelmöglichkeit haben sich auf die Unterbringung von Anglern spezialisiert („Hôtels de pêche", „Gîtes de pêche" – Auskunft bei der jeweiligen Touristenzentrale des Departements).

Baden

Im 19. Jahrhundert tummelten sich an den Stränden der Normandie die Pioniere des modernen Badelebens. Noch heute sind viele Badeorte Zentren der Thalassotherapie – der Methode, mit Hilfe der heilsamen Kräfte des Meerwassers und der Algen Gesundheit zu erlangen.

Allerdings wird die Badefreude nicht nur durch mehrere Atomkraftwerke, sondern auch durch die sich allgemein verschlechternde Meerwasserqualität in Atlantik und Ärmelkanal getrübt. Dennoch: die Normandie-Strände sind ausgesprochen sauber. Abgesehen vom Mündungsgebiet der Seine ist das Wasser durch Abwässer kaum beeinträchtigt. Im Juni ist das Wasser meist noch recht kalt, Hochbetrieb herrscht an den Stränden aber im Juli und August, und ein milder Herbst ermöglicht manchmal Badefreuden bis weit in den September. Die Wassertemperaturen betragen im Sommer bis zu 19 °C.

Grundsätzlich sollte nur an beaufsichtigten Stränden geschwommen werden.

Die starken Meeresströmungen können auch erstklassigen Schwimmern sehr gefährlich werden. Einen Gezeitenplan *(horaire marée)* gibt es in den meisten Touristenbüros am Meer.

Westlich der Seinemündung, an der Calvadosküste liegen die großen Sandstrände: angefangen von Deauville/Trouville über Villers bis zur Ornemündung gibt es fast ununterbrochen feinen Sandstrand. Jenseits der Ornemündung setzt sich das weiter fort, bis sich hinter Port-en-Bessin die Klippen erheben. An der Halbinsel Cotentin gibt es schöne Sandstrände vor allem an der Westseite südlich von Carteret. Die Gegend um den Mont St.- Michel sollte man meiden.

Die Côte d'Albâtre dagegen, von Le Tréport bis Étretat, ist eher etwas fürs Auge. Die Strände bestehen aus groben Kieseln und sind bei Ebbe mit Feuersteinknollen und abgebrochenen Kreidestücken übersät, die das Wasser bei bestimmter Beleuchtung hellgrün oder türkis wirken lassen.

Beheizte Meerwasserschwimmbäder gibt es in Deauville (Hallenbad), Trouville und Courseulles (Freibäder).

Zentren für Thalassotherapie gibt es außerdem in Dieppe, Luc-sur-Mer, Ouistreham, Siouville, Granville.

Kurorte mit Thermaleinrichtungen im Landesinnern sind Bagnoles-de-l'Orne und Forges-les-Eaux (Seine-Maritime).

Golf

Der älteste Golfplatz Frankreichs liegt auf der Falaise d'Aval bei Étretat. Es gibt noch 36 weitere Golfplätze in der Normandie, Eine Broschüre mit detaillierten Beschreibungen der Plätze versendet auf Anfrage das Comité Régional de

Tourisme in Évreux. Das Departement Calvados bietet einen Golf Pass an; man zahlt nur beim ersten Platz und kann dann weitere Plätze bespielen.

Radfahren

Überall in der Normandie gibt es sehr gute Möglichkeiten für Radwanderungen. Ausgeschilderte Radwanderstrekken sind in allen Departements zu finden. Informationen und Streckenbeschreibungen können beim Departement oder dem Touristenbüro am Ort angefordert werden. Für selbständige Streckenplanungen ist die orange Serie der topographischen Landkartenserie „Carte IGN" im Maßstab 1:50000 hilfreich, die man in Buchhandlungen auch bei uns bestellen kann.

Der Service „Train + Vélo" der französischen Eisenbahn bietet preiswerte Mietfahrräder am Bahnhof; leider muß man das Fahrrad am selben Bahnhof wieder abgeben, an dem man es gemietet hat. Die Stationen in der Normandie sind: Bayeux, Dives-Cabourg, Gisors, Pontorson-Mont St-Michel, Le Tréport-Mers und Vernon. Außerdem finden sich in zahlreichen Urlaubsorten Fahrradvermietungen.

Wer unbedingt sein eigenes Fahrrad im Zug mitbringen will, kann dies von Deutschland aus, indem er das Rad verpackt und als Reisegepäck vorausschickt (ca. 3-4 Tage vorher, ca. 46 DM). Kostenlos ist die Mitnahme auf den Strecken Paris – Granville, – Rouen und – Caen, auch in Regionalzügen ist die Mitnahme möglich, wenn auch nicht immer genug Platz ist (vorher am Bahnhof erkundigen). Als Handgepäck gilt im innerfranzösischen Fernverkehr (auch TGVs) ein Fahrrad nur, wenn es zusammengeklappt nicht größer als 1,20 mal 0,90 m ist.

Reiten

Die Normandie ist ein Land für Pferdefreunde und Fans des Pferdesports. Den ganzen Sommer über finden Veranstaltungen rund ums Pferd statt: von Ereignissen wie dem Grand Prix von Deauville bis zu den Hengstparaden der staatlichen Gestüte Haras du Pin und Haras de St.-Lô.

Es gibt ungefähr 150 Reitställe *(centre équestre)* mit angeschlossener Schule und Möglichkeiten für Ausritte. Eine von der Fédération Française d'Équitation zusammengestellte Liste der Reitställe bekommt man beim Comité Régional de Tourisme in Évreux (Adresse → S. 230).

Segeln

In der Normandie gibt es 31 Jachthäfen, 50 Segelclubs und 45 Segelschulen, davon allein 22 bzw. 14 im Departement Manche. In den Häfen von Cherbourg, Granville und Carentan können Segelboote gemietet oder Mitsegel-Plätze auf einem größeren Boot vermittelt werden.

Information für Segler:
Centre régional de Nautisme,
B.P.135, 50401 Granville Cédex,
Tel. 02 33 91 83 72

Surfen

Wegen der gefährlichen Meeresströmungen ist Surfen an der normannischen Küste nicht überall uneingeschränkt möglich.

Gute Surfmöglichkeiten bestehen in Deauville-Trouville und Houlgate-Cabourg sowie an der Alabasterküste (Mers-les-Bains, Dieppe, Étretat) und an der Küste des Cotentin (Utah Beach, Nacqueville-Urville, Vauville-Siouville, Le Rozel: starke Brandung).

Tauchen

Es gibt zahlreiche Tauchclubs, u.a. in Cherbourg, Granville (getaucht wird auch vor den Chausey-Inseln), Coutances, St.-Lô, Caen und Trouville.

Wandern

Von den großen Wanderwegen (Grande Randonnée, GR), die ganz Frankreich mit einem Netz oft sehr schöner und hervorragend gekennzeichneter Wege und Pfade erschließen, führen elf durch die Normandie. Zu diesen Wegen gibt es jeweils detaillierte Beschreibungen *(Topo-guides)* mit wichtigen Hinweisen für die Planung mehrtägiger Wanderungen (Unterkunft, Verpflegung usw.).

Sie sind in Buchhandlungen und vielen Touristenbüros zu kaufen und basieren auf der orangefarbenen Serie der Carte IGN (topographische Karte) im Maßstab 1:50000. Noch genauer sind die Karten der grünen Serie (1:25000).

Für Wanderungen auf diesen und anderen Wegen ist es ratsam, diese Landkarten zu benutzen. Besonders reizvoll sind die Küstenwanderwege *(sentier littoral)*.

Nähere Auskünfte bekommt man am besten bei den Auskunftsstellen der Departements (→S.230). Dort erhält man auch Listen der auf Wanderer spezialisierten Unterkünfte: Außer bestimmten Hotels und Chambres d'Hôtes sind dies „Gîtes d'Étape", einfache Unterkünfte, in denen Schlafsaal und Kochgelegenheit mit allen nötigen Utensilien vorhanden sind.

Öffnungszeiten

Läden

Der Ladenschluß ist anders als in der Bundesrepublik Deutschland nicht geregelt. Die Geschäfte sind in der Regel werktags, also auch am Samstag, von 9 bis 12 und von 14 bis 18 Uhr geöffnet, abends oft auch länger. Sonntagsmorgens bestehen im allgemeinen bis 12 Uhr mittags Möglichkeiten zum Einkauf von Lebensmitteln. Dafür bleiben fast alle Geschäfte montagsvormittags geschlossen. Nur sehr wenige große Supermärkte halten über Mittag geöffnet – die Mittagspause ist in Frankreich ein ehernes Gesetz.

Apotheken

Apotheken *(pharmacies)* sind in Frankreich durch ein grünes Kreuz gekennzeichnet, das oft erleuchtet ist. Montags bis samstags sind sie von 9-12 und 14-19 Uhr geöffnet.

Außerhalb der Öffnungszeiten gibt das zuständige Commissariat de Police Auskunft über diensthabende Apotheken und Ärzte.

Post

Die Postämter kleiner Dörfer sind montags bis freitags von 9 oder 10 bis 12 und von 14 oder 15 bis 17 Uhr geöffnet, samstags nur am Vormittag. Bis 18 Uhr halten die Postämter von mittelgroßen Städten offen, und nur in Großstädten wie Rouen oder Caen kann man damit rechnen, daß das Hauptpostamt über Mittag nicht schließt.

Sehenswürdigkeiten und Museen

Burgen, Schlösser und Museen sind im allgemeinen von 10-12 und von 14-18 Uhr zu besichtigen, manche im Juli und August auch durchgehend. An einem Wochentag, oft dienstags, ist geschlossen.

Außerhalb der Saison (ca. 15. Juni bis 15. September) gelten kürzere Öffnungszeiten. Oft sind die Sehenswürdigkeiten dann nur noch am Wochenende oder sonntags geöffnet – wegen des innerfranzösischen Ausflugsverkehrs.

Kirchen sind tagsüber fast immer geöffnet. In der Regel ist aber auch hier zwischen 12 und 14 Uhr geschlossen

Banken

Die Banken sind in Frankreich von 8.30 bis 17 Uhr geöffnet, unterbrochen von einer Mittagspause zwischen 13 und 14 Uhr. Einige sind auch samstags geöffnet und dafür montags geschlossen.

Telefonieren

Nach und nach werden auch in Frankreich die Münzfernsprecher durch Kartentelefone ersetzt. Am ehesten sind Münztelefone noch auf dem Land zu finden.

Das Telefonieren mit der *télécarte* ist in jedem Fall bequemer. Die Telefonkarten

sind bei Postämtern und *Tabac*-Zeitungsläden erhältlich. Es genügt in der Regel eine Karte zu 40 FF (50 Einheiten).

Um 25 Prozent verbilligter Tarif gilt täglich ab 21.30 Uhr abends, samstags ab 14 Uhr und an Sonn- und Feiertagen.

Das Telefonieren von Frankreich nach Deutschland ist nicht besonders kompliziert. Nachdem man die Münzen eingeworfen oder die Télécarte eingelegt hat, nach der Auslandsvorwahl 00 den entsprechenden Ländercode wählen:

Deutschland	*49*
Österreich	*43*
Schweiz	*41*

Es folgt die Ortsnetzkennzahl ohne die „0" am Anfang und die Teilnehmernummer.

Da Telefonate aus Frankreich nach Deutschland teurer sind als umgekehrt, empfiehlt es sich bei längeren Gesprächen, sich in der Telefonzelle anrufen zu lassen. Man sagt dem Gesprächspartner in Deutschland einfach die Nummer des Apparates durch, die meistens im Innern angeschlagen ist (mit der vorangestellten Vorwahl aus Deutschland, Österreich und der Schweiz für Frankreich 0033), legt wieder auf und wartet auf den Rückruf. Man kann in Ruhe sprechen, ohne ständig Münzen nachwerfen zu müssen.

Seit Oktober 1996 sind alle Telefonnummern in Frankreich zehnstellig. Die alten Nummern wurden je nach Region um eine vorangestellte Ziffer plus Null erweitert, für die gesamte Normandie ist dies „02", für Paris „01". Wer in alten Unterlagen noch achtstellige Nummern findet, braucht also nur die zwei Ziffern am Anfang zu ergänzen. Bei Telefonaten vom Ausland aus (also z.B. aus Deutschland) läßt man die Null am Anfang weg. Bei Gesprächen innerhalb Frankreichs wird sie dagegen immer mitgewählt.

Währung und Preise

Der französische Franc (FF) ist unterteilt in 100 Centimes. Geldscheine gibt es im Wert von 1000, 200, 100, 50, 20 FF, Münzen im Wert von 10, 5, 2, 1 und 1/2 FF sowie 20, 10 und 5 Centimes.

Einige Kreditkarten (z.B. Eurocard) werden an Tankstellen, in Hotels und Restaurants sowie in großen Supermärkten akzeptiert. Auch Euroschecks werden ohne Probleme angenommen.

Preisniveau

Die Preise für Lebensmittel sind in Frankreich etwa gleich hoch wie in Deutschland. Im Zuge der europäischen Einigung wird sich diese Tendenz noch verstärken. Günstig, da staatlich subventioniert, ist Weißbrot, sei es das Stangenweißbrot *Baguette* oder ein dünnes *Ficelle* oder gar ein großes *Pain*. Roggenmischbrote *(Pain de Seigle)* oder Weizenvollkornbrot *(Pain Complet)* und andere Backwaren sind dagegen so teuer wie in Deutschland. Auf dem Wochenmarkt gibt es je nach Jahreszeit ein gutes Angebot an frischem Gemüse und Obst, das – da oft direkt vom Erzeuger – manchmal sehr preiswert und besonders schmackhaft ist. Auch Käse ist natürlich vergleichsweise günstig – und vielfältig. In den Küstenorten mit Hafen kann man Spezialitäten aus dem Meer gut, frisch und preiswert einkaufen.

Der Cidre-Preise kann stark schwanken, je nachdem ob es sich um einen Apfelwein aus bäuerlicher Produktion oder um Massenware aus dem Supermarkt handelt. Für ersteren – mit Flaschengärung und Naturkorken – werden manchmal stolze Preise verlangt. Doch sollte man nicht mehr als 15 bis 20 FF ausgeben. Das gleiche gilt natürlich für Calvados – doch das sind eben vielleicht auch die besten Souvenirs aus der Normandie.

Literaturverzeichnis

Belletristik

Alain, Die Pflicht, glücklich zu sein, Frankfurt/Main 1993 (Suhrkamp)
–Sich beobachten heißt sich verändern, Frankfurt/Main 1994 (Insel)

Jules Barbey d'Aurevilly, Die Gebannten oder die Messe des Abbé de la Croix-Jugan, Nördlingen 1988 (Greno)
–Diabolische Geschichten, Frankfurt /Main 1987 (Eichborn)

Gustave Flaubert, Madame Bovary, Berlin 1991 (Rütten und Loening)

Guy de Maupassant, Das Haus Tellier, u. andere Erzählungen, Diogenes 1993

Marcel Proust, Auf der Suche nach der verlorenen Zeit, 10 Bde., Frankfurt/Main 1984 (Suhrkamp)

Georges Simenon, Maigret und die alte Dame, München 1991 (Diogenes)
–Maigret und der geheimnisvolle Kapitän, München 1991 (Diogenes)
–Die Marie vom Hafen, München 1989 (Diogenes)

Sachbücher

Mogens Rud, Der Teppich von Bayeux, Kopenhagen 1992 (Verlag Christian Ejlers)

Werner Schäfke, Frankreichs gotische Kathedralen, Köln 1994[6] (DuMont)

Glossar

Erläuterung kunsthistorischer und regionaler Begriffe

Apsis (gr.) = gewölbter Raum über halbkreisförmigem oder vieleckigem Grundriß, der einen größeren Raum nach einer Seite abschließt; besonders als Chorapsis im Osten von Kirchenbauten.

Arkaden (lat. arcus = Bogen) = ein Architekturelement bestehend aus der rhythmischen Folge von Bögen, die auf Pfeilern oder Säulen ruhen. Die Arkaden dienen meist der Abtrennung von unterschiedlichen Raumzonen eines Gebäudes z. B. des Mittelschiffes einer Kirche von den beiden Seitenschiffen. Fehlt der Raum hinter den Arkaden, spricht man von Blendarkaden.

Chor (gr.) = Teil der Kirche, in der der Hauptaltar steht, fast immer im Osten gelegen und baulich herausgehoben, oft in Form einer → Apsis.

Colombier (frz.) = Taubenturm, runder niedriger Bau mit Nistmöglichkeiten für die Tauben, wesentlicher Bestandteil einer vorrevolutionären Herrenhofanlage (→ Manoir), als äußeres Zeichen des adligen Privilegs der Taubenhaltung bisweilen besonders prächtig gestaltet.

Donjon (frz., zu lat. dominus = Herr) = Hauptturm einer mittelalterlichen Burganlage, diente oft zu Wohnzwecken.

flamboyant (frz. flamboyant = flammend) = Spätstil der französischen und englischen Gotik, gekennzeichnet durch wie Flammen züngelnde Dekorformen.

Gisant (frz. gésir = liegen) = eine Skulptur, die eine liegende Person darstellt, häufig in der Grabplastik.

Grison (frz. gris = grau) = wegen des hohen Eisengehaltes dunkelbraun bis rot gefärbter Stein der südlichen Normandie (Perche), beliebt als Baustoff.

Kapitell = oberer Abschluß einer Säule oder eines Pfeilers, neben einfachen Würfelformen in Romanik und Gotik häufig mit Figuren und lebhaften Szenen geschmückt.

Krypta (gr. kryptein = verbergen) = ein unterirdischer Andachtsraum in Kirchen meist im Osten unter dem Hauptaltar gelegen, in dem sich die Gräber von Würdenträgern befinden bzw. Reliquien aufbewahrt werden. Krypten gibt es in Form einfacher Stollen bis hin zu komplexen, die Bauform des darüberliegenden Chors aufnehmenden, mehrschiffigen, durch Säulen gegliederten und eingewölbten Räumen.

Lisene (frz. lisière = Saum, Rand) = ein leicht hervortretender, flacher, schmaler Wandabschnitt, der der eigentlichen Wandfläche vorgelegt ist. Lisenen dienen meist der rhythmischen Gliederung der Außenwand von Gebäuden und sind gerne durch Bögen oder Friese miteinander verbunden. Sie können aber auch als Wandverstärkung zusätzlich statische Aufgaben übernehmen.

Manoir (lat. manere = bleiben, sich aufhalten, wohnen) = ein in der Normandie häufiger Typ des ländlichen Herrenhauses der niedrigen Adligen, die nicht das Recht zum Bau einer richtigen Burg mit → Donjon hatten. Es wurde immer von einem zu ihm gehörigen Landgut umgeben und vereint daher repräsentative Funktionen mit den für die Landwirtschaft notwendigen baulichen Erfordernissen.

Schlußstein = am höchsten Punkt des Gewölbes oder Bogens eingesetzter Stein; in Kreuzrippengewolben kennzeichnet er den Mittelpunkt, wo die Gewölberippen zusammenlaufen; besonders ausgestaltet als hängender Schlußstein mit üppigem Skulpturenschmuck.

Strebebogen und -pfeiler dienen zum Ableiten des Gewölbeschubs; neben dem Gebäude werden Pfeiler errichtet und im oberen Teil durch Bögen mit der zu stützenden Mauer verbunden.

Triforium (lat. tri = drei und foris = Tür, Öffnung) = ein seit der Romanik gebräuchliches Element der Wandgliederung im Mittelschiff einer Kirche, das sich in der mittleren Ebene über den die Seitenschiffe abtrennenden → Arkaden und unter der Fensterzone des Obergadens befindet. Es bezeichnet eine Wandzone, die durch eine Folge dreibogiger Öffnungen gegliedert wird, hinter denen sich meist ein Laufgang befindet. Fehlt dieser, spricht man von einem Blendtriforium.

Tympanon (gr. tympanon = eine Handtrommel) = ursprünglich das Giebelfeld eines antiken Tempels. Seit dem Mittelalter zur Bezeichnung des Bogenfeldes über einem Portal verwendet. Die Tympanonzone ist vielfach durch Skulpturen oder Ornamente verziert.

Vierung = bei Kirchen mit kreuzförmigem Grundriß der Raumteil, wo Quer- und Langhaus sich durchdringen. Oft wird die Vierung durch einen Vierungsturm oder eine Kuppel zusätzlich architektonisch betont.

Wasserspeier = vorspringender, aus Stein oder Blech gefertigter Wasserablauf, der verhindern soll, daß herunterlaufendes Regenwasser die Wände beschädigt. Wasserspeier wurden an mittelalterlichen Kirchen gerne in Form von Skulpturen ausgebildet. Dabei waren Tiere oder dämonische Fratzen besonders beliebt: Der Wasserstrahl tritt dann aus deren Maul aus.

Criel, Manoir de Briançon

Kurzsprachführer

Grundkenntnisse im Französischen sind in Frankreich immer sehr von Nutzen. Speziell in der Normandie hat man sich aber auf die vielen britischen Besucher eingestellt: Man kommt auch mit Englisch ganz gut zurecht.

Einige wichtige Ausspracheregeln:

an, en, em, on werden nasaliert, wobei das n oder m nicht zu hören ist. Es hört sich so wie in dem bekannten Fremdwort „**en**gros" an. „Engros" sieht in der Umschreibung „áńgro" aus; das Zeichen ´ auf dem n bedeutet, daß dieses nasal gesprochen wird.

in, im, un, um werden ebenfalls nasaliert. Die Unterschiede zwischen „un" und „in" haben sich im heutigen Umgangsfranzösisch weitgehend verschliffen, haben also keine unterscheidende Funktion mehr. un (dargestellt äń) wird ungefähr wie in „Mannequin" gesprochen. In Umschrift, nach der sich die deutsche Aussprache richtet: manekäń, ebenso das Wort „parfum" - parfäń.

ei	= äh	**ç**	= scharfes s
ai	= äh, in manchen Fällen eh	**ch**	= sch
é	= betontes e	**g** (vor e und i)	= weiches sch
è	= betontes ä	**g** (vor a, o, u)	= g ,z.B.: „gara**g**e" und vor allen Konsonanten
au(x)	= o	**gn**	= nj (wie in „cognac")
eu(x)	= ö	**h**	= ist stumm
ou	= u	**j**	= weiches sch
oi	= oa	**qu**	= k
u	= ü	**v**	= w
c (vor e und i)	= scharfes s, z. B.: „con**c**entration"	**z**	= weiches s
c (vor a,o,u)	= k und vor allen Konsonanten		

e, r, s, t und z als Endbuchstaben sind stumm. Doppel-l wird in der Wortmitte wie „j" gesprochen (Beispiel: brouillard-„bruijar")

Das Trema (¨) trennt Vokale, damit sie nicht als Zwielaut gesprochen werden
(Beispiel: „aïoli" wird „a-ioli" gesprochen, und nicht „äholi).

Das Nötigste an Redewendungen und Vokabeln

Guten Tag (zu einem Herrn)	bon jour, Monsieur (bon schur mösjö)
guten Abend (zu einer Dame)	bon soir, Madame (bon swar, madam)
gute Nacht (zu einem Fräulein)	bonne nuit, Mademoiselle (bon nui madmoasel)
danke!	merci (märsi)
bitte!	s'il vous plaît (sil wu plä)
herein!	entrez! (áńtre)
verstehen Sie?	comprenez-vous? (komprene wu?)
ein wenig	un peu (äń pö)
ja - nein	oui – non (wui – noń)
kann ich das Zimmer sehen	peux-je regarder la chambre? (pösche regarde la schaḿbr?)
was kostet es?	combien est le prix? (kombjäń ä lö pri?)

Koffer	la malle (la mal)
ich werde morgen abreisen	je partirai demain (schö partire dömäń)
Die Rechnung bitte	la note, s'il vous plaît (la not, sil wu plä)
Postamt	bureau de poste (büro de post)
Briefkasten	boîte aux lettres (bwat o lätr)
ein Brief	une lettre (ün lätr)
eine Briefmarke	une timbre (ün tämbre)
wieviel macht das Porto?	combien fait le port? (kombjäń fä lö por)
Einschreiben	recommander (rökomande)
Postlagernd	poste restante (post rästańt)
Geldüberweisung	revirement (röwirmań)
telefonieren	téléphoner (telefone)
Einkauf	achat (ascha)
Ich möchte ansehen (kaufen)	je voudrais regarder (acheter) (schö wudrä rögarde (aschte)
ein halbes Kilo	un demi-kilo (äń dömi kilo)
etwas mehr (weniger)	un peu plus (moins) (äń pö plü, moäń)
genug	assez (asseh)
geöffnet	ouvert (uwär)
geschlossen	fermé (ferme)
Deutscher	Allemand (almań)
Schweizer	Suisse (swis)
Österreicher	Autrichien (otrischjäń)
sprechen	parler (parle)
wo gibt es?	ou il-y-a? (u ilia)
Warum?	pourquoi? (purkwa)
hier – dort	ici – là (isi – la)
ich – sie	je – vous (schö – wu)
diese da	cela (sela)
gut	bon (bon)
breit, schmal	large, étroit (larsch, etroa)
lang, kurz	longue, court (long, kur)
krank	malade (malad)
gestern	hier (jär)
heute	aujourd'hui (oschurdwi)
morgen	demain (demän)
wie geht es Ihnen?	comment-allez-vous? (komantallewu)
auf Wiedersehen!	Au revoir! (o rewa)

Hotel

Wissen Sie ein gutes Hotel?	savez-vous un bon hôtel? (sawe wu än bon otel)
ein billiges Hotel	un hôtel économique (än otel ekonomik)
ich suche ein Zimmer	je cherche une chambre (schö schersch ün schambre)
mit 2 Betten	avec deux lits (awäk dö li)
mit Doppelbett	avec grand-lit (awäk gran'li)
was kostet es?	ça fait combien (sa fä komb jän?)
das Gepäck	le bagage (lö bagasch)

Sehenswürdigkeiten, Orte

l'abbaye (labä)	Abtei
barrage (barasch)	Stausee
entrée, sortie (ańtre, sorti)	Eingang, Ausgang
fontaine (fontän)	Brunnen, Quelle
chapelle (schapäl)	Kapelle
château (schato)	Schloß
grotte (grot)	Grotte
lac (lak)	See
monastère (monastär)	Kloster
office de tourisme (offis d turisme)	Informationsstelle, Reisebüro
piscine (pißin)	Schwimmbad
point de vue (poän de wü)	Aussichtspunkt
porte (port)	Tor, Tür
rempart, enceinte (rańpar, ańsäńt)	Stadtmauer, Wall
reserve ornithologique	Vogelschutzgebiet
source (surs)	Quelle
son et lumière (soń e lumjär)	Video-Schau
table d'orientation (tabl doriańtasjoń)	Orientierungsschild
tour (tur)	Turm, Rundfahrt

In der Stadt

carrefour (karfur)	Straßenkreuzung
centre ville (sańtre wil)	Stadtzentrum
départ (depar)	Abfahrt, Ausgangspunkt
cours (kur)	Promenade, Anlage
école (ekol)	Schule
hôpital (opital)	Krankenhaus
hôtel (otel)	Hotel, Stadtpalais
hôtel de ville (otel dö wil)	Rathaus
mairie (märi)	Bürgermeisteramt
direction (direksjoń)	Richtung, Leitung
marché (marsche)	Markt
musée (müse)	Museum
place (plas)	Platz
port (por)	Hafen
quartier (kartje)	Viertel
rue (rü)	Straße

Wetter

il fait beautemps (il fä botah)	es ist schönes Wetter
il fait froid (il fä froa)	es ist kalt
il fait chaud (il fä scho)	es ist warm
averses (awers)	Schauer
brouillard (bruijar)	Nebel
vent (wou)	Wind
pluie (plüih)	Regen
il pleut (il plö)	es regnet
marée basse (mare bas)	Ebbe
marée haute (mare ot)	Flut
tempête (tompät)	Sturm
orage (orasch)	Gewitter
horaire marée (orär mare)	Gezeitentabelle
météo (meteo)	Wetterbericht

Verkehr

attention (atańsjoń)	Vorsicht, Achtung
autres directions (otr direksjoń)	andere Richtungen
créneau de depassements (kreno dö depasmoń	Abschnitt mit Überholmöglichkeit
danger (dańsche)	Gefahr
déviation (dewiasjoń)	Umleitung
douane (duan)	Zoll
garage (garasch)	Garage, Ausweichstelle
gravillons (grawijoń)	Rollsplitt
horodateur (oradatör)	Parkscheinautomat
impasse (impas)	Sackgasse
limitation de vitesse (limitasjoń dö witäs)	Geschwindigkeitsbeschränkung
passage interdit (passasch ińterdi)	Durchfahrt verboten
passage protégé (passasch protesche)	Vorfahrtsstraße
priorité (à droite) (priorite a droat)	Vorfahrt (von rechts) beachten
ralentir (ralońtir)	langsam fahren
route barrée (rout barré)	Straße gesperrt
sens unique (sańs ünik)	Einbahnstraße
toutes directions (tut direksjoń)	alle Richtungen
travaux, chantier (trawo, schańtje)	Bauarbeiten, Baustelle
virage (wirasch)	Kurve
„Péage" (peasch)	Mautstelle (Autobahn) bzw. gebührenpflichtige Straße/Brücke
ralentisseur (ralońtisör)	Schwelle auf der Straße
phares (far)	Scheinwerfer (am Auto)
pneu (pnö)	Reifen
roue (ruh)	Rad
frein (fräń)	Bremse
ralentissez (ralońtise)	fahren Sie langsam
rappel (rappäl)	Erinnerung (Verkehrsregel)
voie unique (woa ünik)	einspurig
vitre	Autofenster
voie sans issue (woa sońs isü)	Sackgasse

Zahlen

un, une	1	(äń,ün)	vingt	20	(wäń)
deux	2	(dö)	vingt et un, une	21	(wänteäń, wänteüne)
trois	3	(troa)			
quatre	4	(katr)	vingt-deux	22	(wäńdö)
cinq	5	(säńk)	vingt-trois	23	(wäntroa)
six	6	(sis)	usw.		
sept	7	(set)			
huit	8	(üit)	trente	30	(trańt)
neuf	9	(nöf)	quarante	40	(karant)
dix	10	(dis)	cinquante	50	(säńkańt)
onze	11	(ońs)	soixante	60	(soasańt)
douze	12	(dus)	soixante-dix	70	(soasańtdis)
treize	13	(träs)	quatre-vingt	80	(katrewäń)
quatorze	14	(kators)	quatre-vingt dix	90	(katrewäńdis)
quinze	15	(käńs)	cent	100	(sań)
seize	16	(säs)	deux cents	200	(dösań)
dix-sept	17	(diset)	trois cents	300	(troasań)
usw.			usw.		

Stichwortverzeichnis

Goldstadt *Wanderführer*

Spaziergänge und Wanderungen, alpine Bergtouren. Fahrpläne und kleiner Sprachführer. Übersichts- und Routenskizzen. Fotos in schwarzweiß und Farbe.

Algarve	(460)	**Korsika**	(455)
Azoren	(461)	**Madeira**	(457)
Elba	(453)	**Rhodos**	(459)
La Gomera	(452)	**Samos**	(456)
Ischia	(454)	**Teneriffa**	(451)
Karpathos	(463)		

Ob Wandern oder Biken in Thüringen, Paddeln auf der Saale, Skitouren im Erzgebirge oder Trekking in der Sächsischen Schweiz:
Dieser Reiseführer bewegt sich abseits ausgetretener Pfade durch die Natur- und Kulturlandschaften im Süden Thüringens und Sachsens. Erlebnisstationen und Erlebnismöglichkeiten gibt es reichlich, vom Thüringer Wald übers Schiefergebirge, im Erzgebirge und in der Sächsischen Schweiz. Wir wollen aktive Menschen, Schulklassen und Jugendgruppen oder Familien auf Entdeckungsreise schicken und haben dafür Tips und Touren, günstige Übernachtungsmöglichkeiten, kulturelle Spots und Abstecher im Baukastensystem zusammengestellt.
Die einzelnen Bausteine entstanden im Rahmen eines erlebnispädagogischen Projekts der Naturfreunde-Jugend Deutschlands.

Goldstadt *Pflanzenführer*

Tropisches Lateinamerika (270)

Ein Führer durch die faszinierende Pflanzenwelt des tropischen Südamerikas. Verständlich wird die Bedeutung des Regenwaldes im Öko-System und die Folgen seiner Zerstörung erklärt und Fachbegriffe erläutert. Auffällige und bemerkenswerte Pflanzen werden beschrieben, heimisches Obst und Gemüse vorgestellt und mit über 200 Farbfotos illustriert.
16 doppelseitige Farbtafeln, 16 Grafiken, 2 Stammbäume von Pflanzen und Organismen. 11 historische Fotos, 285 farbige Pflanzenfotos, 191 Seiten.

Fotografieren, damit Ihre schönsten Urlaubserinnerungen nicht verblassen!

Die Mehrheit der fotografierenden Weltenbummler bevorzugt für die Aufzeichnung ihrer Urlaubserinnerungen das farbige Papierbild, während für andere das Farbdia in der großflächigen Projektion das Nonplusultra bedeutet. Wofür Sie sich auch entscheiden: die Qualität Ihrer Bilder wird durch die Qualität des verwendeten Filmmaterials entscheidend bestimmt. Deshalb verwenden wir Filme, die auch von Profis gekauft werden.

Kodak beispielsweise, auf dem Filmsektor weltweit führend, bietet Filme für jede Kamera und jede Aufnahmesituation an. Zu den gebräuchlichsten Filmen gehören auf Reisen oder zuhause: KODAK GOLD-Filme für Papierbilder in satten, natürlich wirkenden Farben und Elite CHROME- oder KODACHROME-Filme für brillante Farbdias. Es gibt diese Filme in verschiedenen Lichtempfindlichkeiten: Mit dem neuen KODAK GOLD 400-Film werden Sie die meisten Tageslichtverhältnisse meistern, ebenso – falls Sie Dias bevorzugen – mit dem Elite CHROME 200 oder dem KODACHROME 200-Film. Ein überaus interessantes Material ist auch der Elite CHROME 100-Film. Für Aufnahmen bei wenig Licht und für Aufnahmen mit langbrennweitigen Teleobjektiven stehen auch Elite CHROME-Filme mit ISO 400 zur Verfügung.

Eine grundsätzliche Anmerkung noch zum Filmkauf: decken Sie den Filmbedarf für Ihre Reise bei Ihrem Fotohändler. Er wird Ihnen einwandfreies Material zu vernünftigen Preisen anbieten. Im Ausland müssen Sie fast überall mehr dafür bezahlen und oft auch für Material, dessen Qualität z.B. durch Hitzeeinwirkung gelitten hat. Wichtig ist auch, daß Ihre belichteten Filme möglichst bald in ein Fotolabor gegeben werden, damit Sie die Farben auf Ihren Bildern so wiederfinden, wie Sie sie gesehen haben.

Wie beim Filmmaterial sollten Sie auch bei der Kamera-Ausrüstung Wert auf Qualität legen. Weit verbreitet sind die vollautomatischen Kompaktkameras. Sie sind ideal zum Festhalten von Urlaubserinnerungen und bieten größtenteils eine automatische Belichtungsmessung, automatische Scharfeinstellung, bei Bedarf selbsttätige Zuschaltung des eingebauten Blitzes sowie automatischen Filmtransport und -rückspulung. Beispielsweise ist die Leica mini 3 eine Kamera, die einerseits nicht viel größer als eine Zigarettenschachtel ist, die aber andererseits mit dem Elmar 1:3,5/35 mm ein für diese Kameraklasse hervorragendes Objektiv hat. Wer mehr will, für den ist die Leica Z2X mit Vario-Objektiv von 35 bis 70 mm eine gute Wahl.

Letztlich hängt die Qualität der Aufnahmen vor allem von der Güte der Objektive ab. Dies gilt gerade auch für „große" Ausrüstungen. Hier haben die Objektive zu den Leica Kameras Weltruf. Vielseitig verwendbar sind die Vario-Objektive von 28-70 mm bzw. 35-70 mm sowie 70-210 mm. Die Spiegelreflexkamera Leica R8 bietet sowohl eine Programmautomatik für den unbeschwerten Schnappschuß als auch Automatik-Funktionen sowie schließlich die manuelle Einstellung zum Gestalten der Aufnahmen ganz nach den eigenen Vorstellungen.

Und nun viel Erfolg für ein farbiges Reiseerlebnis!